UNE BLESSURE FRANÇAISE

Du même auteur

Pétrole, la 3e guerre mondiale, Calmann-Lévy, 1974.
Après Mao, les managers, Fayolle, 1977.
*Bokassa Ier*, Alain Moreau, 1977.
Les Émirs de la République, en collaboration avec Jean-Pierre Séréni, Seuil, 1982.
Les Deux Bombes, Fayard, 1982 ; nouvelle édition, 1991.
Affaires africaines, Fayard, 1983.
V, l'affaire des « avions renifleurs », Fayard, 1984.
Les Chapellières, Albin Michel, 1987.
La Menace, Fayard, 1988.
L'Argent noir, Fayard, 1988.
L'Homme de l'ombre, Fayard, 1990.
Vol UT 772, Stock, 1992.
Le Mystérieux Docteur Martin, Fayard, 1993.
Une jeunesse française, François Mitterrand, 1934-1947, Fayard, 1994.
L'Extrémiste, François Genoud, de Hitler à Carlos, Fayard, 1996.
TF1, un pouvoir, en collaboration avec Christophe Nick, Fayard, 1997.
Vies et morts de Jean Moulin, Fayard, 1998.
La Diabolique de Caluire, Fayard, 1999.
Bethléem en Palestine, en collaboration avec Richard Labévière, Fayard, 1999.
Manipulations africaines, Plon, 2001.
Dernières volontés, derniers combats, dernières souffrances, Plon, 2002.
Marcel Dassault ou les ailes du pouvoir, en collaboration avec Guy Vadepied, Fayard, 2003.
La Face cachée du Monde. *Du contre-pouvoir aux abus de pouvoir*, en collaboration avec Philippe Cohen, Mille et une nuits, 2003.
Main basse sur Alger : enquête sur un pillage, juillet 1830, Plon, 2004.
Noires Fureurs, blancs menteurs : Rwanda 1990-1994, Mille et une nuits, 2005.
L'Accordéon de mon père, Fayard, 2006.
L'Inconnu de l'Élysée, Fayard, 2007.

Pierre Péan

Une blessure française

Les soulèvements populaires dans l'Ouest sous la Révolution (1789-1795)

Fayard

ISBN : 978-2-213-63566-8

À Joël Justeau,
Didier Daniel,
Jean-Paul Lelu,
Odette Thareau,
et autres historiens
de « Loire et Galerne »

À Odile...

I

Une épouvantable odeur de mort

C'était le 7 nivôse an II, soit le 27 décembre 1793 du calendrier grégorien alors abandonné. Une odeur pestilentielle flottait sur Maumusson. Alain Terrier et les six soldats armés qui l'accompagnaient vivaient avec cette puanteur écœurante depuis le début de la tournée qu'ils effectuaient dans les districts d'Ancenis et de Châteaubriant[1]. Terrier avait été nommé la semaine précédente commissaire du département pour nettoyer les très nombreux cadavres en décomposition qui menaçaient les survivants dans ces deux districts. Il y avait bien longtemps que Terrier n'était pas revenu dans son village natal. L'agitation puis les soulèvements populaires et la répression qui avait suivi ne lui en avaient pas laissé le loisir.

Il loge chez sa mère qui habite dans le bourg. Le Maumusson de l'an II n'a plus grand-chose à voir avec celui de son enfance. Si la tour et la nef de l'église Saint-Pierre et Saint-Paul, construite sous la minorité de Louis XIII,

---

1. Archives départementales de Loire-Atlantique (ADLA), L 231.

sont toujours là, l'intérieur a été dévasté, et les objets du culte ont été pillés. La cloche a été enlevée et fondue pour fabriquer des canons. De toute façon, il n'y a plus ni messes ni offices depuis longtemps. Yves Bouvier, le curé, et Mathurin Souffrant, son vicaire, ont quitté la cure depuis le 7 juillet 1792. Pourquoi cet abandon de poste alors que ces prêtres étaient adulés par leurs ouailles ? Tout simplement parce que lesdits bergers ne souhaitaient pas être jetés en prison. Maigre consolation pour les fidèles qui n'ont plus le droit de manifester leur foi : Maumusson est trop petit, et les « patriotes » ne sont pas assez nombreux pour que l'église ait été transformée, comme celle d'Ancenis ou Notre-Dame de Paris, en Temple de la Raison.

Depuis mars 1793, Maumusson a perdu beaucoup de ses enfants. Dans le cimetière autour de l'église, les taches de terre fraîchement retournée témoignent d'une mortalité anormalement élevée. Pourtant, beaucoup de corps ne reposent pas à l'ombre de leur église. Les uns dorment sur les champs de bataille au sud de la Loire, d'autres le long du parcours emprunté par la Virée de Galerne[1], au nord du fleuve, et les derniers à Nantes, dans les carrières de Gigant transformées en immenses fosses communes.

Cette épuration s'inscrit dans le prolongement de la décision prise par la Convention les 1er août et 1er octobre 1793. Le conventionnel Bertrand Barère de

1. Périple de l'armée vendéenne qui, ayant traversé la Loire après la défaite de Cholet le 17 octobre 1793, se rend à Granville dans l'espoir d'y trouver des renforts en provenance d'Angleterre. La galerne est un vent de noroît.

Vieuzac[1] a d'abord annoncé la « destruction systématique de l'habitat, des bois, des forêts, des entreprises vendéennes ». Deux mois plus tard, la Terreur décidait l'extermination de toute la population résidant en Vendée militaire, bleus et blancs confondus, y compris les femmes, « sillons reproducteurs », et les enfants, « futurs brigands » qui, s'ils survivaient, pourraient être animés d'un « juste désir de revanche ». Pour exécuter ces ordres, elle avait envoyé à Nantes le représentant du peuple Jean-Baptiste Carrier[2]. Le 8 octobre, ce dernier arrivait avec une mission confiée par Hérault de Séchelles :

« Courage, digne républicain ! Nous serions bien heureux, la république serait vigoureuse s'il y avait partout des commissaires aussi énergiques que toi. Tu dois être à Nantes, si ta santé te l'a permis. Nous t'envoyons un arrêté qui te presse de purger cette ville. L'Anglais menace nos ports, nos frontières. Il faut sans rémission renfermer tout individu suspect. La liberté ne compose pas. Nous pourrons être humains quand nous serons assurés d'être vainqueurs. » Le Nantais Joseph Fouché va accompagner et encourager Carrier dans sa mission qui n'était finalement – nous le verrons ultérieurement – que la suite de son action en Loire-Inférieure. « N'oublie pas qu'il faut marcher à la liberté sur des monceaux de cadavres », lui écrivit le futur ministre de la Police de Bonaparte, puis de Napoléon.

---

1. Barère a, pendant la Terreur, constamment poussé à la politique du pire, bien au-delà des Robespierre, Saint-Just et Danton. Il fut surnommé l'« Anacréon de la guillotine » par Edmund Burke, et de « Janus à trois faces » par Camille Desmoulins. Il était en réalité un agent d'influence du gouvernement Pitt.

2. Né en 1756 près d'Aurillac, guillotiné le 16 décembre 1794.

Quelques semaines après son arrivée à Nantes, Carrier met la ville à mort. Nantes est devenue une cité martyre, un vaste champ d'exécutions. Les massacres succèdent aux massacres, les noyades aux noyades. Les épidémies se sont installées, la plus affreuse disette règne, les habitants ne disposent plus que d'une demi-livre de mauvais pain par jour. Les gens sont terrorisés, les rues vides. Le port, poumon de la ville, est paralysé : les navires ne remontent plus l'estuaire de la Loire. Des bandes de chiens se désaltèrent dans les eaux rougies des cloaques et se repaissent des cadavres, car l'administration ne parvient plus à suivre la cadence des bourreaux[1]. Fusillades, noyades et guillotine n'arrivent pas davantage à vider les prisons, où les détenus s'entassent dans des conditions épouvantables. Flotte sur Nantes l'odeur pestilentielle caractéristique des charniers.

Lors du procès de Carrier, qui se tiendra à la fin du dernier trimestre 1794, de nombreux témoins feront revivre ces scènes d'horreur. Le chirurgien Thomas, qui travaillait dans les différentes geôles nantaises, notamment à l'Entrepôt, la plus grande et la plus sordide de toutes, témoignera[2] : « Je trouvai en entrant dans cette affreuse boucherie une grande quantité de cadavres épars çà et là ; je vis des enfants palpitants ou noyés dans des baquets pleins d'excréments humains ; mon âme était brisée. Je traverse des salles immenses, mon aspect fait frémir les femmes. Elles ne voyaient d'autres hommes

1. Armand du Chatellier, *Histoire de la Révolution en Bretagne*, tome III, réimprimé par S.A. Morvran, 1978.

2. Tronson-Ducoudray, *La Loire vengée ou recueil historique des crimes de Carrier*, à Paris, chez Meurant, Lenfant et Houel, an III de la République.

que leurs bourreaux ; je les rassure, je leur parle le langage de l'humanité, je constate la grossesse de trente d'entre elles ; plusieurs étaient grosses de sept à huit mois... Quelques jours après, je viens revoir ces femmes que leur état rendait sacrées et chères à l'humanité... Aurai-je la force d'achever ?... Ces malheureuses avaient été précipitées dans les flots. Mais plus j'avance sur ce théâtre de sang, plus la scène devient affreuse... »

Si la ville de Nantes a été la première victime de la barbarie de Carrier, elle n'en a pas eu l'exclusivité. Le 16 novembre 1793, celui-ci envoyait le commissaire Jean-Baptiste Savariau « écraser sans retour les malveillants » du district d'Ancenis. Pour mener à bien sa mission, une force armée dirigée par le général Hector était mise à sa disposition[1]. Dès lors, la violence s'abat dans le pays d'Ancenis, autour de Maumusson.

Les armées républicaines venaient à Granville d'infliger une sévère défaite aux blancs, qui, le 18 octobre, avaient franchi la Loire à Saint-Florent-le-Vieil. Les combattants vendéens, qui avaient perdu beaucoup des leurs, aspiraient à rentrer à la maison et forcèrent leurs chefs à faire demi-tour. La triste cohorte, avec ses blessés, ses vieillards, ses prêtres, ses femmes et ses enfants, se dirigea vers Angers dans l'espoir d'y franchir la Loire. Ils étaient alors toujours poursuivis par les bleus, commandés par les généraux Léchelle, Kléber, Westermann et Marceau. Tous ceux qui avaient franchi la Loire le 18 octobre n'avaient pas suivi le prince de Talmont, nouveau chef de l'armée catholique et royale. Plutôt que de remonter vers Granville, des éléments des

1. ADLA, L 231.

Compagnies bretonnes[1] avaient préféré attaquer et piller Ancenis et se disséminer ensuite dans la région. Tel fut le prétexte à l'envoi du commissaire Savariau, chargé d'« écraser les malveillants ».

Le 23 novembre 1793, Savariau a déjà bien travaillé. Le temps est venu de rendre compte de l'exécution de sa mission. Il fait halte à Maumusson pour rédiger une longue missive[2]. Avec la plus grande sérénité, il décrit les actes horribles auxquels il s'est livré. Il n'a dormi qu'une nuit depuis son départ de Nantes, explique-t-il, mais, malgré ses efforts, il n'a toujours pas « rencontré un ennemi à combattre ». Au bourg de Saint-Sauveur, les brigands alertés s'étaient évadés, mais, « là, nous brûlâmes le bourg et l'église, à l'exception des maisons appartenant à quatre patriotes bien prononcés ». De là il s'est rendu à Belligné, à huit kilomètres de Maumusson. Il n'est arrivé qu'à la nuit tombée, car « nous brûlâmes, chemin faisant, la maison nommée Molée, appartenant à Misset, chef de brigands ». Le lendemain matin, « nous nous divisâmes, le général et moi, en deux parties opposées de Belligné ; dans ma division nous brûlâmes la maison des frères Plouzin dont l'un est prêtre réfractaire et chef de brigands [...]. Je fis arrêter quatre hommes suspects dont deux ont été fusillés aujourd'hui, et nous rentrâmes à cinq heures et quart, hier matin [...]. Le général [...] brûla un moulin d'aristocrate [...]. L'après-midi, nous formâmes un conseil de guerre pour juger nos

1. Après le soulèvement populaire de mars 1793, de nombreux Bretons des districts d'Ancenis et de Châteaubriant, traqués par les militaires, avaient choisi de franchir la Loire et de rejoindre les révoltés vendéens. Voir *infra*.

2. ADLA, L 231.

prisonniers, au nombre d'environ trente ; trois furent condamnés à mort et ont été fusillés aujourd'hui ».

Au cours de cette tournée, les soldats pillent les fermes et envoient sur Nantes des charretées de grains, des vaches et des porcs. Savariau et Hector ont décidé de laisser deux cents hommes stationner pendant quelque temps à Belligné « pour profiter de l'état de stupeur dans lequel sont tous les gens du pays que nous parcourons [...]. Nous avons fait exécuter nos trois condamnés, détenu en arrestation ceux qui ont été condamnés, et fait raser la moitié de la tête aux hommes et aux femmes aristocrates ; nous avons brûlé l'église, et puis nous voilà à Maumusson bien mouillés. Dans tous les endroits, nous avons pressé et menacé pour le paiement de l'impôt, et je vois avec plaisir que cela réussit ».

Et de poursuivre encore : « J'oubliais de vous dire qu'auparavant l'incendie de l'église de Belligné, j'ai fait détacher les grilles et les balustrades, ce qui nous fournit trois bonnes charretées de fer qui sont parties ce soir [...]. Demain, nous visiterons La Rouxière et, de là, nous nous rendrons à Ingrandes, toujours en glanant. »

Deux églises brûlées, des maisons en flammes, des fusillés, des pillages systématiques : Savariau lui-même parle de la stupeur qu'il suscite parmi la population de ces petits bourgs ruraux.

Pendant cette traque menée en pays d'Ancenis, celle dirigée par Marceau, Kléber et Westermann contre les rebelles vendéens qui souhaitaient franchir la Loire pour revenir sur leurs terres natales, continuait de plus belle. Le 13 décembre, au Mans, les bleus infligent aux blancs une terrible déroute. Laissons courir la plume de Carrier, qui, le 19 décembre, rend compte à la Convention nationale des derniers événements : « Vous avez décrété qu'il n'existait plus de Vendée, vous décréterez bientôt qu'il n'existe plus un seul brigand. L'affaire du Mans a été si sanglante, si meurtrière pour eux que depuis cette commune jusqu'à Laval la terre est jonchée de leurs cadavres. » Les rescapés arrivent bientot à Ancenis et repoussent une première fois l'attaque des bleus.

Stofflet, La Rochejacquelein [1] et quelque 300 à 400 « brigands » réussissent la traversée, mais des centaines, des milliers d'autres périssent dans la Loire, soit que les radeaux aient été trop chargés, soit qu'ils aient été coulés par les canonnières républicaines. Ceux qui n'ont pas réussi à monter à bord des radeaux fuient vers Nort-sur-Erdre, à vingt-sept kilomètres au nord-ouest d'Ancenis. Le 16, le général Westerman et sa cavalerie, repoussés la veille, chargent au sabre tous ceux qui n'ont pas réussi à s'échapper et détruisent les radeaux. Dans la même missive envoyée à Paris, Carrier raconte : « Westermann et l'adjudant général Hector sont entrés tous les deux dans Ancenis avec peu de forces par deux portes opposées, ils ont fait une boucherie épouvantable des brigands, les rues de cette commune sont jonchées de morts... » Laissons à l'historien d'Ancenis le soin de terminer la description macabre du massacre : « La grand'rue de la ville, allée longue et étroite, qui avait semblé aux Vendéens la plus propre à servir de terrain de résistance, devint le théâtre d'un tel carnage que le sang des victimes entassées contre les portes coulait à l'intérieur des maisons riveraines dont le sol était alors plus bas que celui de la rue. Le nombre des morts fut si grand que l'autorité dut prendre, pour hâter leur inhumation, des mesures d'ur-

1. Respectivement major-général et général en chef de l'armée catholique et royale.

gence. On ouvrit à cet effet dans la prairie de Saint-Géréon, aujourd'hui le Champ de manœuvres, d'énormes fosses dans lesquelles les cadavres, au nombre d'environ 500, furent jetés pêle-mêle et couverts de chaux[1]... »

Après Nort-sur-Erdre, les rebelles traqués foncent sur Savenay, trente-deux kilomètres plus loin, là où va se terminer la Virée de Galerne[2], le 23 décembre 1793. Les républicains s'y livrent à un véritable carnage et continuent le massacre après que les Vendéens ont déposé les armes. Exemple : quelques centaines de rebelles repliés à la Baratais sont approchés par le chef de gendarmerie Buquet, lequel a laissé ce récit : « Les Brigands me laissent approcher ; je les engage à mettre bas les armes, je leur promets la vie, je leur cite quelques passages de l'Écriture sainte. Ils délibèrent... Quatre cents s'avancent... À ce moment, Prieur[3] fait exécuter un feu de ban. Ce trait de barbarie caractérise bien les représentants que nous avions avec nous[4]. » Au même moment, à l'intérieur de Savenay, c'est une « boucherie horrible », pour reprendre les termes mêmes du général Westermann. Puis les hussards vont traquer les bandes de « brigands » qui tentent de s'échapper. Ils les tuent ou les déferent à la Commission Bignon, qui, pendant huit jours, va envoyer à la mort environ deux mille Vendéens, fusillés au son d'hymnes patriotiques dans les carrières du Pontreau ou de Gigant.

1. Émilien Maillard, *Histoire d'Ancenis et de ses barons*, Nantes, Éditeurs Vincent Forest et Émile Grimaud, 1881.

2. Voir la carte sur le deuxième rabat de la couverture du présent ouvrage.

3. Le conventionnel Prieur de la Marne, représentant du peuple en mission.

4. Lettre de Buquet au général Damas, à Metz, du 24 prairial an X, SHD.

Carrier fait fusiller tous ceux qui se rendent, en prétextant qu'il n'a pas reçu à ce sujet d'instructions du Comité de salut public : « Je ne veux pas me faire guillotiner », rétorque-t-il à ceux qui l'exhortent à accepter ces redditions. De fait, il aurait pu s'arrêter là : la rébellion était alors complètement écrasée.

Même le général Westermann, le « boucher de Savenay », tenta de convaincre Carrier d'arrêter la répression : « Les brigands sont aux abois, ils viennent demander grâce de toutes parts ; je puis les vaincre ; mais ne vaudrait-il pas mieux leur accorder l'amnistie, et, par ce moyen, ménager le sang de braves républicains que nous pourrions employer plus utilement ailleurs ? »

Carrier ne l'écoute pas. En soldat discipliné, Westermann va donc reprendre la « boucherie » : « Suivant les ordres que vous m'avez donnés, j'ai écrasé les enfants sous les pieds des chevaux, massacré des femmes qui, au moins pour celles-là, n'enfanteront plus de brigands. Je n'ai pas un prisonnier à me reprocher. J'ai tout exterminé. »

Kléber et Savary, son chef d'état-major, ont tenté eux aussi de convaincre le général Louis-Marie Turreau, nouveau commandant en chef de l'armée de l'Ouest, de ne pas transporter ses troupes sur la rive gauche de la Loire, persuadés qu'avec ses colonnes volantes il allait rallumer la guerre dans une contrée déjà désolée et prête à se pacifier. Ils firent également tout pour empêcher les atrocités perpétrées contre les Vendéens et les autres détenus, mais Carrier, inflexible, tient à voir exterminés tous les brigands qui se cachent dans les fermes, les bois et les forêts. Le 6 nivôse (26 décembre 1793), on lit [1] à la

1. Lettre déjà citée p. 15 et 16.

tribune de la Convention une lettre de lui : « La défaite des brigands est si complète que nos postes les tuent, les prennent, les amènent à Nantes par centaines. La guillotine ne peut suffire, j'ai pris le parti de les faire fusiller. J'invite mon collègue Francastel [d'Angers] à ne pas s'écarter de cette salutaire et expéditive méthode. C'est par principe d'humanité que je purge la terre de ces monstres. » Le 1er janvier 1794, Carrier rend ainsi compte de son action au Comité de salut public : « On extermine chaque jour des parties d'insurgés errant dans les bois. » Le même jour, il affirme encore que l'armée de l'Ouest est « plus que suffisante pour l'extermination définitive des petites bandes de brigands éparses dans les bois, qu'on diminue journellement[1] ».

La traque exterminatrice des « brigands » fut si intense que l'administration n'arrivait pas à enterrer les corps assez vite, selon les règles élémentaires de l'hygiène. Le jour des massacres de Savenay, les officiers de santé de Nantes attirèrent l'attention du directoire de la ville sur les dangers que faisaient courir à la santé des républicains les cadavres de brigands jonchant le sol de la région : « La terre de plusieurs cantons de votre département est jonchée de ceux des féroces ennemis de la liberté qui ont succombé sous le glaive de nos braves républicains. Si vous n'y prenez pas garde, citoyens, les cadavres infectés de nos ennemis deviendraient plus dangereux pour nous que ne l'ont jamais été leurs nombreuses cohortes. Il convient de faire enterrer tous les cadavres dans des fosses assez profondes pour qu'ils puissent être recouverts au moins de trois pieds de terre... »

1. SHD, B 5/8.

C'est à la suite de cette démarche des officiers de santé qu'Alain Terrier, administrateur du district d'Ancenis, a été nommé commissaire chargé de nettoyer les districts d'Ancenis et de Châteaubriant. Au début de sa mission, il affirme qu'« on arrangera les choses de telle sorte qu'ils [les cadavres] n'infecteront pas les amis de la République ». Ses lettres envoyées à l'administration centrale permettent de se faire une idée de la désolation qui accable le pays d'Ancenis en cette fin de décembre 1793 [1]. La répression barbare décidée à Paris par la Terreur et amplifiée à Nantes par le féroce Carrier et ses exécutants civils et militaires est parvenue jusqu'à Maumusson.

Dans l'humble logis de la mère Terrier, tout près de l'église ouverte à tous les vents, il fait très sombre. La chandelle éclaire la feuille sur laquelle Alain, son fils, écrit à Nantes pour décrire ce qu'il a fait depuis son départ. Le 4 nivôse, il a déjà consigné ce qu'il a fait et vu à Varades. Le surlendemain, à La Rouxière, il a découvert les fosses remplies de « cadavres infects ». De là, il s'est rendu à Belligné et a donné ses instructions. Le 7 nivôse, intallé à Maumusson, chez sa mère, il écrit : « Je suis maintenant à Maumusson, c'est là où je suis à même de voir souffrir l'humanité ; je vous l'ai dit dans ma première lettre que dans cette commune le nombre était grand de ces cadavres, aujourd'hui je le vois par moi-même ; une maladie nommée dysenterie est régnante dans cette commune, déjà une vingtaine en sont morts, plus de la moitié des gens du bourg sont malades ainsi que dans les différents villages, probablement que beaucoup en mourront, voyez la position où je suis. Cette contagion désole l'humanité, j'ai fait venir dans

1. ADLA, L 231.

cette commune une quantité de chaux et je n'en sortirai point que l'on ait bien recouvert les fosses, ainsi que dans trois autres communes voisines où la maladie commence à se propager. Frères et amis, vous m'avez chargé de cette pénible mission, je ne négligerai rien pour la remplir du mieux qu'il me sera possible, ma vie n'est rien lorsque le salut de la Patrie me commande. Dans ce moment, un officier municipal vient me dire qu'il a commandé six hommes pour travailler et qui s'y refusent. Je le fais appuyer de la force armée qui est avec moi, j'ai de l'eau-de-vie, ils vont en boire, et à quelque prix que ce soit, l'ouvrage se fera... »

Deux jours plus tard, Terrier écrit une nouvelle lettre de Pouillé, village voisin de Maumusson, et fournit des indications complémentaires sur la situation qui y prévaut. Deux voisins de sa mère sont morts, et « pourtant toutes les fosses ont été recouvertes [...]. Les municipalités refusent les réquisitions ». Terrier réclame à Nantes de l'argent pour payer la chaux et les hommes de main, mais aussi de l'eau-de-vie pour aider les hommes réquisitionnés à surmonter leur terreur.

Après sa tournée en pays d'Ancenis, Terrier se rend dans le district de Châteaubriant[1], infesté lui aussi de cadavres en décomposition, notamment dans les bourgs d'Erbray, de Saint-Julien de Vouvantes, de La Chapelle-Glain, du Petit Auverné, du Grand Auverné et de Moisdon. Il envoie la facture en fin de mission, laquelle se monte à 1 670 livres et 18 sols.

Traumatisée, la commune de Maumusson pleure encore ses morts, enfin recouverts de chaux, quand, un

1. ADLA, L 939.

peu plus de deux semaines après le départ de Terrier, elle va subir une nouvelle saignée.

Le 15 janvier 1794, les soldats de la garnison de Maumusson installée depuis le début du mois avec mission de traquer et d'exterminer les rebelles cachés dans les environs se sont mis en marche vers le bois de Maumusson, à un peu plus d'un kilomètre du bourg. Un mécréant cupide du village leur a indiqué qu'un nombre important de brigands s'y cachaient. Les soldats ont fait la jonction avec les militaires stationnés à Ancenis, commandés par l'adjudant-général Delaage, sur la route Ancenis-Candé, et cernent le bois dans lequel se cachent effectivement quelques centaines de rebelles. Ils commencent par en fusiller un bon nombre, sans même un simulacre de jugement. Les 147 qui restent sont enchaînés et conduits à Nantes pour y être « jugés » par la Commission militaire révolutionnaire, dite Commission Bignon, chargée de réprimer « l'empêchement des progrès de l'esprit public » et tout ce qui peut « nuire au maintien de la Liberté ». Le 19 janvier, ces 147 comparaissent devant la Commission en même temps que 62 autres malheureux bougres. Deux seulement auront la vie sauve. Sur les 207 condamnés à mort, 113 sont originaires des cantons de La Rouxière (dont 52 de La Rouxière même, le chef-lieu de canton, et 9 de Maumusson) et de Varades [1]. La quasi-totalité des fusillés sont des paysans.

Le 31 janvier 1794, deux patriotes varadais chargés de réquisitionner les avoines pour l'armée sont pris en chasse et tués près de Maumusson (Haut-Brûlis). La stupeur laisse place à la révolte. Celle-ci va bientôt devenir la chouannerie.

1. ADLA 1497, f°258 ; L 1525 et L 1526, 30 nivôse an II.

II

La chouannerie : un soulèvement populaire des campagnes

C'est donc « par principe d'humanité » que Carrier « purgeait la terre de ces monstres », prêt à faire « un cimetière de la France plutôt que de ne pas la régénérer à sa manière ». La Terreur a effectivement purgé les départements de l'Ouest de quelques centaines de milliers de « monstres », paysans et ruraux pauvres dans leur immense majorité. Une répression barbare qui a déclenché à son tour la chouannerie, laquelle, après quelques soubresauts, ne s'éteindra qu'avec la reconnaissance par Bonaparte de la liberté du culte et le Concordat.

Gracchus Babeuf, père du communisme qui, dans un livre intitulé *Du système de dépopulation, ou la vie et les crimes de Carrier*, interpella la postérité pour qu'on n'oublie pas « l'égorgerie de nos frères par d'horribles bouchers », n'a guère été entendu. Depuis plus de deux siècles, Vendéens et chouans ont si mauvaise réputation que peu de monde s'est indigné et s'indigne de la politique d'extermination menée contre eux par la Convention. Dans la très abondante littérature qui leur a été consacrée, ils sont décrits soit comme des fanatiques ignares, asservis par une religion obscurantiste et par les aristocrates, soit comme de pauvres hères (le « bon peuple ») constituant l'armée des ombres des princes émigrés à Coblence ou en Angleterre pour récupérer le « Trône et l'Autel ». La plupart des auteurs républicains ont repris les analyses biaisées de ceux qui les pourchassaient pour les exterminer, notamment les représentants en mission envoyés par la Convention et les généraux de l'armée de l'Ouest, lesquels les qualifiaient de *brigands*, de *scélérats*, de *monstres assoiffés de sang* obéissant aux consignes royalistes. La version la plus aboutie du « complot royaliste » a été élaborée dans la monumentale étude de Charles-Louis Chassin[1]. De leur côté, les royalistes, émigrés pour la plupart, ont jugé utile de transformer ces paysans en autant de défenseurs du Trône et de l'Autel, et soutenu la thèse d'un soulèvement spontané qui présentait l'immense avantage de peindre en rose l'Ancien Régime et de faire oublier que, hormis quelques-uns d'entre eux, la plupart avaient brillé par leur absence dans le combat mené contre le pouvoir

1. CHASSIN, Charles-Louis, *Études documentaires sur la Révolution française*, t. 1 : *La préparation de la Guerre de Vendée (1789-1793)*, 1892, 3 vol. ; t. 2 : *La Vendée patriote (1793-1800)*, 1893-1895, 4 vol. ; t. 3 : *Les pacifications de l'Ouest, 1794-1801-1815*, 1896-1899, 3 vol. ; t. 4 : *La Vendée et la chouannerie*, 1 vol. ; table générale alphabétique et analytique des trois séries avec cartes du théâtre de la guerre civile, 1 vol., Joseph Floch, Imprimeur-Éditeur. Mayenne.

révolutionnaire. Vendéens et chouans attendirent en vain le débarquement en France du comte d'Artois...

Ayant écrit il y a une vingtaine d'années sur ces questions, je croyais moi aussi que les révoltes vendéennes et chouannes avaient été suscitées par des manigances royalistes, que les paysans avaient été manipulés par leurs anciens maîtres, seigneurs et curés de paroisse, même si je connaissais la part importante de la persécution religieuse dans l'origine de ces soulèvements. Je n'avais pas encore intégré les apports du sociologue américain Charles Tilly[1], de Paul Bois[2], et plus récemment de Jean-Clément Martin[3] et du professeur rennais Roger Dupuy[4]. Tilly voyait dans les insurrections de l'Ouest l'inéluctable produit de l'agressivité urbaine, accentuée par le surcroît de pouvoir politique de la ville sous la Révolution. Dans *Paysans de l'Ouest,* Paul Bois affirme que l'antagonisme des villes et des campagnes a été la cause essentielle des soulèvements de l'Ouest. Les villes ont toutes été « patriotes », comme on disait alors. « Cette profonde animosité sociale, ce partage en deux mondes qui ne se comprennent pas et se redoutent, dont les réactions sont toujours différentes ou contraires, est encore attesté en ce que pas une ville de l'Ouest ne prit

1. Auteur notamment de *La Vendée. Révolution et contre-révolution*, Fayard, 1970.

2. *Paysans de l'Ouest,* Flammarion, collection « Sciences », 1971.

3. Auteur notamment de *Vendée-Chouannerie*, Éditions Reflets du passé, 1981 ; *Blancs et Bleus dans la Vendée déchirée*, Découvertes-Gallimard, 1986 ; *La Vendée et la France*, Seuil, 1987.

4. Auteur notamment de *De la Révolution à la chouannerie. Paysans en Bretagne,* Flammarion, 1988 ; *La Chouannerie,* Ouest-France, 1995 ; *Les Chouans*, Hachette Littérature, 1997.

fait et cause pour les insurgés. Non seulement les véritables cités, munies de remparts et parfois d'une petite garnison, et dont la défense était alors facile, mais les simples bourgades dénuées de toute protection. » Quant à Roger Dupuy, il voit dans la chouannerie une « résistance qui n'est pas tant celle de l'archaïsme face au progrès que celle d'une société communautaire obsédée par sa survie, consciente de sa fragilité, attachée à ses solidarités et peu convaincue de la priorité déterminante du fait national ».

Le 25 septembre 2001, à Bagnolet, je rencontrai José Bové dans la cuisine du siège de la Confédération paysanne pour parler des relations de François Mitterrand avec les paysans du Larzac. Après avoir épuisé le sujet principal de notre rencontre, nous en vînmes à parler du pays d'Ancenis et de Bernard Lambert, figure mythique des révoltes paysannes de l'Ouest dans les années 1970, fondateur des Paysans travailleurs, à l'origine de la marche sur le Larzac, considéré comme le père spirituel de Bové et l'inspirateur de la Confédération paysanne. La conversation m'intéressait d'autant plus que Lambert, longtemps après sa mort, resurgit constamment dans les conversations à Maumusson et dans la région. Il était de Teillé, à dix-huit kilomètres de Maumusson. L'homme y a laissé une trace très forte. Tout naturellement, José Bové en vint à parler des origines de la chouannerie et, à ma vive surprise, se lança dans une défense enflammée de cette révolte dont il faisait le premier grand soulèvement populaire de gauche... Bernard Lambert s'était lui aussi intéressé à la chouannerie et en parlait souvent avec sympathie. Marie-Paule, sa veuve, s'en souvient fort bien : « Il n'y voyait pas un mouvement royaliste, mais une révolte contre le centralisme parisien. » Lambert avait un certain côté « anar » et voyait surtout dans les jacqueries et les soulèvements paysans des mouvements sociaux autonomes.

Six ans après ma rencontre avec José Bové, j'ai décidé d'enquêter sur les origines de la chouannerie sur les terres de Bernard Lambert et avec sa grille de lecture.

À Maumusson, et cela est vrai pour toutes les paroisses voisines, il n'y a effectivement pas eu d'aristocrates pour convaincre et entraîner les habitants à se soulever. Les paysans pauvres se sont révoltés tout seuls. Les campagnes du pays d'Ancenis, comme celles de Vendée et de Bretagne, avaient pourtant, dans un premier temps, applaudià la Révolution. Ils avaient cru qu'ils paieraient moins d'impôts, qu'ils seraient moins tracassés par les nouvelles autorités, qu'ils bénéficieraient des biens confisqués au clergé. Ils n'avaient en effet rien dit quand les constituants avaient mis les biens du clergé à la disposition de la nation. Mais les bourgeois du tiers état qui avaient renversé la noblesse et le haut-clergé pour constituer à eux seuls la nation avaient monopolisé tous les pouvoirs : économiques, administratifs, politiques, tout en méprisant leurs alliés d'hier. Les paysans payaient davantage d'impôts qu'avant la Révolution et nombre de ceux qui jadis n'en payaient pas y étaient devenus assujettis. Amers, ils avaient vu les bourgeois s'emparer des biens du clergé mis aux enchères. Le nouveau pouvoir avait ainsi bouleversé la vie quotidienne du monde rural sans que celui-ci en retire un quelconque avantage. Par suite de mauvaises récoltes et du fait des lois libérales, les conditions de vie s'étaient dégradées.

Les paysans étaient de surcroît convaincus que les bourgeois citadins voulaient affamer les campagnes en spéculant sur les grains.

Renouant avec un vieux réflexe datant du temps de Louis XIV et de la révolte antifiscale des Bonnets rouges, les paysans commencèrent à prendre en grippe les villes, les bourgeois, le pouvoir central. Dans ce contexte, en ne respectant pas la religion de leurs ancêtres, les nouvelles autorités mirent le feu aux poudres en chassant leurs prêtres et en cherchant *in fine* à imposer de nouvelles croyances.

Nourries par les Lumières, par Voltaire, Rousseau, Mably, elles avaient rédigé la Déclaration des droits de l'homme, convaincues que celle-ci allait devenir les nouvelles Tables de la Loi, s'imposant à tous les peuples de l'univers, auxquels on l'imposerait, si nécessaire. Pour leur bien, évidemment. Cette déclaration, qui ne faisait référence ni à Dieu ni à la France, s'adressait à l'humanité entière et se voulait donc universelle. Au nom de la Raison, elle s'affirmait comme la Vérité et portait en elle les germes d'un affrontement avec la religion catholique, qui se voulait elle aussi universelle. D'emblée elle portait en elle ce qu'on appellera deux siècles plus tard le « droit d'ingérence ». Un droit que les patriotes ont d'abord exercé à l'intérieur des frontières de la France pour faire, bien malgré elles, le bonheur des masses paysannes dites « fanatisées » par leurs prêtres. Les patriotes considéraient déjà que la religion était l'opium du peuple, pour reprendre l'expression marxiste ultérieure. Ils décidèrent donc de l'éradiquer pour « libérer » les paysans. Les récalcitrants furent tout simplement considérés comme des ennemis de la patrie, des *monstres* à exterminer.

L'aveuglement des nouveaux maîtres de la France à

l'endroit des paysans de l'Ouest a été impressionnant. Les soulèvements populaires, en effet, ne sont pas survenus *ex nihilo,* mais ont été annoncés par de très nombreux signaux. Les nouveaux responsables politiques n'ont pas compris que, en expulsant les prêtres qui avaient refusé de prêter serment à la Constitution, « c'était l'atteinte la plus pénible qui pût être portée à son esprit d'indépendance, à son sentiment d'appartenir à une société originale, à sa dignité sociale [1]. » Pour exprimer leur refus d'accepter les prêtres qui avaient prêté serment, c'est-à-dire qui étaient passés, selon eux, sous les fourches caudines des bourgeois patriotes, les paysans en parlaient comme des *intrus.* Les législateurs, de même que les nouveaux administrateurs des départements et des districts, conscients de leur supériorité intellectuelle sur les ruraux dans la mesure où ils avaient remplacé les croyances par la philosophie, et un Dieu à barbe blanche par la Raison, n'ont pas compris – ou pas voulu comprendre – le rôle important du curé dans les campagnes, qui allait bien au-delà de son magistère proprement religieux. Dans un habitat dispersé en de très nombreux petits hameaux – comme à Maumusson –, c'est à l'ombre de l'église, autour de son desservant, que se nouaient toutes les relations sociales. Un prêtre qui non seulement rendait supportable des vies de labeur par la perspective du paradis, mais qui secourait les plus pauvres, conseillait ses paroissiens en tous domaines, ponctuait les grandes étapes de leur vie en les baptisant, en les mariant et en leur administrant l'extrême-onction avant de les inhumer religieusement.

1. Paul Bois, *Paysans de l'Ouest*, *op. cit.*

Les bourgeois n'avaient pas toujours montré cette attitude condescendante envers les populations rurales et leurs curés. Dans les mois précédant la Révolution, ils avaient au contraire cherché à rallier la paysannerie pour obtenir le doublement de la représentation du tiers état. Installés au pouvoir, ils avaient voté la constitution civile du clergé sans se rendre compte qu'elle introduisait les germes d'une nouvelle révolution dans la classe la plus défavorisée du royaume. Dans un sursaut de lucidité, les membres de l'Assemblée constituante, perturbés par les troubles survenus dans l'Ouest et notamment en Vendée, décidèrent, le 16 juillet 1791, d'y envoyer deux commissaires afin d'enquêter sur les causes de ces troubles et d'en arrêter les progrès. Gallois et Gensonné, ces deux commissaires, avaient d'abord réfuté l'idée, propagée par les patriotes, selon laquelle l'agitation dans l'Ouest résultait d'une conspiration royaliste. Malgré leurs préjugés de départ contre les paysans « fanatiques » et leurs prêtres, ils menèrent une enquête équitable : « Nous ne sollicitons d'autre grâce, nous disait-on unanimement et partout, que d'avoir des prêtres en qui nous avons confiance. » Gallois et Gensonné exposèrent leurs conclusions devant les membres de la nouvelle Assemblée législative, et leur rapport servit de base à la discussion des législateurs. Mais les jusqu'au-boutistes, influencés par les pétitions des clubs des Amis de la Constitution, notamment ceux de l'Ouest, n'écoutèrent pas les voix raisonnables comme celle de Torné, évêque de Bourges, adjurant l'Assemblée d'accorder à tous la pleine et entière liberté du culte : « Oui, messieurs, je vous l'annonce en versant des larmes amères sur les dangers de la Constitution et de la Patrie, vous aurez la guerre civile par ces mêmes moyens qu'on vous propose pour vous en préserver[1]. » Jean Duval, député de la Manche, proposa ainsi à ses pairs d'instituer l'équivalent de l'étoile jaune pour les prêtres réfractaires, lesquels devraient porter un écriteau, à hauteur du sein gauche, sur lequel on pourrait lire en grosses lettres : « Prêtre suspect de sédition[2]. »

Finalement, la Législative abolit la liberté du culte et exigea le serment des prêtres. Le cycle infernal qui devait atteindre son paroxysme avec la répression barbare de Carrier était lancé. À Maumusson et dans les paroisses voisines de galerne, un front du refus opposé aux mesures antiprêtres fut constitué ; le principe d'une milice pour s'opposer aux gendarmes et aux gardes nationaux qui viendraient arrêter leurs curés fut adopté. Mais ce refus ne se limita pas aux campagnes de galerne : les ouvriers des mines de charbon Montrelais, toutes proches, réagiraient de la même façon contre l'intrusion des patriotes dans leur vie quotidienne. Si les mineurs n'étaient pas très pratiquants, ils n'hésitèrent pas à cacher des prêtres réfractaires et donc à se mettre en travers de la loi.

En mars 1793, dans un climat social très tendu, la conscription visant à recruter des soldats chargés de défendre les frontières menacées fut prise pour une provocation et déclencha un soulèvement populaire où se retrouvèrent côte à côte paysans et mineurs. Il n'y avait pas là non plus de complot royaliste, mais une révolte

1. Alfred Lallié, *Le Diocèse de Nantes pendant la Révolution*, B. Cier, libraire-éditeur, Nantes, 1893.

2. Marie Bréguet, *L'Avant-guerre de Vendée. Les questions religieuses à l'Assemblée législative*, Pierre Téqui éditeur, 2004.

contre un pouvoir bourgeois et libéral qui non seulement n'avait rien changé à leur condition, mais les empêchait de pratiquer leur religion, traquait leurs prêtres, les appauvrissait, alors qu'ils avaient tout loisir de constater que les bourgeois locaux, eux, s'étaient honteusement enrichis. Ils prirent alors des bâtons et des fourches pour combattre tous les symboles de ce pouvoir qu'ils exécraient [1]. La traque menée par les gardes nationaux, émanation directe des bourgeois, fut brutale.

Maumusson compte alors ses premiers morts. Pour éviter la répression, les jeunes des paroisses de galerne, accompagnés de nombreux mineurs, franchissent la Loire et vont grossir les rangs des révoltés vendéens. Ils ne reviendront au pays qu'avec la Virée de Galerne... Et les survivants de la répression perpétrée par Carrier se feront chouans.

Chargé de traquer les chouans au cours de l'été 1794, le général Lazare Hoche comprit rapidement que la seule façon d'éteindre le feu à l'Ouest était de reconnaître la liberté du culte aux paysans. Dans une instruction à ses troupes, il leur demanda de « ne point les inquiéter dans leurs opinions religieuses, dont la liberté est consacrée par la Déclaration des droits ». À ses généraux, il écrivit le 17 mars 1795 : « Engagez en sous-main quelques offi-

---

1. Julien Gracq, natif de Saint-Florent-le-Vieil, tout proche du pays d'Ancenis, évoquant ses origines dans *Le Rivage des Syrtes*, souligne son « caractère casanier », sa « méfiance vis-à-vis des figures inconnues », le « conservatisme figé » de ses habitudes, son « confinement dans un cercle de relations étroit, surtout familial », son « goût de dire non », « bref, ce “laissez-moi tranquille et passez au large” qui a été – toutes motivations sociales et religieuses mises à part – le vrai ressort caractériel du soulèvement de 1793 ».

ciers et soldats à assister à leurs cérémonies religieuses, messes, etc. Faites attention surtout que jamais elles ne soient troublées. » Et, lors de la paix de Mabilais, signée avec les chouans le 20 avril 1795, il fut reconnu par les représentants du peuple[1] près les armées de l'Ouest, des côtes de Brest et de Cherbourg que « la clôture des temples, la destruction du culte et les persécutions contre ses ministres ont été la principale cause du soulèvement des campagnes et de la guerre des chouans ». Cinq ans plus tard, Bonaparte reprit la même analyse et mit un terme aux guerres de l'Ouest.

---

1. Guermeur, Jary, Genot, Ruelle, Guezno, Bollet, Corbel, Lanjuinais, Chaillon et Defermon.

III

Maumusson

Pourquoi avoir fait de la paroisse de Maumusson une tour de guet d'où tenter de décrire les débuts d'une révolte populaire qui dépassa non seulement le cadre de ce bourg, mais aussi celui du canton, du district et même du département ? Que d'Artagnan et ses mousquetaires[1] y aient été reçu, que Madame de Sévigné[2] y ait séjourné, ne suffisait évidemment pas à justifier un tel choix. Plus importants sont les liens étroits[3] qui m'attachent à ce lieu ; de là me vient une bonne connaissance de ce qui s'y est déroulé pendant cette période troublée. Archives et livres sont suffisamment abondants pour reconstituer une fresque probablement assez proche de la réalité historique, avec des personnages typés évoluant dans les différents camps, des événements significatifs permettant

1. En attendant Louis XIV, venu à Nantes présider la session des états de Bretagne et arrêter Fouquet en 1661.

2. Elle a rendu visite en 1658 à son amie la marquise de La Troche en son château de La Motte.

3. J'ai un ancêtre direct qui y est né en 1639, d'autres ancêtres qui y ont vécu sous la Révolution, et j'y vis une partie de l'année.

de mesurer les tensions et les drames au sein des familles, enfin de se faire une idée précise de la barbarie qui submergea alors Maumusson et les paroisses voisines. Ces personnages n'ont d'intérêt que parce qu'ils évoluent dans un cadre qui ressemble à des milliers d'autres : une paroisse rurale qui n'a d'yeux que pour Dieu et ses prêtres, dans un paysage de bocage où l'œil qui voudrait discerner l'horizon lointain est tout de suite arrêté par une barrière arborée. Les champs, prairies et vignes sont entourés de haies qui donnent au visiteur l'impression qu'il se trouve en forêt. Les chemins y sont mauvais, impraticables quand les pluies ont été abondantes. Une configuration qui n'est guère favorable à la maréchaussée. À Maumusson, il est facile de se cacher, donc d'échapper aux recherches.

Ma tour de guet est située à moins de six kilomètres de La Rouxière, à une vingtaine de kilomètres d'Ancenis, à une cinquantaine de Nantes, à une soixantaine d'Angers et à trois cent soixante kilomètres de Paris. La Rouxière, Ancenis, Nantes et Paris : les quatre centres de pouvoir dont les décisions vont bouleverser la vie quotidienne de « mon » village. La Rouxière est devenu chef-lieu de canton pendant la Révolution ; Ancenis, centre administratif du district ; Nantes abrite le directoire du département ; Paris, le pouvoir central.

Maumusson était une paroisse de galerne[1] située aux confins de la Bretagne, à quelques kilomètres de

1. Rappelons que la galerne, tirée du mot breton *gwalam*, désigne le vent de noroît, froid et humide, qui souffle en rafales dans l'ouest de la France. Par extension, le mot désigne les régions situées au nord de la Loire. La Virée de galerne est ainsi le nom donné à l'épisode de la guerre de Vendée qui s'est déroulé au nord de la Loire

l'Anjou[1] et à une vingtaine de kilomètres au nord de la Loire. Au début de la Révolution, elle est restée très rurale : la fièvre commerciale de l'axe fluvial Nantes-Angers et le développement récent des mines de charbon de Montrelais[2], distantes d'une quinzaine de kilomètres, n'ont pas changé le mode de vie ni l'économie des paroisses de galerne, de Maumusson et de ses voisines La Rouxière (à 4,5 km)[3], Belligné (5,3 km), Pouillé-les-Côteaux (6,2 km), Saint-Mars-la-Jaille (7,3 km), Saint-Herblon (7,4 km) et la Chapelle-Saint-Sauveur (10,4 km). Ces paroisses se sentent très proches, à la fois parce que des liens familiaux les unissent[4] et parce qu'elles ont la même façon de vivre, sont très religieuses et font bloc autour de leurs prêtres. Elles constitueront ensemble un véritable front du refus quand la Révolution touchera à leurs curés et seront prêtes à prendre les armes pour empêcher gendarmes et gardes nationaux de les arrêter, et à se battre avec la dernière énergie contre tout ce qui mettra en cause leur identité.

Au début de la Révolution, comme dans beaucoup de villages de l'Ouest, l'habitat de Maumusson – 1 122 habi-

du 17 octobre au 23 décembre 1793 (voir carte sur le deuxième rabat du présent ouvrage, *La Virée de Galerne*).

1. Freigné et La Cornuaille, deux villages limitrophes au nord de Maumusson, respectivement situés à 7, 4 et 9, 5 kilomètres, se trouvent en Anjou.

2. À la veille de la Révolution, les mines de Montrelais emploient 600 ouvriers, auxquels s'ajoutent les voituriers.

3. La Rouxière va devenir chef-lieu de canton.

4. Domestiques, journaliers et métayers bougent au gré des embauches dans les paroisses voisines où ils peuvent trouver l'âme sœur. La famille Plouzin est ainsi éclatée entre Maumusson, Belligné et Saint-Herblon

tants pour environ 160 feux – est très dispersé : le bourg ne rassemble qu'un peu plus d'une centaine d'habitants, le reste, soit un peu moins de mille paroissiens, est éparpillé dans 78 hameaux et fermes. Au bourg, il y a le curé et son vicaire, une religieuse du tiers ordre franciscain, un instituteur, deux aubergistes, deux boulangers, un sabotier, un cordonnier, deux tisserands, un charpentier, un maréchal-ferrant, quelques marchands et quelques domestiques. Dans les hameaux et fermes, la très grande majorité est constituée de domestiques, journaliers, closiers, laboureurs et métayers, et de quelques meuniers, fileurs et fileuses, tailleurs d'habits, menuisiers et forgerons.

Les Maumussonnais vivent presque tous, directement ou indirectement, de l'agriculture. Les revenus agricoles ne cessent de baisser. À la sécheresse de 1788 est venu s'ajouter un été 1789 déplorable. Domestiques et journaliers sont très pauvres ; artisans, closiers et métayers survivent plus ou moins bien ; les deux familles bourgeoises – les Cathelinais, de la Grée, et les Defermon, des Chapellières – vivent... bourgeoisement. Pierre Jacques François de La Ferronays, seigneur de Maumusson en qualité de propriétaire de La Motte, vient rarement dans son château, reconstruit récemment, de Saint-Mars-la-Jaille (situé à huit kilomètres de Maumusson) ; il vit le plus souvent à Versailles. La légende qui s'appuie sur la monographie de l'abbé Bourdeault intitulée *Maumusson pendant la Révolution* [1] voudrait que les paroissiens ne nourrissaient aucune animosité envers leur seigneur, parce qu'il était « généreux et bienfaisant ». Rien n'est plus faux !

1. Abbé Bourdeault, *Maumusson pendant la Révolution*, Nantes, imprimerie Dupas et Cie, 1928.

À la veille de la Révolution, si les Maumussonnais courbaient l'échine devant le seigneur, c'est tout simplement parce qu'il leur en avait coûté très cher de s'être révoltés contre lui, une vingtaine d'années plus tôt. Le comte de La Ferronnays avait en effet infligé des punitions inouïes à tous ceux qui avaient osé réclamer leurs droits. Si bien que les habitants avaient accepté également sans mot dire les corvées importantes imposées par leur seigneur pour la reconstruction, en 1774, de son château de Saint-Mars-la-Jaille, à partir des plans de l'abbé Gaignard, le savant du pays, architecte, philologue et grammairien[1]. Comme beaucoup de bourgs et de villages, Maumusson souffrait donc dans sa chair des abus de l'Ancien Régime.

Pour bien comprendre les enchaînements de l'histoire qui vont conduire les paroissiens de Maumusson à se révolter, il importe de savoir ce qu'ils avaient effectivement enduré. Pendant soixante-quinze ans, de 1696 à 1769, les paysans n'avaient eu qu'à se louer de Claude de Cornulier, leur seigneur, lequel leur avait permis de jouir de 377 journaux[2] de landes et de bois en commun, contre une faible rente seigneuriale et féodale de 32 livres 10 sols tournois. Mais, en 1768, le comte de La Ferronnays, nouveau seigneur de Maumusson, voulant récupérer ledit commun, fit menacer ses vassaux d'afféager à des étrangers les 160 journaux de terrain qui lui restaient en propriété, pour le droit de triage que s'était réservé son prédécesseur aux termes de la transaction de 1696. Plusieurs paroissiens de Maumusson allèrent le trouver

1. Abbé Bourdeault, *Maumusson pendant la Révolution, op. cit.*

2. Ancienne mesure de superficie correspondant à la quantité de terrain qu'un laboureur pouvait labourer en un jour, soit environ un demi-hectare.

et le supplièrent de leur accorder la préférence ; il leur répondit qu'il le voulait bien à condition qu'ils renoncent, au nom de tous ses vassaux, à la transaction de 1696, après quoi il leur afféagerait le tout en propriété.

Quatre riches bourgeois [1], propriétaires de quelques parcelles de terre dans la paroisse, agents du seigneur, avaient, le 2 octobre 1768, convoqué une assemblée de tous les paroissiens et leur avaient exposé les volontés du comte de La Ferronnays en les engageant à les accepter et à les nommer tous quatre procureurs spéciaux pour traiter cette affaire en leur nom ; neuf paroissiens seulement sur les cent cinquante présents acceptèrent de signer la déclaration des bourgeois. Parmi ces neuf signataires, trois seulement habitaient d'ailleurs vraiment Maumusson. Munis de ces mandats ultraminoritaires, les quatre prétendus procureurs spéciaux signèrent, le 16 juin 1769, une transaction par laquelle eux quatre abandonnaient au comte les bois situés dans les communs, afin que le seigneur en dispose à sa volonté ; après la coupe des bois, il était convenu que le seigneur afféagerait le commun à chacun des seuls vassaux propriétaires de la paroisse, par égale portion en raison de leur propriété.

Cet acte illégal fut mis à exécution. Les bois appartenant à la paroisse et qui valaient plus de 40 000 livres furent enlevés et l'afféagement eut lieu, mais pas comme on le leur avait promis. Le seigneur se réserva en effet une partie des communs pour son propre usage. Et l'afféagement, au lieu d'être donné à tous les propriétaires individuellement, fut accordé aux particuliers les plus riches, la plupart bourgeois et n'étant point habitants de

1. Papin, Justeau, Lemarié et Desanto Domingo.

la paroisse, notamment aux neuf individus qui avaient signé la délibération et aux quatre procureurs spéciaux à qui échut la part du lion.

Inutile de préciser que les paroissiens de Maumusson étaient furieux contre les responsables de cette spoliation, et pas seulement envers le comte de La Ferronnays. Les paysans en voulaient aux bourgeois qui avaient accepté que le seigneur les spolie des bois des communs et d'une partie desdits communs, puis s'étaient ensuite partagé le reste des terrains communs. Les paroissiens manifestèrent leur mauvaise humeur en commençant à boucher les fossés creusés par les nouveaux afféagistes. Ils en furent empêchés et poursuivis criminellement. Plusieurs laboureurs se réunirent alors pour se pourvoir par les voies de droit. Ils formèrent une demande en justice pour contrer l'afféagement et attaquèrent la validité de la délibération « légitimant » la spoliation. Mais le seigneur de La Ferronnays trouva de puissantes protections auprès du parlement de Rennes. La lenteur de ce tribunal, et plus encore les sommes énormes que les laboureurs peu fortunés furent obligés de débourser sans parvenir à se faire rendre justice, leur firent abandonner le projet d'obtenir réparation.

La spoliation seigneuriale ne s'arrêta pas avec cette renonciation. Le comte de La Ferronnays poursuivit les laboureurs qui ne pouvaient honorer les frais de justice et leur fit vendre meubles, effets et bestiaux ; il en fit jeter quelques autres en prison, où ils moisirent plusieurs années et d'où ils ne sortirent que pour venir mourir dans le besoin à Maumusson. De tous ceux qui avaient osé réclamer leurs droits, aucun n'échappa au châtiment du seigneur ; les uns furent ruinés et vécurent dans la plus affreuse misère, quelques autres moururent en prison, les derniers perdirent la tête de douleur et de chagrin à la vue de leurs proches incarcérés sans qu'ils aient la faculté de les secourir. On peut également imaginer que cette affaire laissa dans Maumusson des rancunes tenaces entre les neuf qui avaient accepté la proposition seigneuriale et les cent quarante et un qui l'avaient refusée... En tout cas, jusqu'à la Révolution, les habitants ne manifestèrent plus contre le seigneur, simplement parce qu'ils avaient peur.

Ils n'est donc pas étonnant de les retrouver dans le même état d'esprit quand, le 1er avril 1789, vingt-sept d'entre eux se réunirent dans la sacristie pour rédiger le cahier de doléances. Non seulement ils ne représentaient qu'une faible partie des paroissiens (*grosso modo* le sixième), mais ils étaient méfiants, celui qui menait les opérations étant encore un homme du comte de La Ferronnays, un certain Robert Guichard, procureur fiscal du seigneur de Maumusson. Rien n'indiquait alors que le comte avait perdu de son poids et de son influence : il vivait en effet à la cour de Versailles.

La peur explique pourquoi Maumusson a produit un cahier de doléances en demi-teinte, qui ne brille pas par son originalité, très court et bien peu agressif à l'égard des abus d'Ancien Régime. Il s'inspire des modèles de Rennes et d'Ancenis. Il est amusant de remarquer que, en s'inspirant du premier, Maumusson reprend une partie des idées d'un de ses propres enfants, Jacques Defermon, alors procureur au parlement de Rennes. « Je rédigeai la première [1] qui fut prise par la paroisse de Toussaints et

1. In *Cahiers de doléances de la sénéchaussée de Rennes pour les états généraux de 1789*, Henri Sée et André Lesort, Imprimerie Oberthur, Rennes, 1909. Texte conservé aux AD d'Ille-et-Vilaine, série G.

qui fut suivie d'une délibération générale de toutes les paroisses de Rennes », écrit-il dans ses Mémoires[1]. Le cahier insiste sur quelques points spécifiques à Maumusson et renvoie aux cahiers de Rennes et d'Ancenis pour les réclamations communes à tous. Dans les premier et quatrième articles, les relations difficiles entre le comte de La Ferronnays et les paysans à propos des communs contigus aux champs et bois appartenant au seigneur sont bien perceptibles[2]. La garde du bétail sur les communs (ressource essentielle pour le paysan pauvre) requiert une attention de chaque instant, car le bois ou les champs contigus appartenant au seigneur ne sont pas clos. Robert Guichard, habitué des procédures, propose d'emblée, à l'article 1, une solution juridique, et demande à l'article 4 que les « seigneurs soient obligés, à l'avenir, de clore à leurs frais leurs bois, taillis et leurs domaines ». Il n'est pas inutile de souligner que, dans les landes de Maumusson, les paysans tuaient souvent des loups jusqu'au début du XIXe siècle[3].

Si le bétail des paysans cause des dégâts dans les propriétés seigneuriales, inversement, la chasse à courre, les pigeons et les lapins du seigneur endommagent les récoltes de ses vassaux. Aussi les délibérants réclament-ils la suppression de la chasse de grande vénerie, « si nuisible au bien des campagnes », « la suppression des fuies à

1. Assemblée nationale, MSS 1854 ; Mémoires qui n'ont été publiés que dans la revue *Études et documents*, n° 5, 1993, du Comité pour l'histoire économique et financière de la France, et présentés par Arnaud de Maurepas.

2. Le commentaire du cahier de doléances de Maumusson est largement inspiré de celui de la brochure intitulée *Cahiers de doléances 1789*, publiée en 1989 par le Comité Liberté Égalité Fraternité 89, Association Nantes-Histoire.

3. ADLA, 29 K 1.

pigeons et des garennes à lapins ». Ils s'insurgent aussi contre les corvées qui fournissent au seigneur de Maumusson une main-d'œuvre abondante et gratuite. La reconstruction du château de Saint-Mars-la-Jaille, quinze ans auparavant, n'a pas laissé de bons souvenirs. Mais le principe même de la féodalité n'est cependant pas remis en cause. Les représentants des paroissiens de Maumusson demandent que « les bâtards dont l'éducation et entretien jusqu'à l'âge de dix ans ont été jusqu'ici à la charge des généraux des paroisses[1] de cette province soient, à l'avenir, à celle des seigneurs du clocher, des hauts justiciers qui seuls recueillent leurs successions, quelquefois considérables ». L'assemblée de Maumusson rejette enfin, comme la majorité de ses voisines, les divers droits qui frappent les transactions sur le patrimoine foncier et immobilier : lods et ventes, francs-fiefs, contrôle.

N'était, jusqu'à la suppression de la gabelle, le passage des faux sauniers qui, de temps à autre, troublaient l'ordre public, Maumusson était réputé tranquille. Les conséquences de l'extrême pauvreté y étaient prises en charge par les prêtres.

Si elle n'est pas très peuplée, la paroisse de Maumusson dispose néanmoins d'une bonne palette de personnages. Ses deux prêtres sont évidemment les personnalités les plus respectées, les plus aimées. Yves Bouvier en est le recteur depuis 1755. Il est né en Anjou, au bourg d'Iré,

1. À l'origine, assemblée de tous les chefs de feux de la paroisse. Au XVIIIe siècle, composée d'anciens fabriqueurs, cette assemblée sensiblement réduite recrute – en son sein, en général – les douze délibérants. Cette organisation, variable d'une paroisse à l'autre, tient lieu de conseil municipal.

à une trentaine de kilomètres de Maumusson, où les coutumes religieuses et sociales sont les mêmes que de ce côté-ci de la frontière. Il a été considéré dès son arrivée, et après avoir été vicaire à Brin, puis aumônier pendant quatorze ans à l'hôpital de Candé, comme un homme du pays. Issu d'une famille pauvre, il avait pu faire ses études au séminaire d'Angers grâce à la générosité d'un curé de cette ville. Il a soixante-dix ans quand débute la Révolution. « L'âge avait apaisé l'austérité première du nouveau pasteur et développé ses autres qualités naturelles. Il était parvenu à un véritable détachement du monde, indifférent au bien-être matériel, chaque année plus tourné vers le Ciel à mesure que diminuait le nombre de jours qui lui restaient à vivre. Il connaissait tous ses paroissiens, il les aimait tous sans exception[1]. » S'il va connaître un destin tragique sous la Terreur, c'est Mathurin Souffrant, son vicaire depuis 1780, qui va occuper le premier rôle pendant la Révolution.

Lui est vraiment du pays. Né dans une ferme appelée Les Mares, sur la paroisse de Saint-Herblon[2], à six kilomètres de Maumusson, où ses parents étaient laboureurs, le jeune Mathurin avait été repéré par le vicaire du lieu pendant l'année de catéchisme préparatoire à la première communion pour ses aptitudes à devenir un bon curé. Le vicaire convainc les parents Souffrant de confier leur enfant aux bons soins du curé de Pouillé, paroisse voisine de celles de Saint-Herblon et de Maumusson, qui avait transformé sa cure en petit séminaire. Sous l'œil de

1. Abbé Bourdeault, *Maumusson pendant la Révolution*, *op. cit.*
2. Les Mares dépendent aujourd'hui de La Roche-Blanche, érigée en paroisse en 1843 et en commune en 1850.

M. Thobie, les élèves « apprenaient sous les yeux de leurs familles, à quelques lieues de leur village, à devenir les pasteurs des bourgades voisines [...]. Ils voyaient M. Thobie agir au milieu de ses ouailles ; le suivaient près des malades, l'écoutaient prêcher ; tous chantaient au lutrin. Les uns couchaient au presbytère, d'autres dans quelques maisons du bourg[1] ». Mathurin Souffrant est tonsuré en 1775 dans l'église de Pouillé et, après avoir complété ses études au grand séminaire de Nantes, il est ordonné prêtre en mai 1780. Dès le mois suivant, il devient vicaire de Maumusson.

Le personnage central de Maumusson pendant la Révolution est donc un homme d'origine paysanne et formé au pays, ce qui ne l'empêchera pas de se montrer favorable aux réformes – il deviendra maire en 1790 – à condition qu'elles ne touchent pas à sa foi ni à la religion de ses ouailles. À partir de 1792, son action dépassa les frontières de Maumusson puisqu'il fut nommé vicaire général clandestin par monseigneur de La Laurencie, évêque de Nantes, chassé par la Révolution et exilé en Allemagne. Dépositaire de la « véritable » autorité épiscopale, celle qui avait refusé de prêter serment à la Constitution civile du clergé, l'abbé Souffrant devint le chef des réfractaires du pays d'Ancenis, la référence et le recours de tous les prêtres passés dans la clandestinité et des chrétiens qui réclamaient les « vrais » sacrements.

Derrière les deux prêtres vont apparaître quelques seconds rôles très actifs, comme l'abbé Joseph Cosneau, à la fois sacristain et instituteur, car si on l'appelle l'abbé, il n'est pas prêtre, mais seulement clerc tonsuré ; Mathurin

---

1. Abbé Bourdeault, *Maumusson pendant la Révolution*, *op. cit.*

Dalaine, le répondant de messe ; Guillaume Fourmy, surnommé Verdure, et Mathurin Poupard, dit Amérique, paroissiens très proches de l'abbé Souffrant, on pourrait presque dire ses gardes du corps ; sœur Thérèse Girardière, que le curé Bouvier a connue à l'hôpital de Candé et qui est la bénédiction de tous les pauvres, de tous les malades, de tous ceux qui souffrent ; René Plouzin, de la métairie de La Porte, et sa famille toute dévouée à ses prêtres ; le charpentier Sébastien Barbin, les Huet, Aillerie, Ploquin, les Jousset (Étienne, laboureur, est marguillier), les Bretaut, Pierre Rougé, dit La Fleuret, et Jacques Pineau, dit La Liberté, tous deux futurs capitaines de paroisse (en chouannerie) de Maumusson, Pierre Dupré, le meunier de La Roche, qui deviendra célèbre en pays d'Ancenis sous son nom de chouannerie Tête Carrée, mais aussi Jamet, dit La Guibertais, Mathurin Cerisier et Joli, lequel sera connu sous le nom de Belle-Pointe[1]...

En dehors du bourg, un lieu et une famille vont jouer un rôle très important à Maumusson et bien au-delà. Le domaine des Chapellières, avec son petit manoir construit aux XVIe et XVIIe siècles, comprend plusieurs métairies et un moulin à Maumusson et La Rouxière. Depuis la mort à Maumusson, en 1782, de Jacques Defermon, longtemps alloué de la baronnie de Châteaubriant, le domaine des Chapellières, comme celui de Gâtine, à Issé, près de Châteaubriant, était possédé en indivision par ses sept enfants. Quatre d'entre eux choisirent le célibat pour se dévouer à Dieu et aux pauvres :

1. Les bleus qui le pourchasseront en brumaire an VII écriront joliment : « La nature lui a amplement prodigué ses dons. Il est très courageux, très instruit et très bel homme... »

François est ordonné prêtre en 1783 ; Jeanne Françoise, connue sous le surnom de Cillette, et Emmanuelle-Armande, plus connue sous les surnoms de Jacotte ou Jacquette, passeront leur vie à « faire le bien » et enseigneront à l'école des petites filles pauvres de Châteaubriant. L'aînée deviendra tout simplement mère de famille. Quant à Jean, il s'orientera d'abord vers Dieu et accédera, comme son frère François, au grand séminaire de Nantes, à la grande joie de Cillette ; mais, sous l'influence de Jacques, son frère aîné, procureur au parlement de Rennes, fortement influencé par les Lumières, il renoncera au sacerdoce pour suivre son frère à Rennes.

Jacques Defermon des Chapellières joua d'abord un rôle important dans la révolte du tiers état breton avant de fonder, avec quelques Rennais, le Club breton, qui va devenir le Club des jacobins. Il va être successivement président de la Constituante, conventionnel, proscrit avec les girondins, puis membre du Comité de salut public, président du Conseil des Cinq-Cents, directeur de la Trésorerie, directeur de la Dette publique, président de la section des Finances du Conseil d'État, ministre d'État, comte d'Empire, enfin directeur du Domaine extraordinaire. Jacques Defermon est évidemment le personnage le plus marquant de Maumusson. Il y est né et a fêté ses vingt ans aux Chapellières, une grande maison bourgeoise que les Maumussonnais appellent « le Château », probablement à cause de sa tourelle-pigeonnier coiffée d'une sorte de casque d'ardoise. Dans l'histoire qui suit, il n'est cependant pas le seul personnage attaché aux Chapellières : après le vote de la Constitution civile du clergé, qu'il a soutenue de toutes ses forces, Jacques Defermon va se trouver en opposition frontale avec ses sœurs et avec François, son frère prêtre, qui va refuser de prêter serment.

Dans Maumusson, qui va réagir fortement aux mesures prises à l'encontre de ses deux prêtres, le curé Yves Bouvier et Mathurin Souffrant, son vicaire, le domaine des Chapellières va constituer le principal lieu de résistance au pouvoir central et aux autorités qui le relaient à la tête du département de Loire-Inférieure, du district d'Ancenis et du canton de La Rouxière. Sur cette terre des Chapellières, Mathurin Terrien, métayer des Defermon, son fils Mathurin, leur domestique, et surtout l'abbé Jean Terrien, autre fils, clerc tonsuré, vont constituer, avec les abbés Souffrant et Defermon, les demoiselles des Chapellières et quelques autres Maumussonnais, un noyau important de la révolte qui va gronder à partir de la fin de l'année 1790 et enflammer la plupart des paroisses du district d'Ancenis.

Les Chapellières vont en effet abriter des réunions secrètes, des messes clandestines dites sur la « pierre d'autel[1] » ; les prêtres vont se cacher dans la tourelle pour échapper aux bleus qui traquent les curés réfractaires... En thermidor an VI, les bleus qualifieront encore le lieu de « repaire de la vermine calotinocrate ».

---

1. Très grosse pierre située dans un champ des Chapellières, sur laquelle les prêtres de Maumusson célébraient déjà la messe lors de la peste de 1639.

IV

Quand les bourgeois ne trouvaient que des qualités aux curés et aux paysans

À Rennes, sur les marches du parlement, en cette matinée du 8 janvier 1789, l'exécuteur de la haute-justice du parlement de Bretagne lacère et brûle trois imprimés « séditieux » rédigés par des procureurs et des avocats qui, dans un libelle, ont tenté de soulever les campagnes pour qu'elles soutiennent leur combat contre la noblesse et le haut-clergé, pour obtenir une égale répartition des impôts, le vote par tête et le doublement de la représentation du tiers état. Ce dernier autodafé avant la prise de la Bastille exprime la peur, mais aussi la lucidité des parlementaires bretons qui ont compris que, faute d'un arrêt brutal du processus initié par les avocats et procureurs du tiers état, c'en sera bientôt fini de l'ordre existant, et donc de leurs privilèges : « En couvrant des démarches aussi dangereuses du prétexte du bien public, qui enflammera toujours les âmes honnêtes, ils préparent sourdement dans le Royaume une révolution dont on ne peut calculer les suites », lit-on dans l'arrêt du parlement.

En ce début de 1789, il y a effectivement le feu à la maison des privilégiés bretons. En moins de trois mois, quelques bourgeois rennais, parmi lesquels Jacques Defermon, procureur au parlement, ont réussi à déstabiliser le vieil ordre avec leurs libelles et leurs discours. Parmi les papiers qui brûlent figure un *Avis aux Députés des Villes & Communes, aux États de Bretagne,* invitant les paysans à résister par la force à ceux qui voudraient leur imposer des « prétentions iniques ». « Dieu, la Justice vous autorisent à les repousser par la force ! » Les auteurs de l'*Avis* qui a tant choqué le parlement poursuivent : « Éloignez de vos campagnes ces rapaces vautours, ce sera la plus juste des guerres, celle du bien public : allez ensuite porter vos armes aux pieds du Souverain ; dites-lui alors : c'est ta cause & la nôtre que nous avons vengée... »

La cour du parlement de Rennes a parfaitement compris le jeu des bourgeois du tiers, qui cherchent « des complices jusques parmi de simples cultivateurs auxquels une heureuse ignorance a dérobé jusqu'à présent l'intelligence même du complot ; on les intimide par des menaces, on les séduit par des espérances, on leur annonce une diminution considérable, une entière libération des impositions, des redevances publiques & particulières ; c'est là, Messieurs, le comble du délire, & vous ne sentez que trop quels funestes effets peuvent en résulter ».

Fin 1788, début 1789, à Nantes comme à Rennes, pour gagner leur combat, les bourgeois urbains – la noblesse tentera elle aussi une démarche symétrique – cherchaient certes à y rallier la paysannerie, mais ils ne s'étaient pas pour autant penchés sur ses problèmes ni sur les moyens de les résoudre. Ils vont être bientôt contraints d'introduire dans leur programme des réclamations émanant du monde rural pour le gagner à leur cause [1]. Pour les aider dans cette tâche, ils vont s'appuyer sur les recteurs des paroisses rurales qui non seulement sont très proches de leurs paroissiens et ont de l'influence sur eux, mais sont dans leur très grande majorité proches des idées nouvelles. Au printemps de 1789, des bourgeois de Nantes – médecin, notaire, négociants, marchands de drap, apothicaire, orfèvre, tanneur, propriétaire... – vont rédiger un modèle de cahier de doléances intitulé *Les Charges d'un bon citoyen de campagne*, qui prend en compte les revendications des paysans contre la féodalité, mais, surtout, le problème de la représentation des campagnes aussi bien aux états de la province qu'à l'Assemblée nationale. De nombreux cahiers vont s'inspirer de ce modèle nantais [2]. Ainsi, à Maumusson comme dans les communes voisines, on s'appuie à la fois sur le modèle nantais repris par celui d'Ancenis, et sur le modèle rennais. Aucun ne réclame la modification de la Constitution, le vote des lois et de l'impôt, la liberté de la presse, hormis celui de Belligné qui, grâce à la plume du procureur fiscal présidant l'assemblée des notables, a introduit ces idées nouvelles. À Maumusson comme dans tout le district d'Ancenis, la Révolution est donc bien accueillie dans la mesure où elle remet en cause les

1. *Cahiers de doléances de la sénéchaussée de Rennes pour les états généraux de 1789*, *op. cit.*

2. Lire Roger Dupuy, *De la Révolution à la chouannerie*, Flammarion, 1988, et *Cahiers de doléances*, *op. cit.*

droits féodaux. Personne ne s'élève contre les nombreuses visites domiciliaires dans les châteaux et les maisons « suspectes » qui suivent ses débuts[1].

Le monde rural, bas-clergé compris, participe donc, aux côtés des bourgeois urbains, à cette première phase, luttant contre les privilèges de la noblesse et ceux du haut-clergé. Les recteurs bretons sont même prêts à répondre à l'appel des curés du Dauphiné. Ils veulent que le clergé renonce à tous ses privilèges pécuniaires, qu'à la place des dîmes on procure aux curés de nouveaux et suffisants moyens de subsistance, et que l'on supprime les impôts existants[2]. De cet engagement du monde rural dans le grand bouleversement initié par les bourgeois urbains découle la conviction des paysans que leur sort en sera amélioré, et que la Révolution va leur apporter le bonheur !

Maumusson comme les campagnes environnantes ne bougent donc pas à l'annonce des grands bouleversements opérés par la Constituante. Jacques Defermon des Chapellières s'y montre très actif. Modeste, il a laissé les Lanjuinais, Le Chapellier et autres brillants orateurs, professeurs ou magistrats, occuper le devant de la scène, battre les estrades, tandis qu'il se réserve le travail ingrat, rédige des pétitions, des lettres, organise des réunions, trouve des salles pour les tenir, analyse les situations, trouve les failles juridiques propres à désamorcer les attaques des adversaires... Il a été en quelque sorte le soutier, celui qui a fait tourner la machine, à Rennes

1. Abbé Bourdeault, *Maumusson pendant la Révolution*, *op. cit.*

2. Barthélemy Pocquet, *Les Origines de la Révolution en Bretagne*, Paris, Librairie académique Didier, Émile Perrin, Libraire-Éditeur, 1885.

d'abord, puis à Paris, où il est devenu naturellement l'homme de la *Correspondance* qui rend compte aux patriotes de Rennes, aux commettants des députés, de leur action aux états généraux.

Defermon est ainsi devenu le co-fondateur du Club breton qui deviendra, à l'automne 1789, le célèbrissime Club des Jacobins. Quoique méconnu, il a ainsi joué un rôle important dans les débuts de la Révolution française. Ses sœurs, restées à Maumusson, et son frère prêtre ne partagent pas ses idées, mais la famille n'est toutefois pas encore en ébullition. Par les lettres de la femme de Jacques Defermon, les demoiselles des Chapellières et leurs amis de Maumusson, notamment le curé Yves Bouvier et Mathurin Souffrant, son vicaire, sont tenus au courant de ce qui se passe à Paris à travers un regard familier : « Un pays (Paris) où l'égoïsme et le plaisir sont le seul Dieu qu'on adore, où la religion y est si fort oubliée que son seul nom fait rire les hommes et fait aux femmes la plus grande peur. Malgré tout le désir que j'ai de tirer le plus de parti possible de ma société, je n'en suis pas moins livrée à toutes les petites contrariétés inévitables à ma manière de penser et à leurs principes, à tous les petits ridicules attachés à une régularité inconnue dans un pays où il est presque de bon ton de ne pas savoir penser[1]... »

L'abolition des privilèges, dans la nuit du 4 août, au cours d'une séance présidée par le Rennais Le Chapellier, leader du Club breton, est bien accueillie dans les campagnes. Plus étonnant encore : toutes les mesures visant à limiter les pouvoirs du clergé – soutenues activement par

1. ADLA, 2 Mi 100.

le Maumussonnais Jacques Defermon – ne provoquent aucun mouvement important à Maumusson, non plus qu'ailleurs. Pourtant, la « mise à disposition de la Nation » des biens du clergé, en novembre 1789, puis la création d'assignats gagés sur ces mêmes biens, et la nationalisation effective des biens ecclésiastiques en avril 1790, constituaient en soi une vraie révolution. Toutes ces mesures ne vont pas moins changer la vie de quelques-uns des acteurs du drame que nous tentons de décrire, et influer sur leur comportement ultérieur. Elles vont ainsi aboutir à la fermeture du collège privé de Châteaubriant, dans lequel exerçaient deux sœurs de Jacques Defermon et l'abbé François, son frère aîné. Elles vont également rendre l'abbé Jean Terrien, fils de Mathurin Terrien, métayer des Chapellières, à la vie civile, brisant net son ascension sociale, fruit de son intelligence et du soutien financier de la famille Defermon. Le grand séminaire de Nantes fermé, Jean Terrien est de retour chez ses parents à La Rouxière et à Maumusson.

Si les mesures prises par la Constituante n'ont pas provoqué de véritables révoltes, dès la fin de 1789 les campagnes bretonnes commencent toutefois à recouvrer leur méfiance traditionnelle à l'égard des bourgeois des villes. Le 28 octobre 1789, un curé de Bretagne, patriote confirmé, avertit le président de l'Assemblée nationale « qu'il commence à s'élever des murmures de mécontentement dans nos campagnes. Nos agriculteurs, flattés d'avoir été appelés dans les sénéchaussées pour concourir à la nomination des députés, se plaignent d'avoir, depuis ce temps, été mis à l'écart. Ils ont vu se former les compagnies de milices nationales et les municipalités composées de recteurs, bourgeois et artisans des villes, sans y avoir appelé, jusqu'à ce jour, les habitants de nos campagnes ; voyant qu'ils y sont oubliés et méprisés, ils craignent que ces municipalités s'érigent en différents tribunaux de despotisme, ne leur deviennent plus affligeants que la tyrannie du régime féodal qu'on exerçait envers eux[1] ». Ce lucide et précoce diagnostic aurait pu être formulé quelques mois plus tard sur la situation prévalant en Loire-Inférieure, plus précisément dans le district d'Ancenis. En décembre, les députés bretons avaient émis à l'adresse de la Constituante le vœu de travailler à convertir au patriotisme la masse des électeurs ruraux, sentant que ceux-ci pourraient manifester leur mécontentement lors des prochaines élections municipales. Les désordres qui se produisaient ici et là en Bretagne inquiétaient les nouvelles élites urbaines.

Sentant ce glissement et ses conséquences sur la Révolution, la ville de Nantes proposa d'organiser une Fédération générale de toute la Bretagne afin de « pourvoir aux moyens de lier indissolublement les villes et les campagnes, de cimenter de plus en plus l'union générale de laquelle dépend le bonheur commun et d'accélérer l'exécution des décrets de l'Assemblée nationale ».

Pour comprendre cette amorce de glissement des campagnes, il faut avoir en tête les changements radicaux imposés par le nouveau pouvoir durant l'année 1790. Ces changements vont affecter profondément la vie quotidienne du monde rural. Si l'abolition des privilèges et la nationalisation des biens de l'Église n'y ont provoqué aucun bouleversement, la mise en place des municipalités, la nouvelle

1. In Roger Dupuy *De la Révolution à la chouannerie*, *op. cit.*

fiscalité, la vente des biens nationaux, la Constitution civile du clergé bousculent profondément le monde rural, y provoquent des frustrations, ravivent la haine ancestrale des paysans envers les bourgeois et vont transformer les paysans en adversaires de la Révolution.

Deux Rennais, le professeur de droit canon Lanjuinais et l'abbé Vaneau, avaient intégré le Comité ecclésiastique créé le 20 août 1789 pour s'occuper des affaires religieuses. Après le vote, le 13 février 1790, de la suppression des ordres religieux, le nombre de membres de ce comité a doublé. Quatre Bretons, dont le Maumussonnais Defermon, ami proche de Lanjuinais, le rejoignent, pour élaborer cette Constitution civile du clergé qui va mettre le feu aux campagnes de l'Ouest. Lanjuinais, assisté de Defermon, va devenir la cheville ouvrière de cette réforme, le « père de ce nouveau concile[1] ». Les deux hommes sont catholiques, mais, influencés par les Lumières, tous deux francs-maçons, ils veulent que la religion renoue avec ses valeurs primitives, croient aux vertus de la pauvreté pour le clergé, rejettent les fastes et les pompes du haut-clergé, et veulent détacher le clergé français de la tutelle de Rome : ils sont tous deux gallicans.

Le 12 juillet, le comité supprime un grand nombre d'évêchés en les ramenant au nombre et à la délimitation des départements. Ces derniers pourront supprimer des paroisses ou modifier leur territoire. Le comité fixe un traitement en argent pour les ministres du culte. Les évêques seront désormais élus par les mêmes électeurs

---

1. René Kerviler, *La Bretagne pendant la Révolution,* Éditions régionales de l'Ouest, 1989.

que les conseillers chargés d'administrer le département, et les curés seront élus par les électeurs du district. Ces électeurs n'auront pas besoin de faire la preuve de leur catholicisme. Tous les chapitres sont abolis. *Last but not the least,* évêques comme prêtres et curés devront prêter serment. Le Comité ecclésiastique n'a toutefois pas prévu comment sera prêté ce serment, si bien que cette mesure restera lettre morte pendant encore quatre mois.

À ce grand chambardement imposé aux paroissiens s'ajoute celui de la mise en place des municipalités qui remplacent les « généraux » de paroisse. Ces municipalités dépendent d'une nouvelle structure, le district, dépendant lui-même de l'administration d'une nouvelle division territoriale, le département. Les prêtres, qui tenaient déjà de la Constitution la mission de lire en chaire les nouvelles lois et les instructions s'y rapportant, aident souvent les paroissiens à se faire à ces profonds changements. Beaucoup d'entre eux entrent même dans les nouvelles assemblées municipales, où ils sont élus par les citoyens actifs[1]. C'est ainsi que l'abbé Souffrant, vicaire de Maumusson, est élu maire dans la plus grande allégresse. Un feu de joie est allumé au lieudit Pâtis Taureau. Tous les paroissiens sont là. Le nouvel élu est porté en triomphe entre deux rangées d'hommes en armes, jusqu'à la cure, et, sur l'insistance de ses nouveaux administrés, il se met à jouer du violon avec, d'après la rumeur, beaucoup de virtuosité...

1. Les citoyens actifs, qui seuls pouvaient élire des représentants à tous les niveaux de la nouvelle hiérarchie administrative (municipalités, districts, départements), devaient être âgés de 25 ans, payer une contribution équivalente à trois journées de travail, et n'être point domestiques.

Le maire-curé entretient alors de bons rapports avec le district d'Ancenis, particulièrement avec Alain Terrier, enfant de Maumusson dont le lecteur a déjà fait la connaissance au premier chapitre. Une lettre de ce dernier à l'abbé Souffrant montre la qualité de leurs (excellents) rapports. On y apprend que le maire de Maumusson va organiser une grande cérémonie pour célébrer la Fête de la Fédération. Terrier lui conseille de « prendre un arrêté et d'en donner lecture afin d'engager le peuple à s'y trouver ; il conviendrait de mettre en votre arrêté "d'ordonner", cela vaudrait mieux qu'"inviter". Il se trouverait plus de monde[1] ». Terrier lui annonce également l'envoi de tabac...

Dans les jours qui suivent la célébration de la fête révolutionnaire, sous l'œil bienveillant de l'abbé Souffrant, les habitants de Maumusson se mettent à danser la carmagnole. Désormais assurés qu'ils n'ont plus rien à redouter du comte de La Ferronnays, que l'abolition des privilèges a bel et bien été votée par la Constituante, ils relèvent la tête. Plusieurs d'entre eux portent plainte auprès de Pierre Bourigaud, le nouveau procureur de la commune. Puis ce dernier, conscient que de nombreux habitants voudraient également rentrer dans leurs droits, mais ne sont pas assez instruits pour faire les démarches idoines, décide de convoquer tous les paroissiens pour en discuter. Chaque feu est représenté : 121 paroissiens sur les 150, conjointement avec la municipalité, décident de déléguer deux d'entre eux pour aller demander à

1. In *Vie et prophéties de M. Souffrant,* Nantes, Imprimerie Bourgeois, 1872, et abbé Bourdeault, *Maumusson pendant la Révolution, op. cit.*

Nantes, auprès des administrateurs du département, quelles sont les voies de droit qu'il faudra prendre pour leur faire rendre justice et leur faire restituer le bien qui leur fut confisqué en 1769. Le procureur de la commune et un certain Talour sont chargés de rédiger une supplique et de se rendre à Nantes. Le 27 août, ils demandent une juste réparation des afféagements et réclament que « le ci-devant comte de La Ferronnays soit tenu de restituer aux susdits paroissiens les bois qu'il a fait exploiter à injuste titre sur leur commun, pour la somme qui en proviendra être employée à soulager les familles qui ont été ruinées par le susdit comte de La Ferronnays pour avoir défendu les droits de la paroisse ». Ils réclament également que le comte procède aux réparations de l'église paroissiale de Maumusson qui en a un urgent besoin.

Bourigaud et Talour, délégués de Maumusson, ne furent pas reçus par les administrateurs du département, tous riches bourgeois nantais. Anne-Pierre Coustard de Massy[1], président du département, leur déclara même

1. Né à Saint-Domingue en 1734, il y possède une riche habitation. Chevalier de Saint-Louis et lieutenant des maréchaux de France, Anne-Pierre Coustard de Massy est devenu populaire lors de son ascension en ballon au-dessus du cours Saint-Pierre à Nantes. Nommé colonel général des volontaires en 1789, il adhère avec enthousiasme au mouvement révolutionnaire et prononce de nombreux discours, notamment contre les prêtres. Il est élu en 1790 membre de l'administration départementale, puis député de la Loire-Inférieure à l'Assemblée législative et, en 1792, à la Convention. Précurseur de Carrier, il dédouble à Nantes le tribunal révolutionnaire et décide que tous les condamnés seront fusillés (1793), comme s'ils avaient été jugés par une commission militaire. Après la chute des girondins, il est accusé d'avoir pris part aux arrêtés des administrateurs du département qui s'étaient prononcés contre la

que leur affaire ne le regardait aucunement, et qu'ils devaient s'adresser aux juges ordinaires d'Ancenis.

« Nos juges sont des officiers du comte de La Ferronnays qui nous a refusé notre propriété... Ils ne pourraient nous rendre justice qu'en compromettant leurs intérêts particuliers, parce qu'ils jouissent eux-mêmes de notre bien... Le parlement de Rennes n'ayant voulu nous rendre justice, nous ne pouvons nous adresser à d'autres tribunaux supérieurs qu'au département pour nous aider dans nos démarches. Nous vous supplions de prendre en considération les représentations des habitants de Maumusson et de leur donner des moyens peu dispendieux pour rentrer dans leurs droits », a bien tenté de plaider Bourigaud.

Le président et les administrateurs refusèrent d'écouter ces réclamations. Le lendemain 28 août, les députés de Maumusson adressent alors leur supplique au président de l'Assemblée nationale. Maumusson est ainsi vraiment entré en révolution contre les ci-devant féodaux et contre les bourgeois d'Ancenis et de Nantes[1]...

Pour avoir une idée du bouleversement qui s'est alors opéré dans le pays d'Ancenis, il faut imaginer que l'administration séculaire de la Bretagne a disparu et a été reprise, dans une anarchie indescriptible, par les cinq départements[2]. Que les nouvelles municipalités ne disposaient pas de gens qualifiés pour assumer les tâches

révolution du 31 mai. Livré à Carrier, il est condamné à mort par le tribunal révolutionnaire et exécuté à Paris le 7 novembre 1793.

1. Toute l'histoire de cette supplique des habitants de Maumusson a été trouvée au CARAN, D XIV 5.

2. Loire-Inférieure, Ille-et-Vilaine, Morbihan, Finistère et Côtes-du-Nord.

nombreuses et complexes qui leur étaient imposées : recensement de la population, nomenclature des droits féodaux rachetables, confection des nouveaux rôles fiscaux, organisation des gardes nationaux, vérification des caisses publiques, énumération et gestion des biens ecclésiastiques... Elles manquaient de fonds, de locaux, de personnel. Et elles devaient s'initier et s'adapter aux nouvelles instances administratives et judiciaires [1]. « À peine ces nouveaux faits sont-ils compris et posés que ce sont des centaines de demandes, des mémoires et des pétitions sans nombre, de la part des hommes qui appartenaient à l'ancien ordre des choses, et qui ont tous des droits à faire valoir pour obtenir un emploi ou entrer dans la nouvelle administration [2]. »

La ferveur de la victoire retombée, le mépris des bourgeois vainqueurs envers les paysans est criant. Lequinio, député du Morbihan, exprimera bien ce sentiment, une fois la guerre civile commencée : « Le peuple des campagnes ne connaît pas les avantages de la Révolution, il ne connaît pas ce que c'est que la liberté, ce que c'est que l'égalité ; son ignorance le constitue dans un état de faiblesse et de versatilité habituelles [...], mais, hommes grossiers, ignorants, fanatiques, quand on leur parlait au nom du Ciel [ils montraient une] cruelle prévention... contre les propositions révolutionnaires des citadins [3]. »

1. Cf. Roger Dupuy, *De la Révolution à la chouannerie*, Flammarion, 1988.

2. Armand du Chatellier, *Histoire de la Révolution en Bretagne. 1788-1792*, tome I, Morvran, 1978.

3. *Guerre de la Vendée et des Chouans*, *Mémoires* par Lequinio, représentant du Peuple, député du Morbihan, seconde édition, 30 brumaire an III.

À ces chambardements traumatisants pour des paysans peu habitués aux changements va s'ajouter une profonde amertume provoquée par les nouvelles règles fiscales qui portent encore la patte de Jacques Defermon. Les paysans avaient tout bonnement cru qu'ils paieraient moins d'impôts. Que nenni : à la différence de l'ancienne capitation, la nouvelle contribution personnelle et mobilière basée sur les signes extérieurs de richesse a élargi l'assiette fiscale. Et, contrairement à toutes les promesses et à toutes les espérances, les paysans ont vite compris que le nouvel impôt profitait aux plus favorisés, notables et bourgeois. Une étude réalisée sur la commune d'Anetz[1] par Jean-Paul Lelu en établit le constat : cent huit contribuables en 1790 (ancienne capitation) pour moins de 3 livres voient, en 1791, leur imposition multipliée par 7,65, tandis que onze bourgeois et riches métayers imposés entre 10 et 35 livres n'enregistrent qu'un coefficient 1,51 de hausse. En 1790, à Anetz, la majorité des imposés paie moins de 3 livres ; en 1791, elle atteint la tranche des 5 à 10 livres. Les rôles fiscaux ont intégré quarante et une personnes supplémentaires, jugées insolvables sous l'Ancien Régime[2].

Les ventes des biens nationaux vont également susciter de vives rancœurs parmi le monde rural, qui constate qu'ils tombent tous dans l'escarcelle des bourgeois. À Nantes, les négriers profitent de l'aubaine révolutionnaire en emportant 70 % des enchères. Dans le pays d'Ancenis, la mise aux enchères des biens du clergé

1. Bourg situé à une quinzaine de kilomètres de Maumusson.

2. Cf. l'étude de Jean-Paul Lelu intitulée *Anetz à la veille de l'insurrection de mars 1793. L'unanimité rompue*, publiée par l'Association de recherches sur la région d'Ancenis (ARRA), n° 5.

profite à la bourgeoisie locale, pas aux paysans. C'est Julien Gaudin, un industriel nantais, qui est le plus grand acquéreur. Viennent ensuite son beau-frère, Antoine Tourmeau, négociant en charbon de la Rue-du-Fresne (village près des mines de Montrelais) et son neveu Urbain Joseph Gaudin. À Belligné, les bourgeois de Candé et le maire de La Cornuaille rachètent les trois quarts des biens nationaux de la commune. Deux siècles après, le rachat des biens du clergé a laissé des traces. Lors de ma première enquête à Maumusson, il y a une bonne vingtaine d'années, de vieux Maumussonnais me racontèrent que les acquéreurs successifs d'une maison située près de l'église, rachetée au début des années 1990, avaient été frappés de malédiction : maladies graves, malheurs familiaux, morts prématurées... Malédiction qui perdurait.

La Révolution bourgeoise qui a fait éclater les carcans entravant le commerce a instauré la libre circulation des céréales et déstabilisé les marchés. Le petit peuple des campagnes, déjà très touché par la crise agricole qui sévissait depuis 1788, a pris peur et perçu les marchands comme autant d'affameurs du peuple. Ainsi les mineurs de Montrelais manifestèrent-ils durement contre le maire de la Chapelle-Saint-Sauveur parce qu'ils lui reprochaient de spéculer sur les grains et de les faire sortir de la paroisse. Il a fallu l'intervention de Misset, patron de la mine de Montrelais, pour rétablir le calme[1]. Les rumeurs hostiles aux bourgeois citadins vont continuer de plus belle...

---

1. Cf. Didier Daniel, *La Bataille du charbon en pays d'Ancenis*, Cheminements, 2002.

V

Le Club des Jacobins commence à accaparer la nation

Bien loin de Maumusson, le Club des Jacobins et ses relais en province – les Amis de la Constitution – vont commencer, dès le début de 1790, à accaparer la nation, à parler et à prendre toutes les décisions en son nom. Michelet parle d'une « organisation vaste et force de surveillance inquiète sur l'autorité, sur ses agents, sur les prêtres et sur les nobles. Les Jacobins ne sont pas la Révolution, mais l'œil de la Révolution, l'œil pour surveiller, la voix pour accuser, le bras pour frapper ». De manière plus imagée, Alexandre Dumas dit : « Les Jacobins, c'est le Minotaure enfant ; il tète une vache, plus tard il dévorera un peuple. Eh bien, des Jacobins il est le type. La société se résume en lui, et lui est l'expression de la société[1]... » C'est en leur sein que vont être concoctées les premières mesures contre le clergé. Lesquelles, sous l'effet d'une radicalisation rapide, vont faire place à une terrible persécution religieuse.

1. In *La Comtesse de Charny.*

La connaissance de l'origine de ce club, de son fonctionnement et de ses méthodes, est nécessaire pour comprendre les enchaînements qui ont provoqué les soulèvements populaires de l'Ouest. Le Club des Jacobins a pris la suite du Cercle breton (appelé aussi Club breton) créé par les députés bretons aux états généraux, notamment les sept députés de Rennes. Un natif de Maumusson, Jacques Defermon des Chapellières, y a joué, on l'a vu, un rôle essentiel mais méconnu. C'est lui qui rédigeait le *Bulletin des correspondances réunies du diocèse et de la sénéchaussée de Rennes*, qui assurait la liaison avec les commettants des députés rennais... Les note qu'il a laissées[1] permettent de comprendre les raisons qui ont poussé les Bretons à monter une telle organisation, et de mesurer comment le Club des Jacobins qui prit sa suite a complètement dévoyé et radicalisé ses objectifs.

Le 27 avril 1789, Defermon et Lanjuinais proposèrent aux députés bretons éparpillés dans Versailles de trouver un « appartement commun dans le centre de Versailles pour nous y rassembler au besoin ». « Le premier besoin qui se fit sentir aux députés des diverses parties de la province de Bretagne fut de se réunir pour aviser ensemble aux moyens d'éclairer leurs compatriotes et de prévenir leurs efforts de la malveillance. Aucun d'eux n'avait à sa disposition de salon propre à cette réunion. Ils en affermèrent un à frais communs. Chaque jour ils s'y réunissaient, se communiquaient les nouvelles qu'ils avaient reçues et discutaient les questions dont l'assemblée des états généraux devait s'occuper. » La méthode bretonne va rapidement être connue et enviée.

1. Bibliothèque de l'Assemblée nationale, Mss 1854.

Le 28 avril, Defermon et Lanjuinais soupaient avec les députés de Franche-Comté, qui leur parurent « dans les bons principes, et de braves gens ». Leur conversation « n'a pas eu d'autre objet que les intérêts communs ». Dès le lendemain, Defermon afferma « un beau salon, une salle et un petit jardin pour [...] servir d'hôtel commun, à 90 livres par mois ». Le soir même, Defermon et Lanjuinais, qui dînaient dans une brasserie versaillaise, furent surpris d'entendre les députés dauphinois, dînant dans la même salle, les acclamer et leur porter un toast. « Nous y avons répondu, et, au lever de table, nous avons conféré. Nous nous sommes trouvés à peu près dans les mêmes principes et sommes convenus de nous retrouver à notre salle le lendemain à cinq heures. » L'idée d'un rassemblement autour des Bretons était lancée. Le lendemain matin, les députés de province étaient invités à rejoindre le « salon » commun à cinq heures. Aussitôt après cette réunion, Defermon rendit compte à ses commettants de Rennes :

« Nous nous sommes réunis à cinq heures à notre salon. MM. de Franche-Comté y sont venus, MM. de Dauphiné et les députés de quelques provinces. Nous avons proposé de chercher le moyen de former une coalition entre toutes les provinces. On a cru d'abord qu'en nommant par province deux commissaires qui se réuniraient et feraient connaître à chacune de leur province le vœu commun on remplirait l'objet. On a craint ensuite de laisser aux commissaires trop de facilité de diriger les opinions des provinces. Il n'a rien été arrêté, on est seulement convenu d'un rendez-vous général au Pavillon de l'Horloge pour conférer, et pour notre province nous avons fixé une assemblée à demain midi. »

Defermon ajoute quelques détails dans ses mémoires : « Ces discussions préparatoires [dans le salon breton] donnèrent à la députation de Bretagne les moyens de se distinguer dans l'Assemblée, et firent désirer à plusieurs députés d'être admis au salon des Bretons. Ceux-ci ne s'y refusèrent pas, mais, voulant rester les maîtres chez eux, ils n'admirent personne à partager la dépense. »

La première grande question à être débattue dans le Salon breton fut de savoir s'il fallait « opiner par ordre ou par tête, dans une assemblée où le Tiers État avait obtenu une représentation égale aux deux ordres privilégiés. De la solution de cette question dépendait le succès des réclamations du Tiers État, car si l'on pouvait espérer de trouver des membres du Clergé et de la Noblesse assez au-dessus des préjugés pour céder à la justice de ces réclamations, on ne devait pas compter qu'elles obtinssent la majorité dans les chambres du Clergé et de la Noblesse si on admettait à voter par ordre ».

Les députés bretons – c'était largement vrai de l'ensemble des députés du tiers – étaient alors bien éloignés de toute idée de bouleversement, de tout projet de changer la monarchie en république, mais, conscients de leur toute nouvelle force, née du soutien de l'opinion publique, ils avaient bien compris qu'il était nécessaire de la canaliser, de l'organiser.

Cette solidarité permettait également de surmonter les obstacles mis par la Cour, d'en déjouer les intrigues, d'en combattre efficacement l'action corruptrice. Dubois-Crancé[1] a raconté son arrivée au Club breton : « Les

1. Edmond-Louis-Alexis Dubois-Crancé, *Analyse de la Révolution française*, Paléo, 2003.

autres députations étaient presque toutes divisées. La Cour n'épargnait à leur égard aucun moyen de corruption. D'abord elle s'était attachée à séduire les principaux orateurs : argent, promesses, dîners, tout fut employé, et la minorité comptait déjà dans ses rangs plus de cent déserteurs à la cause populaire lorsque j'allai me présenter au Club breton. » En se présentant, il exprima le même désir d'admission pour d'autres collègues : « Je suis porteur de paroles des députés de plusieurs bailliages ; je ne doute pas que tous les bons citoyens, défenseurs de la même cause que nous, ne s'empressent d'accepter avec reconnaissance une carte d'entrée dans vos conférences. » Lanjuinais, qui était alors président du club, accepta la proposition de Dubois-Crancé.

Tous les grands noms de la Révolution vont ainsi s'inscrire au club : Mirabeau, Sieyès, Barnave, les frères Lameth, Adrien Duport, La Reveillère-Lépeaux, Volney, l'abbé Grégoire, Pétion, le marquis de Lacoste, le duc d'Aiguillon, mais aussi Robespierre... Le club obtient un tel succès que Defermon est obligé de trouver une salle de réunion plus vaste, au 36 de l'avenue de Saint-Cloud, au café Amaury. Limonadier, Amaury avait participé à la rédaction du cahier de doléances des limonadiers et figurait parmi les 36 délégués que la ville de Versailles avait envoyés au bailliage[1].

Avant chaque grande séance de l'Assemblée nationale, le club se réunissait et définissait les mesures à faire passer, les tactiques à adopter, le rôle dévolu à chacun pour y parvenir. L'abbé Grégoire raconte dans ses

1. Alphonse Aulard, *La Société des Jacobins*, Paris, Cerf, 1889-1897.

mémoires[1] comment fut préparée la séance du serment du Jeu de paume : « Il fut convenu qu'avant l'ouverture de la séance, nous circulerions dans les groupes de nos collègues pour leur annoncer ce qui allait se passer sous leurs yeux et qu'il fallait s'y opposer... La particule on a une force magique ; nous disions : voilà ce que doit faire la Cour, et parmi les Patriotes, on est convenu de telles mesures... On signifie 400 tout comme il signifie 10. L'expédient réussit. »

En très peu de temps, le Club breton était devenu maître de l'Assemblée. Ce centre important de pouvoir n'hésitait pas à se servir de la foule pour l'aider dans ses desseins, et avait même recours à des espions. « Ce Club breton, dit Bertrand de Molleville[2], était initié dans tout ce qui se faisait ou se disait à la Cour, et cette espèce de police qui pénétrait jusque dans la pensée du roi concourait merveilleusement au succès des mesures qu'on prenait contre elle... On avait des espions jusque dans le Château. »

Le Club breton est donc à l'origine des grandes conquêtes du tiers état. La préparation de la très fameuse nuit du 4 août, date de l'abolition des privilèges, a révélé toute sa science et sa puissance. La veille, en effet, tout y avait été minutieusement préparé. M. Bouche avait ainsi proposé de n'accorder que cinq minutes à chaque orateur pour faire connaître son opinion, et, pour diriger tous les mouvements de la séance, il avait été décidé d'imposer coûte que coûte Le Chapellier à la présidence.

1. Henri Grégoire, *Mémoires précédées d'une notice historique sur l'auteur par M. H. Carnot*, Gros, 1837.

2. Bertrand de Molleville, *Mémoires particuliers pour servir à l'histoire de la fin du règne de Louis XVI*, L. G. Michaud, Imprimeur du Roi, Paris, 1816.

Après les journées des 5 et 6 octobre et le transport dramatique à Paris du « boulanger », de la « boulangère » et du « petit mitron », le Club breton va également se transporter à Paris et se transformer rapidement en Club des Jacobins. Laissons à ce propos la parole à Jacques Defermon, de Maumusson : « On avait voulu, en arrivant à Paris, remplacer le salon de Bretagne par une salle de réunion assez vaste pour recevoir tous les députés qui voudraient y être admis. On obtint d'abord le grand réfectoire des Jacobins, rue St-Honoré, puis leur bibliothèque, et enfin leur église. Cette réunion était sans danger tant qu'on n'y admit que des députés. » Et d'expliquer pourquoi et comment l'esprit du Club breton s'en est allé pour laisser la place à une société beaucoup plus manipulatrice, plus directive et plus radicale. « Mais quand la plupart d'entre eux [les députés appartenant au club], se faisant un devoir de prendre part aux travaux des comités dont ils étaient membres, n'eurent plus le temps d'assister aux séances de la société, on imagina d'y admettre les citoyens distingués par leurs lumières et leurs opinions libérales, et ce passeport servit à bien d'autres. La société, devenue nombreuse, eut ses règlements, ses affiliations. Elle exerça un grand empire sur l'opinion et fut quelquefois un foyer d'intrigues, mais aussi servit plus d'une fois à déjouer les projets du parti de l'opposition. » Lassés de la radicalisation du Club des Jacobins et de son autorité de plus en plus pesante sur le pouvoir, Defermon et les Bretons le quittèrent pour le Club des Feuillants. Le Chapellier, figure emblématique et fondateur du défunt Club breton, fit même adopter, le 18 mai 1791, un décret par lequel les associations de citoyens ne pouvaient avoir de but politique ni exercer d'influence sur les actes du pouvoir public par des pétitions, députations ou autrement. Ce décret, voté la veille de la clôture de la Constituante, resta d'ailleurs inappliqué et ne freina en rien la véritable accession au pouvoir des jacobins.

Quelles étaient donc les méthodes du nouveau club ? L'abbé Grégoire, haute figure des Jacobins, explique dans ses Mémoires[1] ce qui était appelée la tactique de l'Assemblée, autrement dit la méthode de manipulation utilisée par le club pour imposer ses vues quand la majorité y était hostile :

« Comme l'opinion de beaucoup de représentants n'était pas toujours au niveau de la nôtre, pour en accélérer la marche notre tactique était des plus simples : on convenait qu'un de nous saisirait l'occasion opportune de lancer sa proposition dans une séance de l'Assemblée nationale ; il était sûr d'être applaudi par un très petit nombre et hué par la majorité ; n'importe, il demandait – et l'on accordait – le renvoi à un comité où les opposants espéraient inhumer la question. Les Jacobins s'en emparaient ; sur leur invitation circulaire, elle était discutée dans trois ou quatre cents sociétés affiliées, et trois semaines après pleuvaient à l'Assemblée nationale des adresses pour demander un décret dont elle avait d'abord rejeté le projet, et qu'elle admettait ensuite à une grande majorité parce que la discussion avait mûri l'opinion publique. »

Pour mieux connaître les dessous des manipulations qui aboutirent au déclenchement de la guerre civile, la connaissance de certains détails supplémentaires sur la tactique utilisée par le Club des Jacobins s'impose. Le premier exposé, devant l'Assemblée, d'une motion déci-

1. Déjà cités.

dée par le club, fut fait par un « casse-cou » choisi parmi les jeunes qui, « sans aucun autre talent que l'excès de l'impudeur, réunissent, à la soif de célébrité, le dénuement le plus absolu de tous les moyens de l'obtenir[1] ». Repoussée, rejetée avec mépris, la motion est alors « travaillée » par les journalistes proches du club, qui vont désormais préparer l'opinion à un revirement. Elle est surtout envoyée aux centaines de sociétés des Amis de la Constitution qui ont été créées durant l'année 1790 dans toute la France. Elle arrive ainsi à Nantes aux clubs des Amis de la Constitution, particulièrement au Club des Capucins créé en mai 1790, le « rendez-vous de tous les hommes éclairés de Nantes[2] » dont nous reparlerons plus longuement ci-après. Ces sociétés populaires étaient revêtues, on ne sait pourquoi ni comment, d'une autorité qu'elles s'attribuaient elles-mêmes et qui néanmoins devint très importante[3]. Ainsi que le faisait remarquer André Chénier, c'est l'auditoire qui fait la force de ces sociétés, et « si l'on considère que les hommes occupés ne négligent pas leurs affaires pour être témoins des débats d'un club, que les hommes éclairés cherchent le silence du cabinet ou les conversations paisibles, et non le tumulte et les clameurs de ces bruyantes mêlées, on jugera facilement quels doivent être les habitués qui composent cet audi-

1. *Dénonciation aux Français catholiques des moyens employés par l'Assemblée nationale pour détruire en France la Religion catholique,* par Henri-Alexandre Audainel, comte d'Entraigues. J'ai utilisé la quatrième édition « revue, corrigée et augmentée par un ami de l'auteur ».

2. Ange Guépin, *Histoire de Nantes*, Nantes, Librairie Prosper Sebire, 1839.

3. Alfred Lallié, *Les Sociétés populaires à Nantes pendant la Révolution,* Nantes, Librairie ancienne et moderne L. Durance, 1914.

toire ; on jugera même quel langage doit être propre à s'assurer leur bienveillance[1] ». Si l'initiative des mesures venait souvent de la société-mère parisienne, les sociétés populaires de province étaient capables de mobiliser Paris. Celles de Nantes ne s'en priveront pas.

Quand une motion rejetée à l'Assemblée revient à Paris après un détour par les sociétés populaires de province, ou qu'une mesure réclamée par une ou des sociétés de province est acceptée par la société-mère, les clubistes la remettent à l'ordre du jour en même temps qu'ils recrutent – moyennant finances – des gens qui vont s'installer dans les tribunes de l'Assemblée, surtout les deux grandes du fond de la salle, pour faire la claque, hurler, applaudir, huer en suivant la baguette jacobine. La solde est de 40 sols par jour, 3 livres pour les *sergens* qui donnent le signal des huées ou des vivats en relayant le geste convenu qui leur est fait par des membres du club désignés pour diriger les beuglements ou les applaudissements de ces machines à clameurs. À propos de ces pratiques jacobines, le comte d'Entraigues raconte une piquante anecdote : « Quand il s'agit d'une grande parade, comme fut celle de l'ambassade de tous les Peuples de l'Univers, représentés par une vingtaine de Décrotteurs, Valets, Porteurs d'eau, revêtus d'habits de théâtre, qui demandaient au nom de leurs Nations à assister à la Confédération du 14 Juillet, alors chaque employé reçoit dix écus et un bon dîner. C'est M. le duc de Liancourt qui est chargé de ces paiements ; et l'on n'a pas oublié qu'à cette époque, l'Ambassadeur d'Afrique,

1. André Chénier, *De la cause des désordres qui troublent la France*, fév. 1792, in *Œuvres en prose*, Paris, Gosselin, 1840.

s'étant mépris de nom et ayant demandé son salaire à M. Biencour, celui-ci, fort étonné, lui demanda comment il lui devait dix écus. "Eh ! bien, Monsieur, lui dit le manant, c'est moi qui ai fait hier l'Africain [1]." »

Si les pressions venant des tribunes ne suffisaient pas à emporter la majorité, le comité des jacobins décidait de fomenter une insurrection : « Les Lameth, les Barnave la dirigent avec un tel art qu'ils sont à peu près sûrs des forfaits qui seront commis et des victimes qui seront immolées. Pendant la nouvelle discussion devant l'Assemblée, l'insurrection se manifeste et l'effroi arrache le décret [2]. »

Les sociétés de pensée bousculent tous les corps constitués, manipulent les élections à tous les niveaux (nation, département, district), toutes les nominations, pour en arriver à une prise de pouvoir totale sous la Convention. Un membre important de l'ex-Club breton, le député d'Anjou Laréveillère-Lépaux, écrit dans ses mémoires : « Le Club des Jacobins, après la formation du Club des Feuillants, devint un antre de bêtes féroces. » Mercier, dans son *Nouveau Tableau de Paris*, décrit plus longuement la puissance du club : « La grande louve, la Jacobinière, est dans son infernal repaire à Paris. On la mettait en mouvement à l'aide des sociétés populaires, et, après que ses aboiements avaient jeté au loin la terreur, on faisait adopter les décrets les plus monstrueux dans le sein et dans le choc des émeutes. Partout ailleurs qu'à Paris, la Convention, forte par elle-même, n'eût pas succombé et, avec elle, la nation entière. Dès qu'on eut

1. In *Dénonciation...*, *op. cit.*
2. *Ibid.*

trouvé l'art de commander à la minute une insurrection parisienne, il n'y eut plus de liberté. »

À partir du début de l'année 1791, l'idée fixe des clubistes parisiens et provinciaux était que la résistance des prêtres catholiques à la Constitution civile du clergé était le principal obstacle à la réalisation du rêve de félicité générale, le principal obstacle à la Révolution. Pour beaucoup, imprégnés des Lumières, souvent athées, cette résistance ne faisait que renforcer leur haine du catholicisme et leur souhait de l'abattre. Convaincus d'être des sentinelles avancées de l'opinion, les membres des sociétés populaires consacrèrent une part importante de leur énergie et de leur temps à lutter contre le clergé réfractaire et ceux qui le soutenaient. « Adversaires des prêtres [...], les Jacobins se déclarèrent hardiment amis de la délation, écrit Michelet [1] ; ils la proclamèrent le premier des devoirs du citoyen [...], formèrent, pour le salut de la France, une légion, un peuple d'accusateurs publics. Mais, à la différence de l'Inquisition du Moyen Âge qui, par le confessionnal et mille moyens différents, pénétrait jusqu'au fond des âmes, l'Inquisition révolutionnaire n'avait à sa disposition que des moyens extérieurs, des indices souvent incertains. De là une défiance excessive, maladive, un esprit d'autant plus soupçonneux qu'il avait moins la certitude d'atteindre le fond. Tout alarmait, tout inquiétait, tout paraissait suspect. »

1. Jules Michelet, *Histoire de la Révolution française*, Laffont, coll. « Bouquins », 1998.

VI

Les bourgeois de Nantes prônent la traite négrière et traquent les curés réfractaires

Joseph Fouché : il est temps de faire entrer en scène ce personnage central dans notre histoire. Oui, le fameux Fouché, ministre de la Police du Directoire, du Consulat puis de l'Empire, futur duc d'Otrante, maître en complots et coups tordus, a joué, avant le sinistre Carrier, un rôle clé dans l'incendie de la région. Il est emblématique des bourgeois nantais qui doivent leur aisance à la traite négrière. Ses biographes n'ont pourtant consacré que quelques pages à cette période où il a fourbi ses premières armes. Les curés non assermentés ont été les premiers à en faire les frais. Alors que l'évêque de Nantes refusait de prêter serment, la lutte devint très vive au sein du clergé nantais. Les membres de l'université n'écoutèrent pas M. de La Laurencie et prêtèrent serment, car « Fouché était alors un de ses professeurs et déjà l'un de ses membres les plus adroits et les plus habiles[1] ». Fils d'un armateur nantais, il a fait, comme la plupart des enfants du monde de la traite négrière, ses études aux oratoriens de Nantes, avant d'y revenir au moment de la Révolution comme préfet des études.

Paradoxalement, la bourgeoisie nantaise, qui devait son aisance aux quelque 500 000 Africains achetés et transportés depuis le début du siècle à Saint-Domingue et dans les Antilles, avait été imprégnée par les idées philosophiques, mais ne trouvait rien à redire à la traite. Elle s'associa aux combats du tiers état pour réclamer l'abolition des privilèges et imposer la Constitution civile du clergé. Elle devint impitoyable à l'égard des prêtres réfractaires, poussa à leur arrestation, voire à leur élimination physique.

Lors de son passage à Nantes, Arthur Young fut frappé, dans son tour de France effectué à la veille de la Révolution, par la modernité d'un négoce triomphant s'exprimant par l'émergence d'une culture nouvelle[2]. Nantes était alors forte de quelque 80 000 habitants, soit *grosso modo* le double de la population de Rennes, capitale de la Bretagne, où était situé le parlement. En 1789, la ville était dominée par le négoce, représenté par le Général du Commerce qui, dès l'année suivante, serait remplacé par la chambre d'agriculture. Alors que tous les cahiers de doléances des bourgs ruraux du pays d'Ancenis réclamaient l'abolition de tous les privilèges

1. Mellinet, *La Commune et la milice de Nantes*, Imprimerie Camille Mellinet, Nantes, 1840.

2. Arthur Young, *Voyages en France, 1787, 1788-1789*, Armand Colin, 1931.

féodaux, celui de Nantes réclamait le maintien de la traite des Noirs, des subventions, et la protection de l'État.

Quatre francs-maçons nantais sur cinq étaient capitaines de navire, marchands ou négociants. Ces *Messieurs du Commerce* disposaient notamment d'une loge très puissante, le Cercle de la Fosse. Six navires négriers portaient même des noms empruntés à la franc-maçonnerie, comme *La Parfaite Union* ou *Les Cœurs unis.* Trois armateurs célébrèrent la Révolution en baptisant leurs navires *Soldats de la Patrie, Le Citoyen* et *Le Patriote*[1]. Cette acceptation des idées nouvelles n'empêchait pas les négriers d'envoyer leurs enfants à l'oratoire ni d'assister à la messe à Saint-Julien, près de la Bourse, ou à la cathédrale, et de ne manquer aucune des grandes processions[2].

Le premier corps municipal de Nantes, au début de la Révolution, est composé en très large majorité de négociants regroupés autour de Kervégan : 18 officiers municipaux et 36 notables. À partir de 1791, le négoce va partager les responsabilités de la cité avec la bourgeoisie des talents, les avocats, hommes de loi, commerçants, mais la garde nationale restera largement entre les mains des négriers. Pierre-Jean Deurbroucq, dit Piter, appartenant à une famille de négociants, est d'abord major de la garde nationale, avant d'en prendre le commandement et de devenir le premier aide de camp de l'armée de l'Ouest. Tous les officiers de Piter sont aussi des négociants. Piter va diriger la députation nantaise envoyée à Paris pour la

1. Lire à ce sujet *L'Argent de la traite,* d'Olivier Pétré-Grenouilleau, Aubier, 1998.

2. Armel de Wismes, *Nantes et le temps des négriers,* France-Empire, 1992.

Fête de la Fédération, jouer un rôle important dans les fêtes patriotiques, et diriger un peu plus tard la répression contre les prêtres réfractaires en Loire-Inférieure, notamment dans le pays d'Ancenis, avant d'aider les bleus à traquer les chouans.

Le trafic négrier n'a jamais été aussi florissant que pendant les trois premières années de la Révolution. Durant toute cette période, les négociants se sont battus pour prouver l'« utilité » de la traite et empêcher toutes les mesures d'émancipation des mulâtres et des Noirs. Le Chapellier, un des sept députés de Rennes à la Constituante, est venu expliquer aux négociants nantais, dès 1789, devant la chambre de commerce, comment ils devaient s'y prendre pour défendre leur cause devant l'Assemblée nationale :

« Il me paraît à moi qu'il n'y a pas un homme sensé et véritablement humain qui ne puisse songer à proposer l'affranchissement des Noirs ; et quant à la traite, la question ne peut être traitée que du côté de la politique, sans qu'il soit permis de l'abandonner à de pures considérations philosophiques qui ne sont pas toujours d'accord avec elles [...]. Quand on semble parler au nom de l'humanité, on peut d'abord se concilier quelques faveurs, mais les représentants d'une nation savent bien qu'ils ne doivent pas se laisser aller à ce premier mouvement, et qu'ayant pour devoir d'augmenter et d'entretenir la prospérité du royaume, ils ont encore d'autres considérations à embrasser pour remplir leur importante mission. »

Une argumentation économique que les délégués nantais du commerce envoyés à Paris reprendront à la lettre. La révolte de Saint-Domingue est alors la principale préoccupation du négoce nantais, qui fustige les écrivains incendiaires qui, « sous le masque trompeur d'une prétendue philosophie, préparent avec l'art le plus pertinent et avec une joie atroce le poison et les poignards destinés à faire périr un million d'hommes noirs ou blancs en élevant entre eux des prétentions inconciliables [1] ». Par « écrivains incendiaires », les négociants visaient d'abord Jacques-Pierre Brissot, un des fondateurs de la Société des amis des Noirs, qui, après une vie d'aventurier, deux séjours en prison à Paris et à Londres, fonda *Le Patriote français*, qui devait paraître du 10 avril 1789 au 2 juin 1793 et connaître un immense succès.

Le 13 mai 1790, Baco de la Chapelle, député de Nantes à la Constituante, et 130 adhérents de la chambre de lecture du *Soleil* mettaient fin à leur abonnement au *Patriote français*, qu'ils accusaient de vouloir plonger dans la misère, par ses attaques contre la traite, des milliers d'hommes et de femmes vivant de ce trafic [2]. Brissot dédaigna de répliquer à une chambre qui, « dans la vérité, ne méritait que le titre de Chambre des Ténèbres »...

Quand la Société des amis de la Constitution, dont l'un des rêves hautement proclamés – celui de Bernardin de Saint-Pierre –, était l'alliance des peuples, apprit qu'à Londres avait été créée une Société des amis de la Révolution, Antoine Français, déjà membre actif et influent de la société, organisa une fête pour honorer tous les Anglais de Nantes. Le 25 août, une brillante réception

1. Olivier Pétré-Grenouilleau, *Nantes au temps de la traite des Noirs,* Hachette Littératures, coll. « La Vie quotidienne », 1998.

2. *L'Argent de la traite, op. cit.*

fut ainsi donnée dans le grand jardin des Capucins. Les 400 membres de la Société des amis de la Constitution, qui rassemblait toute l'élite nantaise, firent la fête aux « fils de la Liberté ». Les orateurs de la société suggérèrent une alliance entre la France et l'Angleterre, qui diffuserait « sur la surface du globe leurs lois et leur liberté ». La société nantaise décida d'envoyer deux députés à Londres, Français et Bougon, qui y restèrent du 14 au 27 septembre, furent fêtés et honorés par les membres de la très brillante Société des amis de la Révolution, laquelle renouvela le serment de paix éternelle entre les deux nations...

Pendant que les députés Français et Bougon étaient en train de proposer à Londres une sorte d'entente cordiale à l'Angleterre, les négociants nantais adressaient le 28 août une pétition à l'Assemblée nationale, visant à un aménagement des principes philosophiques aux dures réalités de l'économie.

Nouveau membre de la Société des amis de la Constitution, mais encore néophyte en politique, Joseph Fouché jugea bon d'écrire à Brissot pour le féliciter, au nom de la société, d'avoir soutenu l'émancipation des esclaves de Saint-Domingue. Cette lettre provoqua un tollé dans le monde du négoce nantais. Dans une ville où la traite était pratiquée comme une des branches les plus lucratives du commerce maritime, elle fut regardée comme une grave atteinte portée aux intérêts des armateurs nantais, et Fouché dut se rétracter [1]. Le 22 février, cinq jours après avoir été élu président de la société, Fouché fut donc obligé d'écrire une seconde lettre à Brissot, annulant la précédente :

1. Alfred Lallié, *Les Sociétés populaires, op. cit.*

« La Société, dans la lettre qu'elle vous a écrite le 15 décembre dernier, n'a eu que l'intention de vous féliciter pour l'énergie avec laquelle vous combattez les ennemis de la Constitution, et pour votre zèle à éclairer ceux qui ont besoin de lumières pour en sentir tout le prix. Mais elle doit vous informer qu'elle n'a point eu l'intention de se prononcer sur vos opinions concernant la traite des Noirs (opinions qu'elle improuve absolument, vu les dangers auxquels elles peuvent exposer la Patrie), vos idées à ce sujet ne lui ayant pas été soumises dans la séance du 13 décembre dont vous avez d'autre part l'Arrêté...

« En conséquence, la Société ne vous dissimulera pas sa surprise, voyant que vous vous serviez de sa lettre pour appuyer des opinions si diamétralement opposées à l'intérêt général.

« Nous sommes d'ailleurs dans les sentiments du patriotisme le plus fraternel.

J. Fouché, de l'Oratoire, président ;
J. M. Dorvo et Cotteau jeune, secrétaires. »

Au nom de la société philosophique des amis de la Constitution qui avait prêché l'alliance universelle entre les peuples, Fouché reniait ainsi les principes officiels mais tout formels de cette société dite populaire. Par ce rectificatif, la société se retrouvait en parfaite harmonie avec les opinions de la majorité de ses membres qui, quatre jours plus tard, signèrent la pétition du Commerce de Nantes s'opposant à la participation des hommes de couleur libres aux assemblées coloniales.

Choqué, Brissot répondit à la seconde lettre de Fouché en des termes très humiliants pour son destinataire :

« Monsieur, j'ai en main la preuve écrite que la lettre de la Société des amis de Nantes, imprimée, n'avait d'autre objet que mes opinions sur la traite et sur les mulâtres. Par égard pour cette Société, et pour le patriotisme qui m'ordonne de jeter un voile sur les actes de pusillanimité de mes frères, je m'abstiens de publier toutes ces pièces qui couvriraient de honte votre rétractation ; le public ne verrait qu'avec indignation un prêtre, et un prêtre qui se dit patriote, devenir l'apôtre du brigandage le plus révoltant, et que l'Écriture sainte condamne. Je vous conseille donc le silence ; je vous invite à ne pas écrire dorénavant sous la dictée des marchands de chair humaine qui déshonorent le patriotisme de votre ville ; s'ils continuent à se vanter de votre rétractation ou à lui donner de l'éclat, je serai forcé d'en faire moi-même. »

Lorsqu'il vit que la Société des amis de la Constitution de Nantes continuait la polémique en publiant la lettre de Fouché dans *Le Spectateur* daté du 26 mars, Brissot décida de rompre son engagement de ne pas publier toutes les pièces du dossier. Il le fit dans *Le Patriote français* du lundi 28 mars 1791. Il revient sur la lettre envoyée par la société nantaise le 15 décembre précédent, et en cite une des phrases : « Seuls avec la justice au milieu des partis, nous verrons avec plaisir combattre avec la même énergie les fureurs de nos ennemis et les erreurs passagères des bons citoyens », dans laquelle Brissot voit une dénonciation des erreurs commises sur la traite.

Et Brissot de poursuivre : « M. Bougon était président de la société de Nantes quand cette lettre me fut écrite ; il a quitté le fauteuil, un oratorien l'a remplacé, et les armateurs de Nantes, effrayés de l'effet que pourrait faire sur le public cette lettre partie du sein de la ville renommée pour son patriotisme, ces armateurs, dis-je, ont séduit le président et le nouveau bureau qui, dans une lettre du 22 février, non seulement ont désavoué le sens que j'avais donné à la première lettre de la société, mais encore n'ont pas rougi de se déclarer les protecteurs de la traite et de l'esclavage. Cette lâche rétractation me révolta... »

Malheur aux Nantais soupçonnés de « prêcher hautement contre la traite des Nègres et d'entretenir une correspondance suivie avec les Amis des Noirs à Paris » : ils seront, comme Fouché, obligés d'écrire sous « la dictée des marchands de chair humaine ». Le 27 février, soit cinq jours après l'envoi de la seconde lettre de Fouché à Brissot, Pierre Legris, ex-président de la Société des amis de la Constitution et défenseur des intérêts de Nantes, est obligé à son tour de se défendre du soupçon de fraterniser avec les Amis des Noirs, et écrit à monsieur Malassis, éditeur nantais du *Journal de la Correspondance de Nantes*. Il lui demande de publier son projet d'adresse à l'Assemblée nationale contre la motion tendant à abolir la traite des Noirs, qu'il avait lu devant les membres de la Société des amis de la Constitution, le 19 février, jour où Fouché en était devenu président.

Ce projet d'adresse montre à quel point la très patriotique société acceptait la traite des nègres et l'esclavage alors même qu'elle défendait bec et ongles les nouvelles lois de la Constituante et commençait à traquer les prêtres qui refusaient de prêter serment. Voici quelques extraits de ce projet lu devant Joseph Fouché et la Société des amis de la Constitution[1] :

1. Journal de la Correspondance de Nantes.

« Si les orages qui élèvent notre liberté sont inévitables et proviennent de la nature même de la Révolution qui s'opère cependant au milieu de tant d'écueils, la motion qu'on est dans l'intention de faire ne peut que les augmenter et les rendre plus funestes à la France.

« Une Nation habituée depuis des siècles à goûter les avantages inappréciables du Commerce avec les Colonies ne peut en être tout d'un coup privée, sans se voir la proie des malheurs que traîne toujours après elle une ruine entière. On nous menace de cette catastrophe terrible, nous touchons aux horreurs de la Guerre civile la plus sanglante, fléau dont l'idée seule fait frémir tous les bons Citoyens, tous les Amis de la Constitution et de l'humanité ; le salut de l'État est en danger, et si nous ne nous réunissons pour lui prêter une main secourable, il est totalement perdu.

« Observez, Messieurs, que le Commerce languit depuis longtemps, que toutes les spéculations sont forcées, que les opérations avec nos Colonies, qui, jadis, donnaient tant d'avantages, n'offrent plus qu'un gain médiocre, incertain [...].

« On veut proposer l'abolition de la traite des Noirs ; deux raisons semblent servir de palladium aux auteurs de cette motion : l'humanité et l'intérêt même de l'État.

« La première semble triompher à son premier abord, et il faut, pour la combattre avec plus de succès, se servir de ses propres armes.

« L'humanité dans les fers offre sans doute un tableau triste et affligeant, mais ce tableau est moins effrayant encore que l'humanité se déchirant de ses propres mains et arrosant la terre de son sang. Eh bien ! que les défenseurs de l'humanité se transportent dans ces climats barbares avant que les Européens eussent imaginé que les Africains pouvaient seuls faire fructifier leurs possessions d'outre-mer ; qu'ils s'y transportent, dis-je, et ils y verront partout ces peuples féroces se guerroyant sans cesse, immoler, soit à leur vengeance, soit à leur divinité, soit enfin à leur appétit inhumain, les prisonniers dont le sort des combats les ont rendus maîtres [...]. Qu'ils comparent maintenant ce tableau sanglant et plein d'horreurs à celui du Nègre attaché à la glèbe [...]. Qu'ils considèrent que les Nègres que les Européens achètent, s'ils n'étaient vendus, seraient massacrés ; les Européens les arrachent donc à une mort certaine, non pas pour les rendre esclaves, car ils le sont avant que d'être vendus, non pour les rendre malheureux, car le Nègre à Saint-Domingue est plus heureux que le Nègre en Afrique, que le paysan même en Europe[1] [...].

« Voyons maintenant s'il est conforme à l'intérêt de l'État d'abolir la traite des Noirs [...]. Abolissez la traite, vous verrez le commerce tomber dans un dépérissement dont rien ne pourra le retirer ; les manufactures sans aliments ne plus fournir de subsistance à une immense quantité d'individus qu'elles seules soutiennent et font vivre ; l'industrie tarie dans toutes ses sources [...], la France, enfin [...], n'offrira plus qu'un vaste désert qui ne laissera à ses tristes habitants que les regrets inutiles de la splendeur passée.

« Abolissez la traite, et vous entendrez les plaintes déchirantes de plus de dix millions d'hommes vous demandant le pain que vous leur avez arraché [...].

1. Remarque intéressante, puisqu'elle montre que les paysans étaient, pour les négriers nantais, encore plus rustres et frustes que les nègres de Saint-Domingue.

« Abolissez la traite, et vous détruirez entièrement la confiance, incertaine encore, des créanciers de l'État [...]. Serait-il vrai, Messieurs, qu'au moment où la Nation est menacée au-dehors, troublée, inquiétée au-dedans, où elle travaille avec tant de zèle et d'énergie à sa régénération [...], serait-ce au moment où vous invitez tous les Citoyens à voler, par une contribution volontaire, au secours de la Patrie en danger, que l'on voudrait leur ôter les moyens de se livrer aux élans de patriotisme dont ils sont animés et d'effectuer le plus noble comme le plus cher de leurs projets ?

« Non, Messieurs, nous ne pouvons le croire, et vous conviendrez avec nous qu'il est des circonstances où, pour le bonheur de l'espèce humaine, la philosophie doit se plier à la politique et lui céder même le pas ; vous sentez trop que vous ne devez pas chercher à donner à la France les meilleures lois, mais celles qui lui conviennent le mieux, et en cela vous imiterez le sage législateur d'Athènes. »

Le 15 mai 1791, l'Assemblée nationale entérine une demi-mesure : l'égalité civique aux mulâtres nés de parents libres. « C'est trop pour les colons. Leur mobilisation conduit à ce que Paris se dessaisisse de l'affaire. Et, le 1er juin, liberté est donnée aux assemblées coloniales afin de délibérer sur la question de l'état des personnes non libres. »

Une non-réforme qui va attiser les tensions et provoquer au mois d'août suivant la révolte des esclaves de Saint-Domingue, que les Nantais voudront mater...

Olivier Pétré-Grenouilleau a bien montré que lesdits négriers avaient récupéré la culture des Lumières en la pliant au service de leurs propres intérêts, et que certains d'entre eux accueillirent même la Révolution avec enthousiasme[1]... Les bourgeois de Nantes ont été non seulement des relais très actifs de la politique religieuse définie à Paris, mais ils ont de surcroît participé à la radicalisation de cette politique. Les clubs des amis de la Constitution, particulièrement le Club des Capucins, créèrent un journal, *La Chronique de la Loire-Inférieure*, dont ils se servirent pour asseoir leur influence et dénoncer « les accapareurs, égoïstes, modérés, feuillants, royalistes, fanatiques...[2] »

Les « fanatiques » étaient évidemment les prêtres qui refusaient de prêter serment. Antoine Français, connu sous le nom de Français de Nantes, douanier, a été l'un des membres fondateurs de la Société des amis de la Constitution siégeant aux Capucins, puis son président, et l'un des plus actifs dans la lutte contre lesdits « fanatiques ». Choisi comme électeur pour désigner le nouvel évêque de Nantes, le précédent ayant refusé de prêter serment, Français fit un discours rappelant que l'esprit de la Constitution civile du clergé était le retour à l'Église primitive, puis faisant parler Dieu lui-même : « Ceux-là sont mes bien-aimés qui aiment les lois et défendent la liberté... Si des factieux s'opposent aux volontés nationales qui sont les miennes, je les disperserai comme l'orage disperse la poussière... »

Français de Nantes transportera sa haine à Paris, sur les bancs de l'Assemblée législative. Élu député de Loire-Inférieure, c'est lui qui fut chargé, au nom de la commission extraordinaire des Douze, de rédiger le « rapport

1. In *Nantes au temps de la traite*, et *L'Argent de la traite*, *op. cit.*
2. In *Les Sociétés populaires*, *op. cit.*

sur les troubles intérieurs ». Ce rapport sera suivi, le 27 mai 1792, d'un décret qui régularisera les mesures prises par le département de Loire-Inférieure au mois de mars précédent, et les aggravera. Il suffira désormais d'une pétition de vingt citoyens actifs pour éloigner tout prêtre non assermenté de sa paroisse. Le bourgeois Français de Nantes aura ainsi contribué on ne peut plus activement au mécontentement des paysans du pays d'Ancenis.

Français de Nantes ne fut pas le seul élu de Loire-Inférieure à exciter ses collègues contre les prêtres réfractaires. Coustard de Massy fut lui aussi l'auteur d'un long réquisitoire contre les prêtres non assermentés. Un François Mellinet, pourtant député modéré, ou un Villenave, savant de son état, n'hésitèrent pas à haranguer les membres de leur club en leur remontrant qu'ils étaient les nouveaux maîtres et qu'il fallait briser la résistance des prêtres catholiques à la Constitution civile du clergé, résistance qui, selon eux, représentait le principal obstacle à la réalisation du rêve de félicité universelle. Tous deux furent ensuite victimes de la justice populaire.

De nombreux bourgeois nantais prirent toutefois leurs distances avec la Révolution au fur et à mesure de sa radicalisation. Beaucoup furent accusés de « fédéralisme » au printemps 1793, quand Nantes envoya des troupes pour soutenir l'indépendance de la Convention, de plus en plus dominée par la Montagne et la Commune de Paris. Sitôt après son arrivée, Carrier leur déclara la guerre. Devant Ruelle, représentant du peuple, il se livra à des imprécations contre tous les habitants de Nantes, principalement contre les marchands et négociants ; il déclara que si ces derniers ne lui étaient pas dénoncés sous peu il les ferait tous incarcérer et ensuite décimer pour être guillotinés ou fusillés. Ruelle lui fit observer que ce qu'il avançait était injuste et barbare. Carrier le traita de « révolutionnaire à l'eau douce » et continua ses imprécations. Il ne cessa ensuite de crier sur le dos des riches, notamment au sein de la société populaire. Et il ne se contenta pas de paroles : il décida d'imposer les riches de Nantes. Julien, fils de Robespierre, dans une lettre datée du 16 pluviôse an 2, résume bien l'action de Carrier contre la bourgeoisie de Nantes : « Une justice doit être rendue à Carrier : c'est qu'il a dans un temps écrasé le négociantisme, tonné avec force contre l'esprit mercantile, aristocratique et fédéraliste ; mais, depuis, il a mis la terreur à l'ordre du jour contre les Patriotes eux-mêmes... »

Malgré cette attitude, le comité révolutionnaire, qui l'a soutenu et assisté dans sa barbarie, était encore largement composé de bourgeois qui s'étaient distingués dès 1790 en veillant au strict respect de la Constitution, ce qui, pour eux, signifiait la lutte impitoyable menée contre les réfractaires.

VII

La persécution des prêtres[1]

Nantes et la Loire-Inférieure – son administration, ses clubs, son clergé – vont jouer un rôle clé dans le durcissement de la représentation nationale à l'encontre des prêtres allergiques à la Constitution civile du clergé. Persuadé que celle-ci serait reçue avec enthousiasme, le Comité ecclésiastique n'avait pas prévu de mesures à prendre en cas de refus d'application. En choisissant de s'éloigner de son évêché en signe de désaccord, Mgr de La Laurencie, évêque du diocèse de Nantes, posait un délicat problème à l'administration du département de Loire-Inférieure dès lors que celle-ci commençait à vouloir interdire les offices célébrés dans la cathédrale par le chapitre, abolir plusieurs paroisses voisines de l'église cathédrale, supprimer des fonctions religieuses dans les églises annexées, fermer des locaux et rédiger l'inventaire des objets du culte. L'arrêté pris le 6 octobre 1791 pour exécuter ces grands changements provoqua une levée de

1. Ce chapitre emprunte beaucoup à Alfred Lallié, *Le Diocèse de Nantes pendant la Révolution*, *op. cit.*

boucliers par sa référence à l'article 6 de la Constitution civile, qui disait expressément que les réunions de paroisses ne pourraient s'effectuer que sur « avis de l'évêque diocésain ». Or ledit évêque était à Paris... Ne sachant comment vaincre cette résistance, le département, fort embarrassé, écrivit à l'Assemblée nationale, lui suggérant de prendre un décret ordonnant à tous les évêques de rejoindre leur diocèse sous peine d'être rapidement déchus et remplacés. Le procureur-syndic continua d'envoyer lettre sur lettre à l'évêque résistant pour le faire revenir à Nantes. « Est-ce donc, monsieur, une loi si dure que d'obéir à la loi, de suivre son devoir et d'acquitter sa conscience ? Où est la place du vrai pasteur, si ce n'est au milieu de son troupeau ? » écrit-il dans une de ses missives datée du 1er novembre.

Une brochure intitulée *Adresse à l'Assemblée nationale*, signée par 103 prêtres de Loire-Inférieure, mit quelques jours plus tard le feu aux poudres. Elle revendiquait au nom du clergé la juridiction essentielle de l'Église. Sous la pression des sociétés populaires, et après un très long réquisitoire du procureur-syndic, le conseil départemental prit un arrêté suppliant l'Assemblée nationale d'ordonner des poursuites contre les auteurs et adhérents de *L'Adresse*, comme criminels de lèse-nation. Coustard de Massy, celui-là même qui avait, quelques mois plus tôt, éconduit les députés de Maumusson, se déchaîna contre le clergé, appelant à la vengeance dans son discours et terminant ainsi sa lettre à l'Assemblée : « Plus vous aurez d'indulgence pour des prélats et des prêtres déjà trop coupables, plus vous les verrez oser et entreprendre. Prévenez de grands malheurs ; que la foudre gronde sur les têtes ennemies... » Le même

Coustard demanda quelques jours plus tard que Mgr de La Laurencie soit considéré comme criminel de lèse-nation pour son refus d'appliquer la Constitution civile du clergé. Ledit évêque, sentant la pression monter, quitta alors Nantes pour n'y plus jamais revenir...

Le Comité ecclésiastique, conscient des difficultés rencontrées par l'application de la Constitution civile, avait chargé Jean Voidel, député de Sarreguemines, de faire un rapport sur le sujet à l'Assemblée nationale. L'intervention de Voidel était prévue pour le vendredi 26 novembre au soir. Une députation du directoire du département de Loire-Inférieure fit le déplacement pour appuyer ses propres demandes. Elle est admise à la barre. L'orateur de la députation entame une diatribe contre l'évêque récalcitrant :

« L'évêque de Nantes vient de protester contre l'autorité de la Nation, de manifester un refus formel d'exécuter vos décrets. Nous lui avons envoyé une députation qui lui a parlé avec tous les égards convenables. Ils nous a répondu qu'effectivement il ne reconnaissait pas l'autorité de l'Assemblée nationale en matière ecclésiastique, mais qu'il la respectait en tout ce qui concerne les choses étrangères à la religion. Le soir, pendant que le conseil du département délibérait, plus de deux mille citoyens sont venus nous demander l'arrestation de M. l'évêque, et qu'il fût conduit sous bonne et sûre garde à l'Assemblée nationale ; mais il a pris la fuite, et fuit encore...

« Nous venons vous supplier de décréter que M. l'évêque de Nantes sera poursuivi par-devant les tribunaux, qu'il sera sur-le-champ mis en état d'arrestation, et le corps électoral autorisé à procéder de suite à la nomination d'un nouvel évêque... Faire juger par les tribunaux les factieux qui s'élèvent contre l'autorité de vos décrets est le seul moyen d'assurer notre liberté... »

Le président de la Constituante salue chaleureusement les habitants et les administrateurs de Loire-Inférieure : « L'Assemblée nationale comptait sur leur patriotisme, elle applaudit à leur zèle. » Il autorise la députation de Nantes à assister à la séance. Les Nantais partent s'asseoir tandis que le député Voidel vient à la barre et entame une très longue intervention. Après une interminable introduction pour rappeler que la Constitution civile du clergé visait à restaurer l'Église primitive et à abolir les excès de ses ministres, il brosse un tableau global de la résistance du clergé dans la France entière. Puis il consacre un moment à la Loire-Inférieure et à *l'Adresse* des 103 prêtres. Après son rapport, il propose un décret obligeant tous les évêques et curés à prêter serment à la nation, à être fidèles à la nation, à la loi et au roi, faute de quoi ils seraient remplacés et perdraient leur traitement. Le décret est approuvé le lendemain. Le dernier délai pour prêter serment est fixé au dimanche 23 janvier 1791...

Les campagnes de Loire-Inférieure, favorables à l'évêque, commencent à s'agiter. Craignant l'agitation rurale, Nantes requiert le régiment de Rohan de « tenir toujours 200 hommes en état de prendre les armes au premier ordre, jusqu'à ce que la Constitution civile du clergé fût solidement établie à Nantes ». Cette réserve de la force publique vient compléter la garde nationale que Coustard de Massy, son grand chef, a utilisée dès le 4 janvier pour mater une première agitation à Guérande...

À l'expiration du délai accordé aux prêtres pour prêter serment, le département de Loire-Inférieure est bien obligé de constater l'insuccès de la mesure. Constatant et amplifiant l'agitation des campagnes, il demande alors au ministre de l'Intérieur l'envoi d'un régiment de troupes de ligne. Pour le cas où...

À Maumusson, le curé et son vicaire refusent de prêter serment. D'autres, dans les environs, le prêtent tout en l'entourant de restrictions. Dans un premier temps, les administrateurs du district d'Ancenis, conscients du caractère brûlant de la question, ferment les yeux sur les serments passés avec restrictions.

Mgr de La Laurencie n'ayant pas répondu aux différentes injonctions, l'évêché est considéré comme vacant. Tout comme sont déclarées vacantes les cures dont les desservants ont refusé de prêter serment. Des élections sont organisées pour remplacer et l'un et les autres. Soutenu par Coustard de Massy, un certain Julien Minée est élu évêque. Les curés non assermentés du diocèse réagissent par un libelle daté de Nantes, le 26 mars 1791, imprimé à 10 000 exemplaires et intitulé : « Lettre de MM. les recteurs des divers cantons du diocèse de Nantes à M. Julien Minée, élu de la manière la plus scandaleuse évêque constitutionnel et anti-canonique ». Le 27 mars, les électeurs du district ont treize cures à pourvoir, dont celle de Maumusson, de Belligné, de Saint-Herblon, de Saint-Mars-la-Jaille... Prêtre du pays de Retz, M. Joyau est élu pour prendre la cure de Maumusson en lieu et place d'Yves Bouvier.

Jacques Defermon suit toujours de près l'entrée en application de la Constitution civile du clergé, notamment quand il est question de son frère François, vicaire à Saint-

Julien-de-Vouvantes, où il se fait appeler l'abbé des Chapellières, et d'Yves Bouvier, curé de Maumusson, tous deux ayant refusé de prêter serment. Le 8 février 1791, un député demande à ajourner la discussion sur une proposition de décret visant à accorder un modeste traitement aux curés qui ne veulent pas prêter serment. Defermon demande alors la parole : « Je ne vois pas pourquoi l'Assemblée ajournerait et demanderait l'impression pour accorder aux curés le modique traitement proposé par le Comité ecclésiastique, déclare-t-il. Pour les curés, on vous propose un traitement modique mais raisonnable, et on leur indique la manière de l'obtenir : ce sera de donner leur démission, seul moyen de faire cesser les troubles. Rien ne me paraît plus intéressant ; parmi les réfractaires qui se refusent à l'exécution de votre loi, il en est sans doute de bonne foi, et nous devons même le supposer pour tous ; eh bien, ils éprouveront la même répugnance pour donner leur démission que pour prêter serment. » Cette bonne disposition passagère n'empêche pas la famille du député, et notamment ses trois sœurs et son frère prêtre, de lui en vouloir pour ce qu'ils estiment être son parti pris dans la question religieuse.

Dans un premier temps, l'administration, déboussolée à la fois par l'ampleur du mouvement de résistance des prêtres et par la pénurie d'assermentés pour les remplacer, laisse les réfractaires continuer de célébrer le culte malgré les pressions des sociétés populaires. La Société des amis de la Constitution, siégeant aux Capucins, n'écrit-elle pas, le 6 avril 1791 : « Les prêtres prêchent la désobéissance à la loi... Déjà ils ont fait couler beaucoup de sang [...] et on ne les a pas ôtés du milieu de la Patrie à laquelle ils font la guerre. Justice, justice !... La conservation de l'État est incompatible avec la leur ; il faut qu'un des deux périsse. » Les esprits s'agitent, les mots dans la presse se font de plus en plus agressifs à l'égard du clergé réfractaire, mais, à Maumusson, Yves Bouvier et Mathurin Souffrant continuent d'assurer les offices comme par le passé : Joyau, le nouveau curé élu par le district, ne s'est jamais présenté à la cure...

Les paroisses ne sont pas toutes aussi calmes que celle de Maumusson. Là où ils tentent de venir prendre possession de la cure, les prêtres élus se heurtent la plupart du temps à une très forte résistance des paroissiens, qui nécessite l'intervention de la force publique. Le 7 mai, la Société des Capucins rédige une pétition qu'elle adresse au département pour lui faire connaître « que l'insurrection des campagnes voisines ajoute infiniment à la douleur des prêtres nommés par le peuple, et que la plupart d'entre eux, sans effroi dans une si belle cause qui produit partout l'héroïsme, témoignent d'une répugnance insurmontable à parvenir à l'exercice de leurs fonctions curiales par l'appareil des forces publiques, toujours contrastant avec l'esprit de bienfaisance qui les anime », le seul remède à cette situation étant d'écarter de leurs paroisses les prêtres réfractaires. Conscient qu'une telle mesure serait contraire à la loi qui prévoit la liberté du culte, la société populaire estime néanmoins que « la première de toutes les lois, le salut du peuple, et surtout d'un peuple fanatique, commande cet acte de prévoyance ». Et les clubistes patriotes invitent fermement le département à rédiger une proclamation « pour obliger les prêtres réfractaires à se retirer dans les villes, ou au moins à cinq lieues de leur résidence, afin de leur ôter l'ascendant qu'ils ont sur nos frères des campagnes ».

La mécanique infernale qui va aboutir à la persécution des prêtres, puis des habitants des campagnes qui les soutiennent, est lancée. Les patriotes entendent sauver le peuple malgré et contre lui, parce qu'il est jugé « fanatique ». Le procureur-syndic qui reçoit la pétition est bien conscient du risque que comporterait l'adhésion à une telle recommandation. Compte tenu de l'impopularité du nouveau culte, seule la force pourrait l'imposer. Il engage le département à ne pas suivre dans l'immédiat la Société des amis de la Constitution, mais décide cependant d'envoyer la pétition à l'Assemblée nationale « pour solliciter une loi prompte et générale pour l'éloignement des curés de tous les lieux où ils devront être remplacés ». En attendant, il est demandé aux prêtres non assermentés de quitter leur paroisse la veille ou l'avant-veille du jour où ils seront remplacés.

Il appert rapidement que les curés élus ont les plus grandes difficultés à s'installer. À Carquefou, les paroissiens se sont soulevés contre l'arrivée de l'« intrus ». L'administration du district d'Ancenis signale à Nantes que les municipalités risquent de donner leur démission plutôt que de prêter main-forte à l'installation de curés assermentés. Nombre de municipalités réclament le maintien en place des anciens prêtres. Fin mai 1791, le département de Loire-Inférieure envoie au Comité ecclésiastique un état général des prêtres qui ont prêté serment : 153 seulement sur 614. Et de commenter : « L'administration désirerait que ce tableau présentât des résultats plus consolants pour les vrais amis de la Patrie et de la religion... »

À Nantes, l'atmosphère devient de plus en plus lourde pour les prêtres réfractaires et les religieux. Coustard, commandant de la garde nationale, mais aussi le membre le plus actif du Club des Capucins, multiplie les initiatives anticléricales. Il est suspecté d'avoir encouragé des femmes patriotes à aller à la Communauté des Couets fouetter les religieuses ayant refusé de prêter serment... Le même fougueux patriote réprime sévèrement les paroissiens des campagnes qui s'opposent à l'arrivée des « intrus ». « Homme de plaisir et de société, étourdi mais plein de sensibilité et de bonté, il aimait les cercles et y était bien accueilli des femmes auxquelles plaisait sa vivacité spirituelle sans fatuité. Petit mais bien fait, de manières élégantes, il portait l'épée avec aisance, surtout en uniforme. C'était enfin l'homme à la mode... [1] » Bref, il incarnait parfaitement cette grande bourgeoisie nantaise que les paysans exécraient. Notamment ceux de Maumusson.

Le 7 juin, sous la pression de Coustard et Cie, le département prend un arrêté exigeant que les prêtres réfractaires remplacés se rendent à Nantes ou à tout le moins à trois lieues de leur cure. Les municipalités sont invitées à surveiller étroitement les réfractaires, et, en cas de négligence, les citoyens sont invités à dénoncer les prêtres qui ne se plieraient pas aux exigences de l'arrêté. Les prêtres dénoncés qui n'accepteraient pas l'injonction du département seront conduits hors du territoire...

La paroisse de Montrelais est agitée depuis que son curé, qui est aussi maire, a prêté serment alors que son vicaire a refusé. Les échanges d'injures entre patriotes et défenseurs du vicaire sont fréquents. Le 25 avril, le tocsin

1. Cf. Camille Mellinet, *La Commune et la milice de Nantes*, sixième volume, *op. cit.*

retentit, faisant écho à la clameur d'un attroupement de nombreuses femmes assemblées autour de l'église pour manifester contre le curé-maire. Un autre jour, les mêmes récalcitrantes injurient copieusement la femme d'un officier municipal. Dès que le curé-maire prend connaissance de l'arrêté départemental du 7 juin, il avertit le district d'Ancenis que le vicaire trouble l'ordre public. En dépit des interdictions, le vicaire prêche clandestinement aux mines de Montrelais. Il est arrêté le 21 juin et transféré à Ancenis avant d'être incarcéré à Nantes [1].

Jeanne Defermon enrage toujours contre le procès inique que ses belles-sœurs et son beau-frère font à son mari. Le 11 juin 1791, elle l'écrit à Cillette, qui, dans sa dernière lettre, promettait la damnation à ceux qui suivraient les offices célébrés par des prêtres assermentés. « Le serment ne tient en rien aux dogmes ni à la morale de la religion, écrit-elle sous la dictée, semble-t-il, de son mari. [...] Aussi ne suis-je pas étonnée que vos prêtres ne l'aient pas prêté. Heureux ceux que l'amour de la paix a fait agir et qui, dénués d'esprit de parti et de fanatisme, ont su sacrifier leur aisance et leur bonheur au repos si nécessaire à la religion et au bien public. Paris offre sur cela un calme qui me console d'y être, toutes les églises sont pleines et l'office s'y fait avec toute la vénération et tout l'ordre possibles. Je n'entendrais jamais parler des affaires religieuses si je n'étais pas instruite des farces que font les réfractaires pour soulever les gens peu instruits ;

1. Cf. Didier Daniel, *La Bataille du charbon en pays d'Ancenis*, *op. cit.*

et avec toutes les saintes bonnes sœurs, ils font l'office dans des chapelles particulières, et là, ils font les revenants, font parler les saints et essaient à faire des miracles qui feraient mépriser les véritables si l'on n'avait pas eu le bonheur de trouver ces nouveaux faiseurs qui excitent la risée des raisonnables sans rendre meilleure leur cause. Je ne me permettrais pas, chère amie, une si longue digression si la malice de ta lettre ne l'eût provoquée. Elle a dans sa tournure simple et naïve plus d'un sens, ce n'est qu'en la lisant une seconde fois que j'ai eu le bonheur de le trouver. J'en ai fait part à mon Jacquot comme de la plus heureuse découverte. Ta finesse ne lui est pas étrangère, aussi m'a-t-il engagée à te répondre par amour de toi-même, car il m'a assuré que l'on ne pouvait [...] faire défense d'exprimer de malice sans qu'on en ait senti le prix. Il y a longtemps que je le savais. Tu n'as donc point manqué ton but, mon Cillaut, je l'ai compris à merveille, j'en ai admiré les grâces et les tournures de phrases qui accompagnent toujours la simplicité de ton style et qui donnent toujours le plus grand intérêt à relire tes lettres. Ton bon saint de Louisfert [un curé réfractaire] ne m'a point échappé, non plus que la procession de Gatine. Je puis bien t'assurer que nos cœurs s'entendront toujours à merveille quand il sera question d'attachement, mais que nos opinions sur les affaires du jour me paraissent si différentes que je ne crois que rien dans le monde puisse les rapprocher. Ce qui me rend inconvertissable, c'est que j'ai la plus ferme persuasion que le serment ne tient pas plus à la religion qu'au calvinisme, que c'est une affaire purement politique et nécessaire au repos de l'État. Je ne tiens pas plus au prêtre sermenté qu'au réfractaire, tous auront également ma confiance pourvu qu'ils ne me tourmentent point sur ma foi. Tu crois au contraire que nous sommes tous dans la voie de perdition. Tu vois bien, mon Cillaut, que sur ce point nous ne pourrons jamais nous rapprocher ou nous entendre. Notre plus sage parti sera donc de ne jamais discuter sur une matière trop grave et trop éloignée de notre amitié naturelle. J'aurai toujours la douce consolation de te croire dans la bonne route. Mais aussi, tu auras la bonté de me laisser me damner tout à mon aise sans y mettre le moindre obstacle. Alors, ma tendre amie, nous serons toujours rapprochées par le sentiment le plus doux que l'amitié puisse faire naître. Rien dans le monde ne pourra altérer l'union qui fait notre bonheur parce qu'il est au-dessus de toutes opinions particulières.

Ta Jeanne Métayère qui se bat
contre les Parisiens athées. »

Quelques jours après l'arrivée de cette lettre, la nouvelle de la fuite de Louis XVI excite tous les patriotes et va avoir pour conséquence directe l'arrestation de nombreux prêtres réfractaires dans le département de Loire-Inférieure. Ainsi, le 23 juin, l'abbé François Defermon prenait part à la grande procession de la Fête-Dieu à Châteaubriant. Certains membres exaltés de la municipalité prirent prétexte de la fuite du roi pour prendre des mesures contre les personnes qu'ils considéraient comme hostiles aux lois nouvelles. Ce qui était évidemment le cas de l'abbé des Chapellières, qui avait refusé de prêter serment. Juste après la procession, la municipalité, réunie à la hâte, décida de procéder à des visites domiciliaires, qui amenèrent la découverte de documents jugés compromettants et l'arrestation de leurs détenteurs.

L'abbé Defermon, possesseur d'un catéchisme peu orthodoxe, fut emprisonné avec une vingtaine d'autres prêtres. Sous les très fortes pressions de son frère constituant et de son beau-frère membre de l'administration, il fut relâché douze jours plus tard. À partir de cette date, l'abbé des Chapellières, comme la plupart des prêtres réfractaires, va bouger sans relâche et entrer en quasi-clandestinité...

À Nantes, une quarantaine de prêtres restèrent emprisonnés jusqu'au 12 août, date à laquelle le département les élargit à la condition qu'ils quittent le département ou résident à Nantes...

Il n'y a pas que les campagnes nantaises pour être agitées et faire corps avec leurs prêtres pour les protéger. Dans tous les départements bretons et en Vendée, le refus des habitants des campagnes est identique. Mais Paris décide de porter une attention particulière à ce qui s'est passé en Vendée, où les révoltes ont fait couler le sang.

À Saint-Christophe-du-Ligneron, petite commune de Vendée proche de Challans, l'atmosphère ressemble à celle de Montrelais. Le 1er mai, la municipalité doit élire un nouveau maire et les patriotes, craignant « pour la vie et les biens des bons citoyens et des vrais amis de la Constitution », requièrent la force publique. Les gendarmes arrivent trop tard. Le curé malade, la messe paroissiale ne se déroule point à l'heure habituelle. Il n'en est dit qu'une, dès six heures du matin, par le vicaire Regain, prêtre réfractaire. À la sortie de l'église, ces messieurs de la garde nationale et de l'administration, suspectés d'en vouloir à leur vicaire, sont entourés, insultés, maltraités par des femmes vociférantes, comme à

Montrelais, et par une foule de paysans. À l'appel du tocsin, des hommes des paroisses voisines, armés de faux et de fusils, arrivent en renfort. Les bourgeois se réfugient dans la maison de l'un d'eux. Les premiers gendarmes, survenus sur le coup de huit heures, sont à leur tour malmenés à coups de bâtons et doivent rebrousser chemin. L'après-midi, les gendarmes de La Roche-sur-Yon arrivés en renfort subissent le même sort... D'autres renforts affluent. Le lendemain, une partie de la troupe partie à la rencontre des mutins essuie des coups de feu qui blessent grièvement deux dragons ; elle riposte, tuant quatre paysans[1]. L'émeute s'achève le 7 mai.

Dans la soirée du samedi 16 juillet 1791, sur proposition de Jean-François Goupilleau, originaire de Vendée et très hostile aux prêtres[2], l'Assemblée constituante décrète que deux commissaires seront envoyés en Vendée pour y « prendre tous les éclaircissements qu'ils pourront se procurer sur les causes des derniers troubles de ce pays, et concourir, avec les corps administratifs, au rétablissement de la tranquillité publique ». Le 23 juillet, le ministre de la Justice charge Jean-Antoine Gauvin, dit Gallois, et Arnaud Gensonné, de mener à bien cette mission alors même que l'agitation continue à gronder dans l'Ouest. Le premier est homme de lettres et jurisconsulte ; le second a une personnalité beaucoup plus affirmée et deviendra député de la Législative, puis de la Conven-

1. Charles Louis Chassin, *Études documentaires sur la Révolution française*, t. 1, *La préparation de la guerre de Vendée (1789-1793)*, *op. cit.*

2. N'avait-il pas demandé le 1er mars 1791 que la consécration des évêques puisse se faire aussi bien dans une synagogue que dans un temple protestant ?

tion. Considéré comme le « penseur parmi les députés de la Gironde », il sera guillotiné le 31 octobre 1793. Gallois et Gensonné quittent Paris le 25 juillet et commencent leur enquête à Fontenay-le-Comte, le 29.

Cette mission est l'une des dernières actions de l'Assemblée constituante. Pendant que les commissaires enquêtent en Vendée, les constituants, après avoir détaché la Constitution civile du clergé de la Constitution proprement dite, votent une amnistie générale, autorisent les prêtres réfractaires à dire la messe, et insèrent dans la Constitution un article garantissant « la liberté à tout homme d'exercer le culte auquel il est attaché ». Elle opte donc clairement pour une politique de modération [1].

Les élections départementales des nouveaux députés de Loire-Inférieure vont montrer l'antagonisme grandissant entre villes et campagnes à propos du nombre d'électeurs attribués à chacune. C'est aussi l'occasion de constater le poids grandissant des jacobins, à l'instar de ce qu'on observe à Paris. Si la Constituante a réussi in extremis à rétablir le roi dans ses droits, la manifestation du Champ-de-Mars du 16 juillet, autour de la pétition lancée par les républicains, réprimée dans le sang, a révélé aussi le poids grandissant des jacobins et des cordeliers.

La session des électeurs se déroule le 28 août à Nantes, aux Jacobins, sous la présidence de l'évêque constitutionnel Minée. Elle nomme huit députés parmi lesquels Coustard de Massy et Français, deux membres patriotes des Amis de la Constitution connus notamment pour leur anticléricalisme virulent.

1. Cf. Marie Bréguet, *L'Avant-guerre de Vendée*, *op. cit.*

VIII

Le diagnostic était pourtant le bon[1]...

Le dimanche 9 octobre 1791, les nouveaux députés viennent de gagner Paris depuis une semaine. La majorité est encore dominée par les feuillants[2], c'est-à-dire par des modérés. Le président Claude Emmanuel Pastoret fait monter Gensonné et Gallois à la barre. Ceux-ci viennent de terminer leur rapport[3] après avoir passé un peu plus d'un mois et demi en Vendée et dans le département des Deux-Sèvres. Tous deux ont fait fi de leurs opinions personnelles et accompli du bon travail dans le souci de maintenir la paix, de prévenir les troubles

1. Ce chapitre puise beaucoup de ses ressources dans *L'Avant-guerre de Vendée*, de Marie Bréguet, *op. cit.*

2. 171 législateurs sont inscrits au Club des Feuillants, alors que 148 le sont au Club des Jacobins.

3. Le Rapport Gallois et Gençonné est accessible sur Internet, sur http : //book.google.com dans l'ouvrage intitulé : *Histoire parlementaire de la Révolution française* ou *Journal des assemblées nationales depuis 1789 jusqu'à 1915*.

et d'empêcher les violences. Si l'on ôte du rapport les éléments qui concernent directement des situations particulières rencontrées dans les deux départements visités par les commissaires, on obtient un très bon diagnostic qui pourrait s'appliquer à la situation prévalant en Loire-Inférieure. Gensonné et Gallois récusent la thèse du complot royaliste et estiment que les troubles tiennent avant tout à des causes religieuses. Ils récusent également la classification de la population en *patriotes* et *aristocrates*, en fonction de l'attitude observée à l'égard des prêtres. Il m'a donc semblé intéressant de citer de larges extraits de ce rapport pour montrer que la nouvelle Assemblée disposait de tous les éléments pour prendre les décisions qui s'imposaient en vue de ramener le calme dans les départements de l'Ouest.

Les deux députés ont d'abord constaté que les paysans avaient accueilli favorablement la Révolution et n'ont commencé à s'agiter qu'avec l'obligation faite à leurs prêtres de prêter serment :

« L'époque de la prestation du serment ecclésiastique a été, pour le département de la Vendée, la première époque de ses troubles. Jusqu'alors, le peuple y avait joui de la plus grande tranquillité. Éloigné du centre commun de toutes les actions et de toutes les résistances, disposé par son caractère naturel à l'amour de la paix, au sentiment de l'ordre, au respect de la loi, il recueillait les bienfaits de la Révolution, sans en éprouver les orages. »

Ils montrent ensuite la nature de l'attachement des campagnes à leur religion :

« Dans les campagnes, la difficulté des communications, la simplicité d'une vie purement agricole, les leçons de l'enfance et des emblèmes religieux, destinés à fixer sans cesse ses regards, ont ouvert son âme à une foule d'impressions superstitieuses que, dans l'état actuel des choses, nulle espèce de lumières ne peut ni détruire ni modérer.

« Sa religion, c'est-à-dire la religion telle qu'il la conçoit, est devenue pour lui la plus forte et, pour ainsi dire, l'unique habitude morale de sa vie. L'objet le plus essentiel qu'elle lui présente est le culte des images...

« [Or c'est] le ministre de ce culte, celui que les habitants des campagnes regardent comme le dispensateur des grâces célestes, qui peut, par la ferveur de sa prière, adoucir l'intempérie des saisons et qui dispose du bonheur d'une vie future, qui a bientôt réuni en sa faveur les plus douces comme les plus vives affections de leur âme. »

Manifestement attristés par leur propre constat, Gallois et Gensonné expliquent que toute mesure visant à rompre ce lien entraîne obligatoirement une révolte : « La constance du peuple de ce département dans l'espèce de ses affections religieuses, et la confiance illimitée dont y jouissent les prêtres auxquels il est habitué, sont un des principaux éléments des troubles qui l'ont agité et qui peuvent l'agiter encore. »

Troubles que certains prêtres peuvent évidemment encourager : « Il est aisé de concevoir avec quelle activité des prêtres, ou égarés ou factieux, ont pu mettre à profit ces dispositions du peuple à leur égard. On n'a rien négligé pour échauffer le zèle, alarmer les consciences, fortifier les caractères faibles, soutenir les caractères décidés. On a donné aux uns des inquiétudes et des remords ; on a donné aux autres des espérances de bonheur et de salut ; on a essayé sur presque tous, avec succès, l'influence de la séduction et de la crainte... »

Tous les prêtres ne sont cependant pas de mauvaise foi : « Plusieurs d'entre ces ecclésiastiques sont de bonne foi ; ils paraissent fortement pénétrés et des idées qu'ils répandent et des sentiments qu'ils inspirent ; d'autres sont accusés de couvrir du voile de la religion des intérêts plus chers à leur cœur ; ceux-ci ont une activité politique qui s'accroît ou se modère selon les circonstances... »

Les deux députés ont pu constater à quel point l'existence de deux catégories de prêtres a créé de fortes tensions dans les paroisses : « Cette division des prêtres en assermentés et non assermentés a établi une véritable scission dans le peuple de leurs paroisses. Les familles y sont divisées. On a vu et l'on voit chaque jour des femmes se séparer de leurs maris, des enfants abandonner leurs pères. L'état des citoyens n'est, le plus souvent, constaté que sur des feuilles volantes ; et le particulier qui les reçoit, n'étant revêtu d'aucun caractère public, ne peut donner à ce genre de preuve une authenticité légale... »

On assiste aussi à une désaffection de nombreux paroissiens à l'égard de la garde nationale : « Une grande partie des citoyens a renoncé au service de la garde nationale ; et celle qui reste ne pourrait être employée sans danger dans tous les mouvements qui auraient pour principe ou pour objet des actes concernant la religion, parce que le peuple verrait alors dans les gardes nationales non les instruments impassibles de la loi, mais les agents d'un parti contraire au sien. »

Car il faut compter avec l'aversion du peuple envers tous ceux qui appliquent les décisions dirigées contre leurs prêtres : « Dans plusieurs parties du département, un administrateur, un juge, un membre du corps électoral sont vus avec aversion par le peuple parce qu'ils concourent à l'exécution de la loi relative aux fonctionnaires ecclésiastiques. Cette disposition des esprits est d'autant plus déplorable que les moyens d'instruction deviennent chaque jour plus difficiles. Le peuple, qui confond les lois générales de l'État avec les règlements particuliers pour l'organisation civile du clergé, en fuit la lecture et en rend la publication inutile. »

Cette situation est facilement exploitable par les ennemis de la Révolution : « Les mécontents, les hommes qui n'aiment pas le nouveau régime et ceux qui, dans le nouveau régime, n'aiment pas les lois relatives au clergé, entretiennent avec soin cette aversion du peuple, fortifient, par tous les moyens qui sont en leur pouvoir, le crédit des prêtres non assermentés, et affaiblissent le crédit des autres. »

Mais, doivent constater Gallois et Gensonné, les patriotes ne facilitent pas non plus les choses : « L'indigent n'obtient des secours, l'artisan ne peut espérer l'emploi de ses talents et de son industrie qu'autant qu'il s'engage à ne pas aller à la messe du prêtre assermenté ; et c'est par ce concours de confiance dans les anciens prêtres, d'une part, et de menaces et de séduction, de l'autre, qu'en ce moment les églises desservies par les prêtres assermentés sont désertes et qu'on court en foule dans celles où, par défaut de sujets, les remplacements n'ont pu encore s'effectuer. »

Les deux législateurs estiment que c'est dans la fatigue des longs déplacements accomplis par les paroissiens pour entendre la messe d'un prêtre non assermenté qu'il faut chercher l'une des causes les plus importantes du rejet de la Révolution parmi le peuple des campagnes :

« Rien n'est plus commun que de voir, dans des paroisses de cinq à six cents personnes, dix ou douze seulement aller à la messe du prêtre assermenté. La proportion est la même dans tous les lieux du département. Les jours de dimanche et de fêtes, on voit des villages et des bourgs tout entiers dont les habitants désertent leurs foyers pour aller, à une et quelquefois deux lieues, entendre la messe d'un prêtre non assermenté. Ces déplacements habituels nous ont paru la cause la plus puissante de la fermentation, tantôt sourde, tantôt ouverte, qui existe dans la presque totalité des paroisses desservies par les prêtres assermentés. On conçoit aisément qu'une multitude d'individus qui se croient obligés, par leur conscience, d'aller au loin chercher les secours spirituels qui leur conviennent, doivent voir avec aversion, lorsqu'ils rentrent chez eux, excédés de fatigue, les cinq ou six personnes qui trouvent à portée le prêtre de leur choix. Ils considèrent avec envie et traitent avec dureté, souvent même avec violence, des hommes qui leur paraissent avoir un privilège exclusif en matière de religion. La comparaison qu'ils font entre la facilité qu'ils avaient autrefois de trouver à côté d'eux des prêtres qui avaient leur confiance, et l'embarras, la fatigue et la perte de temps qu'occasionnent ces courses répétées, diminue beaucoup leur attachement pour la Constitution à qui ils attribuent tous ces désagréments de leur situation nouvelle.

« C'est à cette cause générale, plus active peut-être en ce moment que la provocation secrète des prêtres non assermentés, que nous croyons devoir attribuer, surtout, l'état de discorde intérieure où nous avons trouvé la plus grande partie des paroisses du département desservies par les prêtres assermentés. »

Les deux députés s'étonnent que l'exercice de la liberté d'opinion religieuse ne soit pas admis pour ramener la tranquillité publique : « On sera surpris, sans doute, que les prêtres non assermentés, qui demeurent dans leurs anciennes paroisses, ne profitent pas de la liberté que leur donne la loi d'aller dire la messe dans l'église desservie par le nouveau curé, et ne s'empressent pas, en usant de cette faculté, d'épargner à leurs anciens paroissiens, à des hommes qui leur sont restés attachés, la perte de temps et les embarras de ces courses nombreuses et forcées. Pour expliquer cette conduite en apparence si extraordinaire, il importe de se rappeler qu'une des choses qui ont été le plus fortement recommandées aux prêtres non assermentés par les hommes habiles qui ont dirigé cette grande entreprise de religion, est de s'abstenir de toute communication avec les prêtres qu'ils appellent intrus et usurpateurs, de peur que le peuple, qui n'est frappé que des signes sensibles, ne s'habituât enfin à ne voir aucune différence entre des prêtres qui feraient, dans la même église, l'exercice du même culte. »

Cette scission sur fond religieux a été de surcroît exacerbée par l'utilisation de mots caricaturaux utilisés pour désigner chaque camp : d'un côté les « aristocrates », de l'autre les « patriotes » : « Malheureusement, cette division religieuse a produit une séparation politique entre les citoyens ; et cette séparation se fortifie encore par la dénomination attribuée à chacun des deux partis. Le très petit nombre de personnes qui vont dans l'église des prêtres assermentés s'appellent et sont appelés patriotes. Ceux qui vont dans l'église des prêtres non assermentés sont appelés et s'appellent aristocrates. Ainsi, pour ces pauvres habitants des campagnes, l'amour ou la haine de la Patrie consiste aujourd'hui non point à obéir aux lois, à respecter les autorités légitimes, mais à aller ou ne pas aller à la messe du prêtre assermenté. La séduction, l'ignorance et le préjugé ont jeté à cet égard de si profondes racines que nous avons eu beaucoup de peine à leur faire entendre que la Constitution politique de l'État n'était point la Constitution civile du clergé ; que la loi ne tyrannisait point les consciences, que chacun était maître d'aller à la messe qui lui convenait davantage et vers le prêtre qui avait le plus sa confiance ; qu'ils étaient tous égaux aux yeux de la loi, et qu'elle ne leur imposait à cet égard d'autre obligation que de vivre en paix et de supporter mutuellement la différence de leurs opinions religieuses. Nous n'avons rien négligé pour effacer de l'esprit et faire disparaître des discours du peuple des campagnes cette absurde dénomination ; et nous nous en sommes occupés avec d'autant plus d'activité qu'il nous était aisé de calculer, à cette époque, toutes les conséquences d'une telle démarcation dans un département où ces prétendus aristocrates forment plus des deux tiers de la population. »

Les deux commissaires ont étendu leur mission au département des Deux-Sèvres : « Arrivés à Châtillon, nous fîmes rassembler les cinquante-six municipalités dont ce district est composé ; elles furent successivement appelées dans la salle du directoire. Nous consultâmes chacune d'elles sur l'état de sa paroisse. » Et les commissaires de constater qu'il aurait été facile de ramener la paix publique, tant les demandes ne semblaient pas exorbitantes. Les paysans voulaient tout simplement le retour de leurs prêtres : « Toutes ces municipalités énonçaient le même vœu ; celles dont les curés avaient été remplacés nous demandaient le retour de ces prêtres ; celles dont les curés non assermentés étaient encore en fonction nous demandaient de les conserver. Il est encore un autre point sur lequel tous ces habitants des campagnes se réunissaient, c'est la liberté des opinions religieuses qu'on leur avait, disaient-ils, accordée et dont ils désiraient jouir.

« Le même jour et le jour suivant, les campagnes voisines nous envoyèrent de nombreuses députations de leurs habitants pour nous réitérer la même prière. Nous ne sollicitons d'autres grâces, nous disaient-ils unanimement, que d'avoir des prêtres en qui nous ayons confiance. Plusieurs d'entre eux attachaient même un si grand prix à cette faveur qu'ils nous assuraient qu'ils paieraient volontiers, pour l'obtenir, le double de leurs impositions. »

Comme en Vendée, « la très grande majorité des fonctionnaires publics ecclésiastiques de ce district n'a pas prêté serment ; et tandis que leurs églises suffisent à peine à l'affluence des citoyens, les églises des prêtres assermentés sont presque désertes [...]. Là comme ailleurs, nous avons trouvé la dénomination de *patriote* et d'*aristocrate* complètement établie parmi le peuple, dans le même sens, et peut-être d'une manière plus générale. La disposition des esprits en faveur des prêtres non assermentés nous a paru encore plus prononcée que dans le département de la Vendée. L'attachement qu'on a pour eux, la confiance qu'on leur a vouée, ont tous les caractères du sentiment le plus vif et le plus profond. Dans quelques-unes de ces paroisses, des prêtres assermentés ou des citoyens attachés à ces prêtres avaient été exposés à des menaces et à des insultes ; et quoique là, comme ailleurs, ces violences nous aient paru quelquefois exagérées, nous nous sommes assurés (et le simple exposé de la disposition des esprits suffit pour s'en convaincre) que la plupart des plaintes étaient fondées sur des faits bien constants ».

Gensonné et Gallois ont conscience que leur constat pose problème, car il ne s'inscrit pas dans une pensée jacobine qui prend de plus en plus de poids. Ils prennent donc les devants pour ne pas encourir les foudres des radicaux : « En même temps que nous recommandions aux juges et aux administrateurs la plus grande vigilance sur cet objet, nous ne négligions rien de ce qui pouvait inspirer au peuple des idées et des sentiments plus conformes au respect de la loi et aux droits de la liberté individuelle. » Mais ils ont quand même le courage de présenter les « fanatiques » sous un jour inhabituel à l'Assemblée nationale : « Nous devons vous dire, Messieurs, que ces mêmes hommes qu'on nous avait peints comme des furieux, sourds à toute espèce de raison, nous ont quittés l'âme remplie de paix et de bonheur lorsque nous leur avons fait entendre qu'il était dans les principes de la Constitution nouvelle de respecter la liberté de conscience. Ils étaient pénétrés de repentir et d'affliction pour les fautes que quelques-uns d'entre eux avaient pu commettre. Ils nous ont promis avec attendrissement de suivre les conseils que nous leur donnions, de vivre en paix, malgré la différence des opinions religieuses, et de respecter le fonctionnaire public établi par loi. On les entendait, en s'en allant, se féliciter de nous avoir vus, se répéter les uns aux autres tout ce que nous leur avions dit, et se fortifier mutuellement dans leurs résolutions de paix et de bonne intelligence. Le jour même, on vint nous annoncer que plusieurs de ces habitants des campagnes, de retour chez eux, avaient affiché des placards par lesquels ils déclaraient que chacun d'eux s'engageait à dénoncer et à faire arrêter la première personne qui nuirait à une autre, et surtout au prêtre assermenté. »

Et les prétendus « furieux », en bons contribuables, paient même leurs impôts ! « Nous devons vous faire remarquer que dans ce même district, troublé depuis longtemps par la différence des opinions religieuses, les impositions arriérées de 1789 et 1790, se montant à plus de sept cent mille livres, ont été presque entièrement payées ; nous en avons acquis la preuve au directoire du district. »

Gensonné et Gallois prennent même sur eux de suspendre l'exécution d'un arrêté du directoire local contre les prêtres réfractaires : « Après avoir observé avec soin l'état des esprits et la situation des choses, nous pensâmes que l'arrêté du directoire ne devait pas être mis à exécution ; et les commissaires du département, ainsi que les administrateurs du directoire de Châtillon, furent du même avis.

« Mettant à l'écart tous les motifs de détermination que nous pouvions tirer et des choses et des personnes, nous avions examiné si la mesure adoptée par le directoire était d'abord juste de sa nature ; ensuite, si elle serait efficace dans l'exécution.

« Nous crûmes que des prêtres qui ont été remplacés ne peuvent pas être considérés comme étant en état de révolte contre la loi parce qu'ils continuent à demeurer dans le lieu de leurs anciennes fonctions ; surtout lorsque, parmi ces prêtres, il en est qui, de notoriété publique, se bornent à vivre en hommes charitables et paisibles, loin de toute discussion publique et privée. Nous crûmes que, aux yeux de la loi, on ne peut être en état de révolte qu'en s'y mettant soi-même par des faits précis, certains et constatés ; nous crûmes enfin que les actes de provocation contre les lois relatives au clergé et contre toutes les lois du royaume devaient, ainsi que tous les autres délits, être punis par les formes légales.

« Examinant ensuite l'efficacité de cette mesure, nous vîmes que, si les fidèles n'ont pas de confiance dans le prêtre assermenté, ce n'est pas un moyen de leur en inspirer davantage que d'éloigner, de cette manière, les prêtres de leur choix. Nous vîmes que, dans des districts où la très grande majorité des prêtres non assermentés continuent l'exercice de leurs fonctions, d'après la permission de la loi, jusqu'à l'époque du remplacement, ce ne serait pas certainement, dans un tel système de répression, diminuer le mal que d'éloigner un si petit nombre d'individus, lorsqu'on est obligé d'en laisser dans les mêmes lieux un très grand nombre dont les opinions sont les mêmes.

« Voilà, Messieurs, quelques-unes des idées qui ont dirigé notre conduite dans cette circonstance, indépendamment de toutes les raisons de localités qui seules auraient pu nous obliger à suivre cette marche. Telle était en effet la disposition des esprits, que l'exécution de cet arrêté fut infailliblement devenue, dans ces lieux, le signal d'une guerre civile [...].

« Tel est, Messieurs, le résultat général des détails que nous avons recueillis et des observations que nous avons faites dans le cours de la mission qui nous a été confiée. La plus douce récompense de nos travaux serait de vous avoir facilité les moyens d'établir sur des bases solides la tranquillité de ces départements et d'avoir répondu, par l'activité de notre zèle, à la confiance dont nous avons été honorés. »

Les deux commissaires terminent leur rapport sous les plus vifs applaudissements des députés. Certains d'entre eux demandent l'ouverture d'un débat sur les questions religieuses, mais décision est prise d'attendre la publication du rapport. Ce n'est finalement que le 21 octobre que la discussion sur les troubles intérieurs, à partir du rapport de Gallois et Gensonné, va pouvoir commencer.

Précisons que, s'ils affectent surtout l'Ouest, les troubles touchent également les départements du Nord et du Pas-de-Calais, le cœur du Massif central, mais aussi les régions septentrionales des Flandres, de l'Artois et du Hainaut, le nord de la Lorraine jusqu'au sud de la Franche-Comté, et quelques îlots dans les Pyrénées, le Roussillon et le Pays basque. La France est bel et bien coupée en deux, avec une proportion de réfractaires qui avoisine les 50 %.

Le rapport Gallois et Gensonné aurait dû entraîner un changement d'attitude du pouvoir central pour ramener la paix publique. Mais, depuis l'intervention des commissaires, de nombreuses pétitions rédigées par les clubs, très hostiles à l'esprit du rapport des deux commissaires, sont parvenues à l'Assemblée. Une fois de plus, la « machinerie » s'est mise à fonctionner à plein régime. Par un effet mécanique déjà bien rodé, la discussion à l'Assemblée s'annonce particulièrement houleuse et difficile. Il a été décidé d'entendre alternativement les orateurs des partis opposés : d'abord les partisans d'une loi rigoureuse, puis les adversaires de celle-ci, enfin ceux qui souhaitent simplement donner un avis.

Mosneron, de Nantes, se montre relativement modéré en faisant une distinction entre l'opinion religieuse et le délit, la première étant placée sous la protection de la loi. Il s'attaque seulement au « prêtre factieux » et propose d'extirper la racine du mal en créant des écoles primaires et, en attendant, d'envoyer dans tous les départements un catéchisme de morale et de politique. Mais le bourgeois nantais ne peut s'empêcher de laisser percer son mépris envers les ruraux : « Les campagnes éloignées de la capitale, tout en jouissant des effets de la liberté, sont encore plongées dans la barbarie de la hiérarchie féodale... »

Son collègue nantais Coustard du Macy dévoile tout de suite sa haine des prêtres réfractaires : « Nos campagnes sont fanatisées ; des prêtres déguisés dans les départements conduisent des processions nocturnes et font faire, à des malheureux séduits, des prières au Ciel pour le retour de l'Ancien Régime. Les ténèbres de la nuit, le sombre des forêts ajoutent aux prestiges de la superstition. » Il propose à l'Assemblée de reprendre les mesures prises en Loire-Inférieure quelques mois plus tôt, c'est-à-dire de réunir les prêtres non assermentés dans le chef-lieu de leur département, et conclut par un définitif : « Il faut que les mauvais citoyens soient enchaînés. »

Il est aussitôt contré par un « Laissons les prêtres en paix ! » venant du banc des modérés. Les discours prônant la tolérance vont ainsi alterner avec ceux qui réclament des mesures radicales. Un certain Jean Duval, député de la Manche, prétextant l'urgence d'enrayer le fanatisme, va jusqu'à proposer le port d'une sorte d'« étoile jaune » aux prêtres qui refuseraient de faire une déclaration sur leur attachement à la Constitution. Les réfractaires, on l'a vu, devraient ainsi porter un écriteau sur leur vêtement stipulant : *Prêtre suspect de sédition* : « L'écriteau serait en grosses lettres et d'une couleur autre que celle de l'habit. Quiconque refuserait de porter cette marque flétrissante serait interné au chef-lieu du département. En outre, tout prêtre qui troublerait la paix publique aurait à opter entre l'exil hors du royaume et la prison. »

Quelques discours plus tard, le député Gensonné lance un nouvel appel à la tolérance, annulé par les pétitions des clubs et des autorités départementales, de plus en plus hostiles à toute idée de modération.

Le 6 novembre 1791, Joseph Delaunay, député du Maine-et-Loire, monte à la tribune et, brandissant une lettre du directoire de son département, va jeter de l'huile sur le feu en en déformant profondément le contenu : en transformant processions et pèlerinages en soulèvements armés, en annonçant faussement que le curé de Jallais venait d'être lâchement assassiné, ce qui provoqua des mouvements d'indignation. Derrière lui, un député de la Vendée surenchérit, puis ce fut au tour d'un député du Nord et de l'anticlérical Isnard d'enflammer les rangs de l'Assemblée. « Il est temps, dit celui-ci, que l'orgueil de l'encensoir, comme l'orgueil du diadème, s'abaisse devant le sceptre de la souveraineté du peuple ! » Un autre fait le lien entre Coblence et les prêtres réfractaires. Après quelques déclarations du même tonneau, l'Assemblée réclame un projet définitif sur le sort des prêtres dans les trois jours qui suivent.

Mais les députés doivent s'occuper d'un autre sujet urgent et sensible avant de reprendre la question des prêtres réfractaires : celui des émigrés. Le 9 novembre, le décret sur les émigrés est adopté : les Français rassemblés hors des frontières sont déclarés suspects de conjuration contre la patrie ; s'ils ne sont pas rentrés avant le 1er janvier 1792, leurs biens seront confisqués et ils seront passibles de la peine de mort.

À partir du 11 novembre, l'Assemblée est de nouveau agitée par les nouvelles venues de province sur des troubles imputés aux prêtres réfractaires. Et c'est à partir du 14 qu'elle entame l'examen des quatre projets de décrets contre les prêtres non assermentés. Isnard met une nouvelle fois l'Assemblée en émoi par un brutal : « Je regarde les prêtres perturbateurs comme des pestiférés qu'il faut renvoyer dans les lazarets d'Espagne et d'Italie », provoquant à la fois applaudissements et réprobation. L'évêque constitutionnel de Rennes qualifie son intervention d'« infâme diatribe ». La discussion est ajournée.

Les efforts des modérés sont constamment annihilés par les demandes radicales venant de province. Finalement, le 29 novembre, un décret contre les prêtres non assermentés est adopté. La liberté du culte est officiellement abolie. Pour exercer le culte, les prêtres doivent prêter serment. Les prêtres qui refuseront seront livrés à la suspicion générale. Le décret est immédiatement présenté à la sanction du roi.

Coup de tonnerre à Paris : dix membres sur onze du directoire lancent une *Adresse au roi* l'appelant à refuser sa sanction. Très surprenante est la présence parmi les signataires de Talleyrand, qui avait proposé la nationalisation des biens du clergé et approuvé la Constitution civile du clergé. Les dix ont conscience qu'il faut à tout prix arrêter la mécanique infernale qu'ils ont contribuée à mettre en branle.

Tout naturellement, leur *Adresse* suscite de très violentes réactions des jacobins, Robespierre en tête. Un texte de protestation est envoyé dans tous les clubs jacobins de province. Le 19 décembre, le décret revient à l'Assemblée, non sanctionné. Les jacobins fulminent. Goupilleau, député de la Vendée, dénonce l'*Adresse au roi*, mais vante l'attitude du département de Loire-Inférieure qui, sous la pression des clubs, a pris, le 9 décembre, un arrêté provisoire enjoignant aux ecclésiastiques ayant refusé de prêter serment de fixer, dans un délai de huit jours, leur résidence au chef-lieu du département ; les prêtres doivent se présenter chaque jour à midi dans un des bureaux du directoire pour faire constater leur présence et s'inscrire sur un registre ; enfin, ceux d'entre eux qui, par leur discours, leur conduite ou leur simple présence, auront inspiré la désobéissance aux lois, seront aussitôt arrêtés. Vifs applaudissements sur les bancs des députés à l'annonce de cette décision illégale, faute de sanction du roi.

IX

Le front du refus des paroisses de galerne

Les paroissiens de Maumusson comme ceux des bourgs voisins sont de plus en plus excédés par les attaques fomentées contre leurs prêtres par le département de Loire-Inférieure et exécutées par le district d'Ancenis. Depuis un an, les menaces des bourgeois patriotes d'Ancenis et de Nantes contre leur curé, Bouvier, et son vicaire, l'abbé Souffrant, se sont faites de plus en plus précises. Comme presque tous les ecclésiastiques du pays d'Ancenis, les pasteurs de Maumusson ont en effet refusé de prêter serment à la Constitution. Ce refus a conduit, le 27 mars 1791, le district d'Ancenis à destituer et à remplacer Bouvier par un prêtre assermenté du pays de Retz. Mais, comme ce dernier n'a pas osé se présenter à la cure de Maumusson, Yves Bouvier, protégé par tous ses paroissiens, est resté en place et n'a pas répondu à l'injonction de se rendre à Nantes, où, comme ses collègues, il aurait été emprisonné dans le château de la duchesse Anne.

Fin 1791, début 1792, avec l'arrêté pris par le département de Loire-Inférieure, la menace s'est rapprochée de Maumusson. Le directoire du district d'Ancenis a en effet décidé d'installer les curés constitutionnels par la force dans les communes voisines. L'arrivée de dragons déclenche ainsi une révolte des habitants de Vritz, à une quinzaine de kilomètres de Maumusson.

Le 3 janvier 1792, Esnard, officier municipal de Candé, écrit une lettre au département de Loire-Inférieure et au district d'Ancenis pour dénoncer le curé et le vicaire de Belligné (distant de huit kilomètres de Maumusson), signalant que ceux-ci « redoublent d'efforts pour égarer les citoyens simples ». Il affirme que, le 1er janvier précédent, « ces deux prêtres rebelles, après s'être déchaînés contre les prêtres constitutionnels, disent – le vicaire à la première messe, le curé à la grand-messe –, que tous ceux qui assistaient à la messe de ces prêtres constitutionnels péchaient. » Et la lettre de poursuivre : « Ces propos incendiaires sont, dit-on, l'effet d'une coalition formée entre eux pour prêcher hautement contre la Constitution et tâcher d'allumer le feu de la guerre civile dans l'intérieur [...]. La municipalité de Belligné, composée de gens égarés et du parti des prêtres rebelles, est bien éloignée de constater, conformément à la loi, le délit de ces monstres. *Il* faut donc que les vrais citoyens suppléent à l'inaction volontaire de ces gens trompés par nos ennemis [...]. Je vous prie, Monsieur, au nom de la Loi et du Bien public, d'employer votre ministère contre ces monstres qui ont projeté notre perte[1]... »

Cette dénonciation déclenche immédiatement la mobilisation de la force publique. Le 9 janvier, Ancenis

1. ADLA, L 677.

charge deux gendarmes nationaux de conduire les deux prêtres de Belligné jusqu'à Nantes[1]. Les gendarmes, assistés de vingt gardes nationaux de Varades, saisissent Bourdais et le vicaire Benoist, un ecclésiastique d'Ancenis réfugié, mais Aubert, vicaire de Belligné, réussit à leur échapper en escaladant le mur de la cure. La maréchaussée achemine les prisonniers à l'hôtel Pigeon d'Ancenis, puis à Nantes.

Les habitants de Belligné ne sont pas contents du tout et le crient haut et fort. Pour récupérer leur curé, les 14 et 25 janvier, le conseil général et les citoyens actifs adressent même deux pétitions au district d'Ancenis. Sans succès. Le 4 mars suivant, le dénonciateur de Candé envoie une nouvelle missive contre les prêtres de Belligné en s'appuyant sur quinze témoignages accablants, censés apporter de nouveaux faits. Il donne également des nouvelles du vicaire Aubert, celui qui a échappé à la maréchaussée : celui-ci erre le jour dans la paroisse et se retire la nuit dans la mine de Montrelais sous la protection des mineurs.

Il est intéressant de souligner ici et de retenir l'attitude des mineurs pour comprendre ce qui est en train de se nouer. Le pays d'Ancenis présente cette particularité d'abriter à la fois une industrie minière vigoureuse et moderne, et une économie agricole peu tournée sur l'extérieur, toujours regroupée autour de ses prêtres. L'arrivée d'entrepreneurs étrangers a soulevé de vives oppositions dans certains milieux traditionnels. Mais la Compagnie de Montrelais a dynamisé ces campagnes en fournissant beaucoup d'emplois. Au début de la Révolu-

1. ADLA, L 278.

tion, ceux-ci sont de 600 à 700. Les gens de la mine gagnent peu et n'hésitent pas à faire grève quand les conditions de travail deviennent trop pénibles et les salaires trop faibles. Ils n'ont pas peur de braver l'ordre établi, la direction de la compagnie comme la force armée, voire les gabelous. La mine est en effet située près de l'Anjou, où le sel est beaucoup plus cher qu'en Bretagne. Une intense contrebande de sel a cours dans les paroisses voisines. Des mineurs y arrondissent leurs fins de mois avec le faux-saunage, et tous sont prêts à cacher les faux-sauniers dans les mines pour leur permettre d'échapper aux gabelous. Les mineurs se rangent toujours du côté de ceux qui sont tracassés par les représentants de l'ordre ; ils ont mauvaise réputation, parce que toujours prêts à se révolter. Depuis le début de la Révolution, les mines sont d'ailleurs en perpétuelle effervescence. Fin 1790, les mineurs se sont soulevés contre les bourgeois citadins, accusés de vouloir affamer les campagnes. Leurs femmes, on l'a vu, se sont révoltées contre l'installation du curé constitutionnel. Elles se tiennent derrière le vicaire réfractaire de Montrelais, qui prêche clandestinement dans les mines. Constatant cette situation, les notables patriotes du pays d'Ancenis, dès le printemps 1791, classent les mineurs dans le camp des ennemis de la Révolution. Non seulement ceux-ci n'accepteront jamais le curé constitutionnel l'« intrus » qu'on a voulu leur imposer, mais, au début de 1792, ils se mêlent de cacher le vicaire Aubert[1]...

La nouvelle de l'arrestation du curé de Belligné a aussitôt été connue à Maumusson. Dès le lendemain, Jeanne

1. Didier Daniel, *La Bataille du charbon en pays d'Ancenis, op. cit.*

Defermon des Chapellières, très proche des prêtres locaux, écrit en effet à sa sœur Cillette : « Toutes nos joies sont troublées, ma chère Cillette, par l'inquiétude que ressentent les bergers du hameau. Celui de Belligné fut pris dans son gîte, lundi, à la pointe du jour, avec M. Benoit qui s'y était réfugié depuis quelque temps. Son second [l'abbé Aubert] escalada les murailles et mit en défaut les trente-quatre bravaux [sic] gardes nationaux qui étaient venus pour le saisir avec une aussi bonne volonté pour lui que pour les deux autres. Ils la manifestèrent en le cherchant jusque dans la s... [sacristie ?]. Ces bravaux nationaux de Varades étaient escortés de leur gendarmerie et de celle d'Ancenis. Ils ont aussitôt conduit leurs prises à Nantes. Tu juges comme chacun craint. » Et d'exposer les mesures prises d'emblée par les prêtres de Maumusson : « Le petit Yves [il s'agit d'Yves Bouvier, curé de Maumusson] en a délogé. Il coucha la première nuit dans la petite chapelle D. L. que tu connais bien [probablement la chapelle Saint-Michel-des-Chapellières], mais cela fut su dès le lendemain et jusqu'à Belligné, si bien qu'il n'y retourna pas. Il n'est aucune de ses brebis qui ne le désire. On dit qu'il n'a rien à craindre, qu'il n'y a que les voisins de Varades, parce qu'ils reçoivent dans leur église les brebis de celle de Belligné et en grand nombre [1]. » Bouvier et Souffrant ne risquent pas, en effet, d'être dénoncés par les gens de Maumusson, qui tous – ou presque – sont prêts à se faire tuer pour leurs prêtres, issus tous deux de familles très modestes de la région.

La question religieuse continue à provoquer des troubles dans de nombreux endroits du royaume. Les

1. ADLA, 2Mic100.

dénonciations des prêtres réfractaires à la tribune de l'Assemblée se font fréquentes, de plus en plus radicales. Inquiets, les législateurs décident, le 6 mars 1792, la création d'une commission de douze membres pour examiner les causes de ces troubles. Le député de Loire-Inférieure Français de Nantes, qui est, on l'a vu, très remonté contre les prêtres, en fait partie. Toute cette agitation ne laisse présager rien de bon.

Le 22 mars, le département de Loire-Inférieure ordonne à tous les prêtres réfractaires de quitter leurs paroisses sous huitaine et de se rendre au chef-lieu. Cette mesure va exaspérer encore un peu plus les Maumussonnais. Agitation, conciliabules à l'intérieur comme à l'extérieur du bourg pour réagir à ce qu'on considère comme une nouvelle et grave agression. Le dimanche 1er avril, après la messe en l'église Saint-Pierre, Mathurin Cornuaille, le maire, assisté de ses officiers municipaux, réunit une assemblée extraordinaire du conseil général pour réagir à l'arrêté [1]. Tout Maumusson est là, même ceux qui ne sont pas très pratiquants, voire qui nourrissent des penchants « patriotiques », comme Pierre Job, le notaire. Le compte rendu – pourtant policé – rédigé à l'issue de l'assemblée permet de se faire une idée de l'échauffement des esprits. L'arrêté a « jeté dans tous les esprits les plus grandes alarmes en ce qu'il ordonne aux curé et vicaire de cette paroisse de se rendre sous huitaine dans la ville de Nantes, probablement pour y rester comme étant dans la classe des non-assermentés ; l'extrême besoin de prêtres, dans tous temps et particulièrement dans celui-ci, fait succéder à ce premier sentiment des plaintes et des murmures, d'autant mieux que nos

1. ADLA, L 724.

dits prêtres, quoique non-assermentés, ne sont point remplacés ».

Les gens de Maumusson argumentent pour tenter de s'opposer à l'application de l'arrêté. Ils affirment que les reproches qui semblent avoir motivé l'arrêté du département ne peuvent assurément pas s'appliquer à leurs curé et vicaire, « parce que toujours soumis aux lois » dont « ils ont constamment prêché l'exécution au peuple ». Ils soulignent « l'attachement de tous les habitants de cette paroisse à la Religion catholique, apostolique et romaine », qui les conduirait à se tenir éloignés des offices célébrés par les prêtres assermentés au cas où le département maintiendrait son arrêté. « Il en résulterait que les fidèles seraient privés de secours spirituels, de la liberté du culte, ce qui serait évidemment contraire au Titre I des dispositions fondamentales garanties par la Constitution du 14 septembre dernier. » Et il est vrai que l'arrêté contesté à Maumusson et dans une bonne partie de la Loire-Inférieure est une grave atteinte à la liberté du culte. Il est également illégal en ce que le décret pris le 29 novembre précédent par la Législative n'a pas été sanctionné par le roi. « Il est donc incontestable, écrivent les représentant de la communauté de Maumusson, que cet arrêté du Département a été surpris à la prudence, la sagesse et l'équité de ce corps administratif, et que, s'il était exécuté dans toute sa rigueur, il troublerait la tranquillité publique, soulèverait les peuples, et, infailliblement, donnerait naissance au fléau le plus redoutable : la guerre civile. »

Près d'un an avant l'insurrection populaire des campagnes de l'Ouest provoquée par la loi sur la conscription, qui réclamera une levée en masse de 300 000 hommes pour défendre les frontières, et deux ans avant les débuts de la chouannerie, le risque d'une guerre civile est ainsi déjà perçu comme la conséquence directe des atteintes à la religion ancestrale des paysans.

« Considérant qu'il est du devoir de l'administration de prévenir les malheurs, de maintenir l'ordre et la liberté du culte religieux, avons unanimement arrêté et arrêtons : Que les présentes doléances et réclamations de notre communauté seront faites et adressées aux Corps administratifs du district et du département tendant à ce que nos dits Sieurs Curé et Vicaire actuels ne soient point déplacés. Et que, pour parvenir à cette fin, le sieur René Plouzin, Jean Thomas et Étienne Goubault, soussignés, se rendront sans délais près de ces deux Corps administratifs et assez promptement pour en avoir la décision avant toute autre démarche. »

Les députés de Maumusson se feront assister par deux hommes de loi de la ville de Nantes, qui, s'il le faut, rédigeront une requête distincte de la pétition, qui traduira « le vœu unanime de tous les habitants de cette paroisse ». Les vingt-deux noms apposés au bas de la pétition sont en effet parfaitement représentatifs des souhaits de cette paroisse très attachée à ses prêtres.

Le même jour – ce n'est sûrement pas l'effet du hasard –, le conseil général et les officiers municipaux de Belligné se réunissent à la Maison commune et font la même démarche qu'à Maumusson. Dans le même esprit, donc, les habitants de Belligné, après avoir souligné « qu'aucune paroisse n'a montré ni ne montre plus de soumission » qu'elle, affirment « que la publication de l'arrêté prit le 22 du mois de mars dernier [...] a jeté dans tous les esprits la plus grande consternation en ce qu'il ordonne aux Curé et Vicaire de cette paroisse de se rendre sous huitaine dans la ville de Nantes pour y demeurer ; que le besoin extrême de prêtres dans le saint temps de Pâques a fait succéder à ce premier sentiment des plaintes et des murmures d'autant mieux fondés que les prêtres de cette paroisse, quoique non assermentés, ne sont pas remplacés ». Lesdits prêtres, « de notoriété publique [...], ont constamment recommandé l'exécution des Lois ». Il est souligné que « l'attachement de tous les habitants à la religion catholique apostolique et romaine est tel qu'il les éloignerait toujours des offices célébrés par les prêtres assermentés ; d'où il résulterait nécessairement que les habitants seraient privés et des secours spirituels et de la liberté du culte formellement décrétée par l'Assemblée constituante ».

La pétition ne parle pas de « guerre civile », comme celle de Maumusson, mais « de trouble de la tranquillité publique » : « En privant tout à coup les habitants de leurs prêtres, surtout en ce temps où leur ministère est si précieux, [l'arrêté] troublerait la tranquillité publique qu'il est de son [l'administration centrale] devoir de maintenir, de même que la liberté du culte religieux accordée par la nouvelle Constitution[1]. »

Comme ceux de Maumusson, les paroissiens de Belligné désignent deux députés afin d'effectuer les démarches nécessaires à l'annulation de l'arrêté du 22 mars.

Les réactions à cet arrêté ne se limitent pas à Maumusson et à Belligné. Sous la houlette de Jean Bricaut, maire de La Chapelle-Saint-Sauveur-de-Montrelais, les paroisses

1. ADLA, L 677.

rurales de Saint-Herblon, Pouillé, Oudon, Bonneuvre, Pannecé et Saint-Mars-la-Jaille décident en effet d'entreprendre, le 7 avril, une requête commune afin de faire rapporter l'arrêté du 22 mars, de réclamer la paix et de faire observer la Constitution en son entier. La pétition est signée par plus de mille électeurs et est imprimée[1].

Deux mille citoyens nantais y souscrivent également.

Pendant ce temps, à Nantes, les patriotes s'échauffent. Les sociétés populaires organisent un pétitionnement pour que le département non seulement ne revienne pas sur son arrêté, mais en durcisse les termes. On revoit alors une nouvelle fois Joseph Fouché à la manœuvre. Un Fouché soutenu par des patriotes qui s'illustreront plus tard aux côtés du sanguinaire Carrier, comme Joly, Chaux, Goullin et Grandmaison. La pétition signée par Fouché et datée du 14 avril est on ne peut plus radicale. Elle impute aux prêtres réfractaires tous les maux qui affectent le pays : « Si les autorités constituées sont avilies, si elles sont outragées, méconnues, si les impôts ne sont pas payés, si la sûreté publique est à chaque instant compromise, c'est aux prêtres insermentés qu'on le doit ; c'est à l'exercice de leur culte, dont ils veulent faire, dont ils font un instrument de contre-révolution et de guerre civile en disant qu'il est différent. Le sage arrêté que vous aviez pris, messieurs, et que l'intérêt public sollicitait depuis longtemps, en ranimant la joie et les espérances des patriotes excite les murmures, les plaintes et les calomnies des ennemis publics qui sont leurs dupes... Que sont vos proclamations, celles de l'Assemblée natio-

1. Cf. Abbé Bourdeault, *Maumusson pendant la Révolution*, *op. cit.*

nale et du roi ? Que sont les bienfaits mêmes de la Révolution ? Tout disparaît devant les passions sacerdotales ; le confessionnal réfractaire à la loi souffle, jusqu'au fond des consciences, le poison destructeur de tout sentiment humain et civique. Continuez, messieurs, les bénédictions des bons vous consoleront des calomnies des méchants... Le pouvoir législatif vous donne son approbation tacite, l'opinion est fortement prononcée, et la volonté nationale sanctionne vos arrêtés pacificateurs[1]. »

Ce même 14 avril 1792, le département inclut favorablement cette adresse dans son procès-verbal du jour, puis demande au district d'Ancenis d'arrêter tous les prêtres réfractaires. Fort logiquement, huit jours plus tard, le département traite par le mépris la requête des neuf communes de galerne demandant de surseoir à l'exécution de l'arrêté du 22 mars. Il « arrête qu'il n'y a lieu à délibérer sur les pétitions des paroisses et ordonne au district d'Ancenis d'appliquer sans délai l'arrêté du 22 mars avec la force armée[2] ».

Avant même de connaître la réponse négative du département, les principaux acteurs locaux, conscients que les patriotes de Nantes risquaient fort de rejeter leur demande, se préparaient en secret à contrer par les armes l'arrivée des dragons qui viendraient chercher leurs prêtres réfractaires. Toujours sous l'impulsion de Jean Bricaut de La Chapelle-Saint-Sauveur, mais aussi de Hardy de Pouillé-lès-Coteaux, les paroisses de Belligné, Maumusson, Pouillé, Saint-Herblon, La Chapelle Saint-

1. Alfred Lallié, *Les Sociétés populaires à Nantes, op. cit.*
2. ADLA, L 663.

Sauveur et Montrelais passèrent un accord (appelé *concordat*) en vue de créer une milice de huit à neuf cents hommes armés pour repousser les forces susceptibles d'être envoyées par le district ou le département afin de saisir leur prêtres non assermentés[1].

Le district voisin de Châteaubriant est également très agité. Ses agents parlent d'une « fermentation presque générale ». Les rumeurs de mobilisation des campagnes parviennent jusqu'à Nantes. La municipalité du chef-lieu, qui craint l'irruption de 20 000 paysans pour enlever leurs prêtres détenus, ordonne que la cavalerie de la garde nationale procède chaque jour à des reconnaissances sur les routes d'Ancenis, de Vannes et de Clisson.

L'Assemblée législative s'inquiète de plus en plus de la montée de l'effervescence dans le royaume. Le 23 avril, Jean-Marie Roland, nouveau ministre de l'Intérieur, monte à la tribune pour lire un rapport sur ces troubles religieux. Il reconnaît qu'ils s'étendent à trente ou quarante départements qui se sont vus « forcés de prendre des arrêtés qui n'étaient ni prescrits, ni autorisés par la Constitution ». Mais, au nom de la paix publique, il se refuse à les faire se rétracter. Il émet toutefois des réserves vis-à-vis de l'arrêté du 22 mars pris par les administrateurs de Loire-Inférieure. Le ministre girondin a en effet reçu des réclamations émanant d'une vingtaine de communes de ce département et dit : « Il paraît que, dans ce département, presque tous les prêtres sont réfractaires ; que leur ascendant est considérable ; que la circonstance des Pâques peut l'avoir augmenté et que

1. Archives municipales de La Chapelle-Saint-Sauveur.

l'idée, dans ce moment, de demeurer sans prêtres, si ceux-là étaient enlevés, a effrayé les habitants[1]. » Après cette concession à la sagesse, Roland cite abondamment de nombreuses lettres en provenance de plusieurs départements, très hostiles quant à elles aux prêtres.

Trois jours après l'intervention de Roland, Français de Nantes présente le rapport de la commission des Douze. Il commence son intervention par une note rassurante en affirmant que l'effervescence ne concerne en fait que cinq ou six districts qui « offrent des scènes de dévastation dont le scandale est grossi par ceux qui se chargent du triste soin de les retracer ». Mais il retrouve ensuite les accents enflammés qu'il employait au Club des Jacobins de Nantes contre le clergé et l'Église catholique : « Qu'est-ce que c'est qu'une secte qui ne peut souffrir qu'elle-même ; qui, dans ses principes, damne tout ce qui ne pense pas comme elle, et regarde comme des démons tout ce qu'il existe de citoyens libres ? » Après une très longue tirade sur les maux causés par l'Église et son clergé, il décrit les résultats de leurs méfaits : « Les familles divisées, les municipalités insultées, les prêtres conformistes menacés et chassés : voilà leur ouvrage [...]. Nous en sommes arrivés au point où il faut que l'État soit écrasé par cette faction ou que cette faction soit écrasée par l'État. » Français de Nantes propose toute une série de mesures pour réprimer l'agitation dans les campagnes, et envisage la déportation des prêtres. Les députés lui font un triomphe et décident à l'unanimité d'imprimer son rapport.

1. Marie Bréguet, *L'Avant-guerre de Vendée, op. cit.*

Tandis que Français de Nantes enflamme l'Assemblée contre les prêtres réfractaires et propose des mesures liberticides, le pays d'Ancenis est en état de quasi-rébellion. Le 30 avril 1792, le procureur-syndic d'Ancenis explique ainsi aux membres du directoire la nécessité d'appliquer la récente loi sur les passeports [1] pour préserver la sûreté intérieure et extérieure de l'État [2]. Il fait en effet état de « brigandages et de meurtres qui se sont commis et se commettent dans plusieurs paroisses tant dans ce département que dans les districts voisins [...]. Le seul moyen d'y parvenir, poursuit-il, est d'établir dans chaque municipalité une ou plusieurs gardes de nuit capables de repousser les brigands qui se portent en troupe dans les campagnes et auxquels chaque maison ou chaque village ont peine à résister, étant dispersés et surpris au moment de l'attaque ».

Les mesures coercitives ne vont pas se limiter à l'application de la loi sur les passeports. Le district a en effet reçu la demande du département d'appliquer l'arrêté du 22 mars en recourant à la force armée. Le 2 mai, le district d'Ancenis prend donc un arrêté et décide d'envoyer douze dragons dans les paroisses révoltées. Le jour même, les pasteurs de Maumusson entrent en clandestinité. L'abbé Souffrant écrit dans le registre paroissial : « La persécution nous a mis en fuite le 2 mai 1792 pour la première fois, et nous sommes rentrés le 23 juin de la même année [3]. » Malgré les 600 livres allouées à l'arrestation des prêtres et la présence des douze dragons, les

1. La loi du 28 mars 1792 rétablit le contrôle des individus après une éphémère abolition, en raison des circonstances troublées.

2. ADLA, L 278.

3. Archives municipales de Maumusson.

réquisitions rencontrent bien peu de succès, en raison de l'hostilité des habitants.

Le 5 mai, le même procureur-syndic d'Ancenis évoque « les troubles religieux » qui subsistent et l'organisation des paroisses en vue de défendre leurs prêtres et d'empêcher qu'ils soient arrêtés [1]. « Le mal se propage de jour en jour [...], les projets d'arrêter les prêtres ont échoué. Les paroisses les plus agitées protègent leurs prêtres et en accueillent d'autres [...]. [Elles] ont des espions qui préviennent de tout rassemblement d'hommes armés. » Le procureur-syndic réclame des moyens financiers et suggère de les prélever sur les caisses du clergé. Le 6 mai, Ancenis demande à chaque commune de convoquer son conseil général et tous ses habitants pour appliquer la loi sur les passeports : « Mettez-leur sous les yeux ces considérations [...] et faites part des mesures que vous aurez prises à cet égard. » Mais il est aussi conscient de la dégradation de la situation sociale : « Le nombre de pauvres a considérablement augmenté à cause de la suppression des gabelles, de la disette de vin depuis trois ans et de la cessation de beaucoup de travaux. »

À l'Assemblée, la discussion sur le projet de décret de la commission des Douze contre les prêtres réfractaires a repris le 5 mai. Français de Nantes invite à la tempérance : « Il faut se dépouiller ici de toute passion, considérer avec froideur ces objets prétendus religieux qui ne peuvent enflammer que des imaginations malades ; mesurer, par la pensée, le mal dans toute son étendue, mais le resserrer dans ses justes bornes ; examiner ce que

1. ADLA, L 893.

la liberté peut tolérer et ce qu'elle doit défendre, peser ce que la justice exige et ce que l'humanité ordonne, mais surtout écouter ce que le salut de la patrie commande. » Après ce préambule, le député de Loire-Inférieure se lance dans une virulente diatribe contre l'Église : « L'Église, toujours ambitieuse et adroite, toujours forte des grands intérêts dont elle sait couvrir le sien, toujours puissante parce qu'elle promet et par ce dont elle menace, toujours active dans les souterrains mystérieux que sa politique a su lui ménager, a tenu plus ferme, et elle a continué de se conduire d'après ce système raisonné qu'on lui voit suivre depuis quinze siècles et dont les combinaisons ont toujours été d'attirer à elle le pouvoir et les richesses, dans les temps d'ignorance, sous le nom d'Église triomphante, et de se rattacher, dans les temps de lumières, les esprits faux et prévenus sous le nom d'Église persécutée. Ses pontifes ont fui, mais un grand nombre de ses ministres, au lieu de se rappeler qu'ils appartenaient à la Patrie, ont feint de se souvenir qu'ils appartenaient à Dieu, nom sous lequel on a commis toute sorte de crimes sur la terre... »

Et, comme il l'avait déjà fait à Nantes, Français tient à l'égard des habitants des campagnes des propos méprisants et insultants qui ne peuvent qu'aggraver les incompréhensions et attiser les haines. Il veut rendre au « peuple la paix domestique, ce bonheur que la nature a placé pour tous les hommes au sein de leur famille... Cette paix et ce bonheur se sont exilés des villages depuis le jour où le fanatisme y est entré. J'ai vu, dans les campagnes, les liens les plus sacrés rompus, les flambeaux d'hyménée ne jeter plus qu'une lueur pâle et sombre, ou changés en torches des furies ; le squelette hideux de la superstition s'asseoir jusque dans la couche nuptiale et se placer entre la nature et les époux ; le fils repoussé du sein de sa mère parce qu'il s'était consacré au service d'une autre mère non moins tendre, la Patrie ; les jeunes gens hésitant entre leur cour et la superstition, ne sachant plus sur quel autel faire bénir une union désirée, ni quel est le Dieu qui les appelle ou le Dieu qui les repousse ; l'agriculteur ne sillonner plus qu'avec effroi le champ abreuvé de ses sueurs, et n'y voir, au lieu de la Providence qui le couvre de moissons, que des démons qui les dévorent ; l'état civil des personnes, cette première propriété de l'homme civilisé, laissé à l'abandon ; les morts laissés sans sépulture, et le fanatisme descendre jusque dans les tombeaux pour en arracher les tristes dépouilles de l'homme, que l'homme ne voit qu'avec horreur ; enfin, j'ai vu le cours de la nature pour ainsi dire suspendu, une sorte de bouleversement opéré dans les facultés humaines depuis que le fanatisme a étendu sur les campagnes ses crêpes ensanglantés. Ô Rome ! es-tu contente ? »

Il estime à un vingt-cinquième de la population ceux qui restent fidèles au clergé non assermenté, soit « un million d'êtres, y compris les femmes, les enfants et les imbéciles par nature et les imbéciles par art ». Il voit dans ces dissidents la cause de tous les maux du pays. Le député de Loire-Inférieure termine par la lecture du projet de décret définitif. La discussion est ajournée jusqu'à l'impression et la distribution du texte.

Les débats vont s'étaler du 13 au 27 mai 1792. Après de très vifs échanges, et sous la pression des lettres et pétitions acheminées par les patriotes des clubs, les députés jacobins remportent une grande victoire sur les modérés. Le 27 mai, le décret adopté régularise les mesures prises par le département de Loire-Inférieure en mars, et les aggrave. Il suffira désormais d'une pétition de vingt citoyens actifs du même canton pour entraîner la déportation hors du royaume de tous les prêtres fonctionnaires qui ont refusé le serment et de tous les prêtres qui, n'étant pas fonctionnaires, ont refusé de prêter le serment civique. En cas de troubles, il suffira que la plainte soit signée d'un ou plusieurs citoyens. Tout prêtre qui ne se laisserait pas déporter ou qui rentrerait en France serait condamné à dix ans de prison. Le bourgeois nantais Français de Nantes a ainsi contribué activement à mettre le feu aux campagnes du pays d'Ancenis.

Le 5 juin, sous la pression des gardes nationaux et des clubs, 103 prêtres furent arrêtés, conduits à Nantes et emprisonnés au séminaire. Très peu provenaient du district d'Ancenis. Les paroisses étant prêtes à défendre leurs curés par la force, les mesures prises au début de mai étaient en effet restées lettres mortes, ainsi qu'en témoigne la lettre désespérée de Gabou, maire de Belligné, envoyée le 8 juin 1792 aux autorités d'Ancenis au lendemain de la Fête-Dieu au cours de laquelle les patriotes furent copieusement insultés par les « aristocrates[1] » : « Mon attachement à la Constitution m'a rendu bien du temps odieux à presque tous mes concitoyens ; mais leur haine est devenue à son comble depuis l'époque du mois de mars dernier où je refusai d'adopter et de souscrire le concordat passé entre les paroisses de Belligné, Maumusson, Pouillé, Saint-Herblon et La

1. ADLA, L 278.

Chapelle-Montrelais. Vous n'ignorez pas que l'objet de ce concordat était de réunir huit à neuf cents hommes armés de ces cinq paroisses pour repousser la force armée qui pourrait être envoyée par le District ou le Département pour saisir leurs prêtres non assermentés ; il n'est point de genre de persécutions qu'on ne me fasse journellement essuyer, on ne me laisse que l'alternative de périr ou d'embrasser leur système contre-révolutionnaire ; j'ai ci-devant essuyé des injures de toutes espèces ; hier, je fus assailli et maltraité par différents particuliers, nommément une voisine domestique chez Pierre Faucher, et par Armand Richard, domestique chez la Veuve Coureau, en Varades ; ils étaient accompagnés de trente à quarante personnes disposées à les seconder contre moi.

« Le même jour, le nommé Ravin, domestique à La Fontaine Chauvin en Belligné, armé d'un gros caillou et soutenu par la même troupe, obligea par ses menaces Pierre Taillandier, métayer à La Chevellerie, dans la même paroisse, à jurer sur sa part de paradis qu'il abandonnait le parti des démocrates pour embrasser celui des aristocrates. Ce vieillard, pour sauver ses jours, promit tout ce qu'on exigea de lui. Quelques particuliers ayant voulu me soustraire aux maltraitements dont j'étais menacé furent eux-mêmes assaillis et frappés : cette scène se passa dans notre bourg environ une heure après midi. Nous en voyons journellement de semblables dans notre paroisse ; si vous n'interposez pas votre autorité pour réprimer de semblables abus, la tranquillité et la vie des bons citoyens se trouveront journellement compromise. Je vous prie, messieurs, de nous faire rendre justice et veiller à notre sûreté personnelle [...].

« J'omettais de vous dire que mon fils fut, lors de la

même catastrophe, injurié, menacé et assailli de coups de bâton par différents de ces particuliers [...].

« P-S. – Je dois encore vous faire observer que la troupe de particuliers en question criait avec fureur : “À la guerre civile, à la guerre civile les plus forts seront les Maîtres !” »

Gabou n’attend pas la réponse et s’enfuit à Ancenis.

L’ambiance est devenue si contestataire que Douet, nommé par le directoire du district d’Ancenis pour assister la commune de Belligné, renonce, le 10 juin, à sa mission du fait des excès et de l’aversion des habitants pour le nouveau régime. Douet devait vérifier les registres de baptêmes, mariages et inhumations afin de savoir si la municipalité de Belligné se conformait bien à l’article 15 de l’arrêté du 22 mars, et si on avait procédé aux inventaires et recollements des registres et des ornements, vases sacrés et autres objets mobiliers dépendant de la fabrique [1] de paroisse [2].

La contestation régnant dans les paroisses de galerne ne se limite pas au plan religieux. Maumusson ne fait pas rentrer les impôts et refuse, tout comme Belligné, d’établir le rôle des contributions. Une première fois, l’huissier Tatin, pourtant accompagné de deux gendarmes, est agressé à son arrivée à Maumusson et perd ses papiers dans la bagarre. Quelques jours plus tard, un commissaire chargé d’établir le rôle des contributions renonce à sa tâche, craignant pour sa vie, tant sont graves et fréquentes les menaces à lui adressées par les paroissiens.

1. La fabrique ou conseil de fabrique est le groupe de clercs et/ou de laïcs qui administre les biens d’une paroisse.

2. ADLA, L 893.

Ancenis décide ensuite de renvoyer dans les deux paroisses Maître Tatin, mais, cette fois, escorté d'un peloton de cavalerie. Le 16 juin, Ancenis fait procéder à l'arrestation de sept personnes considérées comme les principales responsables des troubles survenus à Belligné lors de la procession de la Fête-Dieu.

Une nouvelle mesure va se révéler très impopulaire, difficile à mettre en œuvre, et va contribuer à échauffer les esprits des habitants des campagnes contre les bourgeois des villes. Le 25 juin, le district d'Ancenis décide en effet de désarmer les communes de Maumusson, Belligné, Saint-Herblon et La Chapelle-Saint-Sauveur « à cause de l'esprit de révolte qui y règne ». Pour réaliser cette délicate opération de récupération des armes, Ancenis fait appel aux gardes nationaux de Varades, ce qui ne peut qu'irriter un peu plus les habitants des paroisses du nord du district, liées par le concordat religieux. Les gardes nationaux sont en effet des patriotes citadins dirigées par Antoine Tourmeau, le très riche négociant en charbon, beau-frère de Julien Gaudin. L'implication de ces grands bourgeois nantais suscite irritation et colère chez les paysans.

L'ordre du district d'Ancenis d'arrêter les prêtres réfractaires est finalement exécuté le 7 juillet. Les églises et les cures sont abandonnées, leurs prêtres se réfugient dans les fermes et les bois, à l'abri des granges, des gerbiers, des huttes de charbonniers, des silos souterrains que la prévoyance des paysans a fait creuser çà et là dans la campagne [1]. Le curé Bouvier et Souffrant, son vicaire, entrent pour un bon bout de temps dans la clandestinité.

1. Abbé Bourdeault, *Maumusson pendant la Révolution, op. cit.*

X

Les prêtres dans le maquis

La chasse ouverte aux prêtres réfractaires ne laissait à ces derniers le choix qu'entre l'attente des gardes nationaux venus les arrêter et l'entrée en clandestinité. Ceux qui ont décidé de se cacher vont former la catégorie la plus nombreuse. Le 19 juillet 1792, ils font l'objet d'un nouvel arrêté du département de Loire-Inférieure, qui assimile les prêtres réfractaires aux émigrés et ordonne la saisie de leurs biens au profit de la nation. Les administrateurs nantais, furieux de l'attitude des campagnes, écrivent et affichent une proclamation, montrant une fois de plus qu'ils n'ont rien compris à la nature de l'attachement du monde rural à la religion de leurs ancêtres et à leurs pasteurs : « De quelles ruses ne s'est-on pas servi pour vous tromper ! Ces hommes mêmes qui ne vous parlaient qu'au nom du Ciel, ces vils agents des despotes subalternes qui s'enrichissaient de vos sueurs, ne songeaient qu'à la perte qu'ils avaient faite des biens restitués à la nation, et voulaient vous donner les mêmes inquiétudes pour ceux dont vous jouissez. » Comment les paroissiens de Maumusson pouvaient-ils entendre de tels propos alors qu'ils avaient livré, comme on l'a vu, une bataille féroce contre le comte de La Ferronnays, leur ancien seigneur ?

Le curé Bouvier, alors âgé de soixante-douze ans, aurait dû échapper aux mesures d'arrestation. Aux termes de la loi, il pouvait en effet demeurer tranquillement en France à condition de s'éloigner de Maumusson. Clandestin mais toujours dans ou autour de la commune, il demanda aux officiers municipaux un certificat de résidence pour éviter d'être considéré comme un émigré. Ses paroissiens, sans distinction d'opinion, le lui accordèrent de grand cœur, mais ce certificat n'empêcha pas le district et le département de l'inscrire sur la liste des émigrés et de confisquer ses biens.

Le 13 août 1792, la centaine de prêtres réfractaires emprisonnés à Nantes sont transférés au château. Durant le même mois, les arrestations continuent, et ceux qui ont réussi à éviter les forces de l'ordre, cachés en pays d'Ancenis, perdent leurs alliés et défenseurs au sein même de l'administration du district. Les trois membres catholiques qui avaient échappé aux purges y sont en effet destitués : deux sont arrêtés et conduits à Nantes, le troisième s'enfuit et se réfugie à Maumusson, sachant pertinemment que les patriotes ont très peur de s'y rendre.

À Paris, à l'initiative de Benoiston, député de Loire-Inférieure, l'Assemblée législative prend le 26 août une loi sur la déportation hors du territoire des prêtres réfractaires. Ceux-ci doivent dans les quinze jours solliciter un passeport pour le pays de leur choix, à défaut de quoi ils seront expédiés en Guyane.

Une quinzaine de jours plus tard, sous la pression d'une société populaire, le département décide d'appliquer la loi du 26 août : 97 prêtres sont exilés vers l'Espagne à bord de la *Télémaque*, de la *Marie-Catherine*, du *Bon Citoyen* et du *Saint-Géréon*. Si on y ajoute les prêtres qui se sont déjà expatriés vers l'Angleterre, on peut estimer qu'environ deux cents prêtres ont alors quitté la Loire-Inférieure.

Aucun lieu n'est plus désormais à l'abri des incursions des gardes nationaux, des gendarmes ou autres militaires. Même Maumusson qui fait tant peur aux patriotes. Avant même le retour de l'abbé François Defermon aux Chapellières – il ne se sent plus en sécurité chez l'une de ses sœurs à Redon (Ille-et-Vilaine) –, les Basses-Chapellières ont subi leur première perquisition. Jeannette en fait le récit à une de ses sœurs :

« Nous venons de recevoir nombreuse compagnie. MM. les dragons sont venus nous faire lever plus matin qu'à l'ordinaire. Ils croyaient l'abbé arrivé depuis deux jours. Et nous l'avons en effet attendu toute la semaine, car il s'annonçait avec la plus grande sécurité, d'après un décret de l'Assemblée nationale qui lui donnait la liberté de vivre avec nous. Cependant, il est à Redon et ils l'ont cherché en bons chercheurs. Ils n'ont pas manqué d'honnêteté vis-à-vis de nous ; le gendarme a même, à ma prière, eu celle d'entrer doucement dans la chambre de nos petites nièces que je craignais qu'ils n'eussent effrayées, mais il n'en a pas été de même en bas où nous n'avons pas cru devoir les suivre ; ils ont pris trois beaux mouchoirs de Cal à notre Marion, deux de poche tout neufs, une paire de bas, une autre à Mathurin Terrien,

15 sous dans sa poche, à nous quelques serviettes et bouteilles de notre bon vin. Mais nous nous tairions sur ce pillage sans Madame Terrien qui a le cœur bien gros de trois [illisible], d'autant de poules, de petites oisons tuées, un beau livre à sa fille et, par là-dessus, cinq échées de fil à coudre blanc et un simple, qui étaient dans notre jardin avec une grande natte neuve ; elle pense que vous ayant à Ancenis, vous ne refuserez pas de faire les démarches nécessaires pour la faire dédommager... »

Le recteur de Maumusson, qui s'estime trop vieux pour quitter sa paroisse, se cachera dans des maisons amies jusqu'à son exécution le 14 mars 1794. Presque toutes les ouailles font corps avec leurs bergers, mais ceux-ci s'abritent surtout chez René Plouzin, à la métairie de la Porte, aux Hautes et Basses-Chapellières, dans le hameau situé près du moulin de la Roche, chez Barbin, du bourg... Le curé y retrouve souvent l'abbé Souffrant, qui, dans les premiers mois de sa vie clandestine, se cache la plupart du temps dans un souterrain près des Rafraires-en-Belligné, ainsi que l'abbé François Defermon, finalement revenu à Maumusson où il s'estime moins exposé qu'à Redon. Tous se déplacent à travers prés au couchant. À ces trois prêtres se joignent souvent deux hommes qu'on appelle « abbés », mais qui ne sont que des anciens clercs tonsurés : l'« abbé » Joseph Cosneau, qui s'occupait de l'école de Maumusson, et l'« abbé » Jean Terrien, fils de Mathurin, le métayer des Defermon, revenu au pays après la fermeture du grand séminaire de Nantes pour cause de Révolution. Tous sont vêtus en paysans.

Les prêtres, mais surtout le vieux curé Bouvier, et Souffrant, son vicaire, bénéficient non seulement de l'hospitalité de quelques familles, mais sont également protégés par de véritables gardes du corps prêts à se faire trucider pour eux, qui les préviennent de tout mouvement anormal susceptible de mettre leur vie en danger. Près de quatre-vingts ans après les faits, les vieux habitants de Maumusson avaient encore conservé en mémoire les noms d'une douzaine de leurs ancêtres qui s'étaient ainsi dévoués pour leurs prêtres [1]. Citons parmi eux Verdure et Amérique, mais aussi Mathurin Dalaine, le répondant de messe, et Mathurin Terrien, des Basses-Chapellières.

L'absence de routes, les chemins creux, l'attachement des habitants de Maumusson à leurs pasteurs n'expliquent pas complètement pourquoi ce petit village ne s'est pas contenté de protéger ses prêtres, mais a également attiré et protégé de nombreux autres « hors-la-loi ». La réputation de l'abbé Souffrant a bientôt dépassé les limites du district d'Ancenis, non seulement du fait de son rayonnement et de son dynamisme personnels, mais en raison de son ascension dans la hiérarchie ecclésiastique. La Laurencie, l'ancien évêque de Nantes qui avait refusé de prêter serment, a, depuis son exil, fait de l'abbé Souffrant un vicaire général, avec tous les pouvoirs afférents à cette promotion parmi les prêtres non assermentés. Il faut dire que le vicaire de Maumusson n'était pas un inconnu pour son ancien évêque. Le modeste prêtre était en effet proche de l'abbé Lemarié, son ancien secrétaire particulier, qui disposait d'un bénéfice à Maumusson (La Noue), dont il s'occupait. Au fil du temps, les prêtres réfractaires de Belligné, le vicaire

1. *Vie et prophéties de M. Souffrant, op. cit.*

d'Anetz, ceux de Saint-Herblon, ceux de Vritz, de La Rouxière, de Pannecé, de Saint-Mars-la-Jaille, d'Angrie, de Freigné, de Meilleraye, de Petit-Mars et de la Chapelle-Basse-Mer se sont cachés plus ou moins longtemps à Maumusson pour écouter la bonne parole de leur supérieur hiérarchique et s'entretenir avec lui.

Si, à partir de juillet 1792, le curé Bouvier et son vicaire Souffrant ne célèbrent plus les offices en l'église Saint-Pierre, les paroissiens continuent néanmoins à s'y réunir pour prier, les jours de fête. Ils assistent en de grandes occasions à des messes célébrées à l'abri des regards étrangers, comme dans un pré des Basses-Chapellières, sur la Pierre d'autel, sorte de menhir couché qui servait déjà aux prêtres de Maumusson à dire la messe pendant l'épidémie de choléra de 1639.

Les registres des baptêmes, des mariages et des décès de cette période, reconstitués par l'abbé Souffrant et déposés à la mairie de Maumusson, permettent de se faire une idée des activités clandestines des deux prêtres. De ferme en ferme, de hameau en hameau, de maison en maison, à la tombée de la nuit, voire en pleine nuit, ils ont baptisé les nouveau-nés à domicile, marié les fiancés chez eux, administré l'extrême-onction aux mourants et béni les morts. Cette administration clandestine des sacrements n'a pas été réservée aux seuls paroissiens, mais aux fidèles des paroisses de Pannecé, de La Rouxière, de Belligné, de Freigné, de la Cornuaille, de Vritz, de Loiré, de Chalain-la-Potherie et de Combrée. Les registres nous montrent ainsi l'abbé Souffrant marier, le 7 novembre 1792, un couple de La Prévière ; le 17 janvier 1793, bénir l'union de Jean Orhon et Jeanne Pellerin, à propos de laquelle il note « l'impossibilité de faire la proclamation [des bans] à cause de la persécution », mais mentionne qu'« en vertu des pouvoirs à nous concédés par Monseigneur l'Évêque de Nantes », il peut se passer de cette publication des bans pour cause de Révolution. Le 21 janvier, Souffrant reprend la même formule, mais ajoute : « Vu aussi l'absence des prêtres de la paroisse occasionnée par ladite persécution. »

Pendant très longtemps, à Maumusson[1], on a gardé en mémoire de nombreuses anecdotes remontant à cette époque troublée. En 1984, y enquêtant pour écrire un récit intitulé *Les Chapellières*[2], j'y trouvai encore de vieilles personnes qui racontaient des bribes d'histoires ayant trait à la persécution religieuse. Dans la biographie de Souffrant écrite en 1872, on relève nombre de péripéties, probablement enjolivées, opposant les « mauvais républicains » aux paroissiens dévoués à leurs prêtres. Ainsi, après un long passage louant la famille Plouzin, de la Porte, qui, « par son dévouement, mérita le premier rang [...], sa maison et ses terres [étant] l'asile le plus ordinaire des prêtres persécutés », l'auteur évoque certains moments difficiles endurés par cette famille. Le récit verse alors dans le merveilleux en faisant intervenir la « providence de Dieu » : « Car les mauvais républicains soupçonnèrent bien vite les Plouzin d'être des "receleurs de prêtres", et ils ne leur épargnèrent ni les visites, ni les perquisitions, ni les mauvais traitements. Ils essayèrent même par deux fois de mettre le feu à la ferme et de tout réduire en cendres ; mais ils comptaient sans

1. Ma mère, qui n'a jamais habité Maumusson, me racontait, enfant, des histoires dans lesquelles Cœur de Lion tenait la vedette, et qui se déroulaient pour partie à Maumusson.
2. Pierre Péan, *Les Chapellières*, Albin Michel, 1987.

la Providence de Dieu qui veille sur les Siens et n'abandonne jamais les amis de Ses ministres. Les malfaiteurs avaient jeté un fagot enflammé sur une vieille poutre ; cette poutre servait d'autel, et les saintes reliques y étaient enchâssées : le fagot brûla seul et, en se consumant, ne causa aucun dommage. » Après avoir conté comment la mère Plouzin et ses trois filles échappèrent à la mort, l'auteur (prêtre) explique : « Du haut du Ciel, Dieu avait écouté les prières de Ses prêtres, et Il montrait une fois de plus qu'Il peut et sait garder et récompenser Ses serviteurs et Ses servantes : *Deducit ad inferos et reducit.* Trois fois la métairie de la Porte fut pillée, les portes enlevées, et tout vendu à l'encan ; mais Dieu veillait sur cette famille, de telle sorte qu'elle se trouva, après la Révolution, aussi riche qu'elle l'était avant cette terrible époque. »

Le procès-verbal d'un commissaire chargé de recruter dans les communes du district d'Ancenis des engagés volontaires pour défendre la Convention constitue un bon résumé – patriote – de l'esprit qui prévaut alors dans les paroisses de galerne rurale. La scène se passe le dimanche 20 janvier 1793 à Bonnœuvre (à 13 kilomètres de Maumusson). Gautrais (c'est le nom du commissaire) se présente au greffier de la municipalité pour lui demander de rassembler les officiers municipaux. Il lui est répondu d'attendre la fin de la messe. À l'issue de celle-ci, on entend battre le tambour. « Tout le monde prit la fuite et se rassembla dans l'église comme pour y entendre la messe, quoique cette paroisse se trouvât sans prêtre. À environ dix heures, on sonna les cloches pour rassembler le peuple à ce qu'on appelle office. Tout le monde s'étant réuni dans l'église, on fit une procession par le cimetière, la croix et la bannière levées ; au retour, on a commencé l'*Introït* de la messe et continué les chants ordinaires tels que le *Kyrie*, le *Gloria in excelsis*, le *Credo*. Ensuite, on a entonné les cantiques. Tout le monde a assisté à cette cérémonie avec beaucoup de piété et de zèle, sans promener ses regards ni à droite ni à gauche ; les uns disaient leur chapelet bien attentivement ; les autres lisaient avec l'activité la plus édifiante. J'ai même observé qu'à tous les autels, il y avait beaucoup de cierges allumés pendant toute la cérémonie qui, m'a-t-on dit, a lieu deux fois par jour, les dimanches et fêtes, et qui est suivie des vêpres l'après-midi [...]. Je me persuade que le chef des cérémonies est un prêtre déguisé et ce qui me donne lieu de le croire, c'est qu'un des chantres connaît parfaitement bien toutes les rubriques et toutes les notes. »

À propos des officiers municipaux qui lui ont vaguement promis de chercher des volontaires pour défendre la Convention, Gautrais note qu'« ils ne portent point la cocarde tricolore et m'ont paru égarés par le fanatisme [1] ». Ce ne sera pas la demande faite à la Convention, le 13 février 1793 par le département de Loire-Inférieure, de prononcer la peine de mort contre les prêtres non déportés, ainsi que les fers et la confiscation des biens contre ceux qui les cacheraient, qui pourra modifier en quoi que ce soit l'état d'esprit des masses rurales !

La mauvaise volonté permanente des campagnes afflige les autorités du district et du département. Pour y voir plus clair, les administrateurs du département de Loire-Inférieure ont décidé en novembre 1792 d'évaluer

1. Abbé Bourdeault, *Maumusson pendant la Révolution*, *op. cit.*

les poches de résistance et d'estimer pour la Convention le rapport de force existant entre « patriotisme » et « aristocratisme ». L'enquête révèle l'« aristocratisme » véhément de beaucoup de communes et l'impact négatif d'une fiscalité jugée abusive, la question fiscale étant à présent devenue aussi importante que la religieuse[1].

Fin 1792, le climat social dans le district d'Ancenis est en effet explosif. La question des subsistances et du pain semble devenue capitale[2]. Les attaques judiciaires et les mesures économiques des patriotes bourgeois à l'encontre de la Compagnie des mines de Montrelais l'ont fragilisée, ont affecté l'emploi et, par ricochet, engendré une plus grande misère dans les campagnes, déjà durement touchées par plusieurs mauvaises récoltes. Les ouvriers ont peur de perdre leur outil de travail et ressentent l'action des bourgeois comme une atteinte directe à leur identité. Dans ce contexte, le 3 octobre 1792, quelque 300 femmes empêchent des bateaux chargés de grains destinés au ravitaillement de Nantes d'appareiller et hurlent contre les « affameurs du peuple », prenant notamment à partie un commerçant d'Anetz. Les manifestantes sont soutenues par 600 mineurs de Montrelais. Le mouvement fait rapidement tache d'huile dans les paroisses voisines.

Inquiet, le district d'Ancenis envoie le commissaire civil Dufrexou et 290 gardes nationaux de Nantes pour mater la révolte. Dans son rapport, Dufrexou parle d'un climat d'« insurrection ouverte » sur l'ensemble du

1. Roger Dupuy, *De la Révolution à la Chouannerie, op. cit.*

2. Cf. Didier Daniel, *La Bataille du charbon en pays d'Ancenis, op. cit.*

canton. Onze personnes sont finalement arrêtées, parmi lesquelles Bricault, le maire de La Chapelle-Saint-Sauveur, considéré comme le « boutefeu » de cette agitation. On s'en souvient, Bricault avait été un des meneurs du concordat passé entre les paroisses de galerne. On retrouve ainsi une nouvelle fois l'association entre contestataires ruraux et travailleurs de la mine pour lutter contre les bourgeois patriotes, leurs mesures et leur enrichissement.

XI

Paysans et travailleurs de la mine se réunissent secrètement pour préparer un soulèvement contre le pouvoir [1]

Le 8 mars 1793, à la cantine de la Compagnie des mines de Montrelais, des représentants des paroisses de galerne qui avaient signé un concordat pour résister par la force aux tentatives d'arrestation de leurs prêtres rencontrent secrètement des travailleurs de la mine. Ils discutent des façons de mobiliser le maximum de gens dans le pays d'Ancenis et de « la manière de former la marche... pour aller à Ancenis [2] ».

Ancenis était le siège de l'administration, qui répercutait les décisions prises à Paris et à Nantes par ceux

1. Ce chapitre doit beaucoup à *La Bataille du charbon en pays d'Ancenis,* déjà cité, et à un article du groupe de recherches « Loire et Galerne » intitulé « Mars 1793 dans le district d'Ancenis : la grande levée des campagnes », publié dans le bulletin de l'ARRA, n° 92/7.

2. ADML, 1 L 747 bis, f° 200.

que paysans et mineurs abhorraient par-dessus tout : les bourgeois citadins qui avaient racheté les biens nationaux, s'étaient enrichis, dirigeaient les gardes nationaux et les persécutaient... Une étincelle suffisait à embraser le pays d'Ancenis tant le climat social y était explosif dans le milieu rural comme dans les mines. La publication des décrets de février 1793 sur la conscription fut cette étincelle.

Ce nouvel appel au peuple pour défendre les frontières ne pouvait que susciter la colère générale. Comment accepter de nouveaux sacrifices pour soutenir un pouvoir qui non seulement n'avait pas apporté le bonheur promis, mais était intervenu brutalement pour briser le culte des ancêtres, chasser les prêtres et imposer un nouveau mode de vie ? Un pouvoir qui méprisait le monde rural et l'avait appauvri, alors qu'il avait engraissé les bourgeois ?

Ce rejet violent ne va pas être l'œuvre d'un quelconque complot royaliste, comme on l'a dit à l'époque et redit en boucle depuis lors, même si, mécaniquement, s'opposer à la Convention revenait à regretter l'Ancien Régime, voire par souci d'efficacité, à faire appel à des royalistes pour accompagner, voire encadrer la révolte. Dans le pays d'Ancenis, l'aspect populaire du soulèvement est souligné par la présence en très grand nombre des travailleurs de la mine aux côtés des laboureurs, journaliers, artisans, mais aussi des prêtres réfractaires et de leurs défenseurs, qui avaient constitué, l'année précédente, un front du refus des paroisses de galerne. C'est cette alliance entre paysans et mineurs qui va se concrétiser par la rencontre secrète du 8 mars dans la cantine des mines de Montrelais, au cours de laquelle vont être planifiées les actions censées aboutir à la prise d'Ancenis, siège du district, symbole de tout ce qui est rejeté depuis bientôt deux ans par le petit peuple.

Avant même que les décisions prises à Paris y trouvent leur application concrète, les rumeurs les plus folles ont couru le pays d'Ancenis et agité les esprits. La Loire-Inférieure devait fournir 7 327 conscrits, chiffre duquel il fallait déduire les enrôlements antérieurs de marins et de volontaires. Les 4, 5 et 6 mars 1793, les administrateurs se réunissent à l'ancien couvent des cordeliers d'Ancenis pour prendre les mesures destinées à lever les 388 conscrits attendus du district d'Ancenis. Un commissaire est nommé pour chaque commune. Il devra réunir dès le 10 mars une commission chargée d'établir la « liste virile » et convoquer pour le 11 les citoyens, auxquels sera annoncé le nombre d'hommes que la commune devra réunir pour aller servir la République[1].

Le 7 mars, les administrateurs du district sont parfaitement conscients des difficultés qu'ils vont rencontrer pour dresser les « listes viriles » et opérer les tirages au sort. Ils écrivent à Nantes : « Nous appréhendons que le recrutement n'opère une crise dans notre ressort, la disposition des esprits semble l'annoncer. Les districts de Saint-Florent, de Cholet, sont, dit-on, en insurrection. »

Le 8, la réunion secrète de Montrelais a défini l'objectif local du soulèvement, qui consiste à marcher sur Ancenis, alors que, depuis plusieurs jours, quelques agitateurs, notamment de Maumusson, parcourent les paroisses de galerne « pour soulever les garçons ». Les

1. In *Loire et Galerne*, périodique de l'association d'historiens locaux ayant travaillé sur cette période.

« abbés » Jean Terrien et Joseph Cosneau se montrent les plus actifs[1]. En bordure de Loire, l'insurrection est surtout l'œuvre des mineurs qui s'agitent eux aussi depuis le début mars.

Le dimanche 10, les communes du « front du refus », toutes en révolte, suivent un scénario identique concocté à la cantine de Montrelais. Les révoltés, parmi lesquels, dans plusieurs paroisses, figurent quelques mineurs, récupèrent les armes confisquées l'année précédente et perturbent la tenue des assemblées où doivent se dérouler, le lendemain, les opérations de conscription. Ainsi l'« abbé » Jean Terrien, accompagné de Jean Pacory, son ami du grand séminaire de Nantes, de quelques grandes gueules et d'une foule de paysans, a-t-il foncé sur la mairie de La Rouxière, chef-lieu de canton, et interdit aux magistrats de dresser les listes de conscription. La foule se fait menaçante et scande des slogans antirépublicains. Ailleurs, des violences sont infligées aux curés jureurs et aux patriotes. À Belligné, à quelques kilomètres de là, les administrateurs sont menacés au cas où ils s'aviseraient de présenter le lendemain des « listes viriles » : « Celui qui mettrait la main à la plume, malheur à lui et qu'il n'en ferait jamais d'autres ! » Dans la matinée du même jour, l'« abbé » Cosneau, maître d'école de Maumusson, apparaît au Pâtis-Toreau, à Maumusson, à la tête d'une centaine d'hommes armés de fusils et de vouges : « C'est moi qui vous conduirai tous. Allons à Saint-Mars-la-Jaille écraser ces gueux-là[2]. » Les principaux heurts ont effectivement lieu dans la petite ville patriote toute

1. ADML, 1 L 1037 f°449.
2. ADLA, L 1504.

proche de Saint-Mars-la-Jaille. Le commissaire Mathurin Terrier – toujours le même ! – est rattrapé et sévèrement maltraité. Les insurgés ont eu envie de « jouer à la boule avec sa tête » et il s'en tirera « presque assassiné[1] ». Le même jour, Jean Pacory et Jean Terrien fomentent la révolte dans le canton de Moisdon, qui intéresse au plus haut point les deux hommes, le premier parce qu'il est d'Issé, le deuxième parce qu'il est très lié aux Terrien de Gatine-en-Issé qui travaillent sur le domaine des Defermon. Au soir de ce dimanche 10 mars, la situation échappe complètement aux administrateurs du district d'Ancenis[2].

Avant le lever du soleil, le lundi 11 mars, jour fixé pour le tirage au sort, le tocsin commence à sonner à Maumusson. Il se propage de clocher en clocher dans toutes les paroisses du concordat et contribue ainsi à la mise en condition des esprits. À Maumusson, laboureurs, valets, journaliers, fermiers délaissent leurs travaux, coiffent leur couvre-chef et prennent qui une faux, qui un bâton, qui un broc ou une pique, exceptionnellement un vieux fusil de chasse, pour aller jusqu'à l'église Saint-Pierre-et-Saint-Paul où ils retrouvent les frères Barbin, du bourg, le garçon meunier Pierre Dupré, l'« abbé » Joseph Cosneau et l'« abbé » Jean Terrien. La bande dépenaillée, chantant et rigolant, se dirige une nouvelle fois vers le chef-lieu de canton, La Rouxière. Ensuite, entraînant le maire et le juge de paix de cette localité, ils se dirigent tous sur Varades, distante d'une lieue et demie.

Ce même 11 mars, la révolte s'étend aux communes du bord de Loire et est largement l'affaire des jeunes

1. ADLA, Q 11.
2. ADLA, L 1504 e.

mineurs, qui se dirigent sur le bourg de Montrelais en recrutant au passage dans les villages qu'ils traversent. Armés de bâtons, les « garçons miniers » pénètrent dans l'église, où, par commodité, a lieu la réunion organisée par la municipalité. Ils chahutent, interrompent la lecture du texte de loi, exigent qu'on leur remette la « liste virile », menacent les officiers municipaux, leur arrachent des mains les documents officiels, lesquels sont alors déchirés et foulés aux pieds. Les révoltés suggèrent enfin aux officiers municipaux de voir plutôt partir aux frontières les acheteurs de biens nationaux : une proposition qui montre une fois de plus le ras-le-bol des « petits », qu'ils soient mineurs ou paysans, contre le bourgeois.

Les garçons miniers, eux, en veulent particulièrement aux bourgeois qui déstabilisent la Compagnie, Julien Gaudin en tête. Ce riche Nantais a été le grand acquéreur de biens nationaux en pays d'Ancenis et est devenu un homme influent tant à Ancenis qu'à Nantes, puisqu'il a été nommé commissaire civil du département et se retrouve, le 20 mars, à la tête de la garde nationale de Nantes. Quelques jours après la révolte des mineurs, c'est lui, en effet, qui va se retrouver confronté à eux et pourra se prévaloir du titre de libérateur républicain de la ville d'Ancenis assiégée par les insurgés...

Après avoir détruit les « listes viriles », les mineurs quittent Montrelais, recrutent laboureurs et domestiques dans les paroisses voisines, et se dirigent, on l'a vu, vers Varades. Depuis le matin, cette localité est submergée par des centaines de révoltés en provenance des paroisses de galerne. Les jeunes gens font irruption dans la « chambre commune », au centre du bourg, ils interpellent violemment les commissaires, les obligent à évacuer la salle et font main basse sur les armes. Les républicains, alertés, tentent de s'organiser. Les gardes nationaux installent un canon à la sortie du bourg, mais aussitôt les insurgés leur sautent dessus et les dispersent. Ils vont ensuite piller le château du Plessis, où un huissier est en train de vendre aux enchères les meubles de l'émigré Desanto Domingo [1]. Les bandes, encadrées par un chef autoproclamé, le maçon René Gourdon, ancien grenadier des armées royales, mais parmi lesquelles se détachent également les gars de Maumusson, écrasent les patriotes regroupés dans la tour de la Verrerie et tuent le garde national Mathurin Drouet. Gourdon se moque des républicains : « Ah ! Ah ! Les couillons ne bandent pas, aujourd'hui ! » Un témoin a entendu Terrien haranguer et crier « Vive le Roi », défendre l'ordre ancien, vilipender les conventionnels et la Constitution civile du clergé.

Lorsque les garçons miniers arrivent, le bourg est entre les mains des insurgés. Ils se rangent aussitôt sous les ordres de Gourdon. Tout ce monde s'empare du canon, puis se dirige vers les mines de Montrelais pour obtenir des armes. Sans succès. Mais, au passage, de nouveaux mineurs se joignent aux révoltés... Toujours sous l'autorité de Gourdon, les insurgés s'acheminent vers Saint-Herblon, drapeaux en tête, aux sons du tambour, en traînant le canon, et commencent par piller la cure abandonnée la veille par un curé amateur de bonne chère. Ils partent avec trois barriques de vin blanc, deux cents bouteilles de bordeaux, de vins étrangers et de

---

1. Celui-là même qui, avec trois autres bourgeois, avait, en accord avec le comte de La Ferronnay, lésé les paysans de Maumusson. Voir *supra*, page 38.

liqueurs, cent livres de beurre, vingt-cinq livres de sucre, les couettes en plumes et même une « commode neuve d'acajou dans le dernier goût »... Dans tout le pays d'Ancenis, des scènes similaires se reproduisent. Les révoltés pillent les maisons républicaines, s'en prennent aux curés constitutionnels et boivent sans mesure.

À Ancenis, les administrateurs réunis en séance extraordinaire, prévenus de ce qui se passe à quelques kilomètres de là, décident une série de mesures énergiques pour assurer la défense de la ville. Ainsi tous les citoyens capables de porter les armes sont-ils placés en réquisition permanente.

Le 12 mars, comme la veille, tous les clochers de galerne sonnent le tocsin. Les mines de Montrelais sont en effervescence, le conflit s'est généralisé ; les mineurs cessent le travail pour se joindre au mouvement. Sous la menace – c'est tout au moins ce qu'il affirmera –, Misset, le directeur de la Compagnie, donne de la poudre et accepte de se placer à leur tête.

Ancenis a été prévenu, la nuit précédente, de la gravité de la situation. Un officier municipal de La Rouxière s'y est en effet précipité en pleine nuit pour prévenir que 3 000 hommes allaient se rendre à Saint-Herblon « pour, de là, venir tous ensemble fondre sur Ancenis... Misset, directeur des Mines, leur a dit qu'il avait onze barils de poudre à leur service[1] ».

À l'exception d'une quinzaine de mineurs, tout le monde se dirige, comme annoncé, vers Saint-Herblon, où de nombreux garçons miniers attendent le cortège depuis la veille au soir. Vers la fin de la matinée,

1. ADLA, L 1504 C.

l'« armée » rebelle, grossie des arrivants des paroisses voisines et toujours emmenée par René Gourdon, secondé par un mineur, prend la route de Mésanger, commune réputée républicaine. Les rebelles font payer au bourg ses engagements patriotes : le village est pillé, les meubles sont brisés, les vêtements dispersés dans les rues, la nourriture et le vin récupérés. Le médecin est tué, d'autres patriotes sont blessés. À la sortie du bourg, l'« armée de la broche », comme se dénomment les troupes de paysans-travailleurs, rencontre Blondin d'Ésigny, ancien officier des armées royales, et quelques « messieurs ». Par souci d'efficacité, une fraction des révoltés le sollicite pour en faire leur chef.

– Que voulez-vous ? lance Blondin d'Ésigny.

– La paix, nos bons prêtres et nos seigneurs !

– Votre demande sera satisfaite, mais il faudra vaincre ou mourir !

Tous se dirigent vers le château de leur nouveau chef, qui cherche à canaliser l'énergie populaire à son profit. Une récupération qui n'est certes pas innocente de la part de royalistes, et qui s'explique chez les paysans par un rejet viscéral de tout ce qui représente le pouvoir central, avec pour conséquence naturelle que les ennemis de leurs ennemis deviennent des alliés, même si ceux-ci étaient hier encore véhémentement rejetés. René Gourdon n'est pas content du détournement de ce qui était « sa » révolte, car il se méfie des gens de la « haute ». « Si j'étais sûr qu'ils me trahissent, je leur couperais le cou ! » confie-t-il à l'un de ses amis.

Quelques semaines plus tard, un témoin a raconté au commissaire Guichard, chargé d'enquêter sur les dessous de cette révolte, ce qu'il a vu ce jour-là à Mésanger.

Autour de Blondin d'Ésigny, dit-il, il y avait les « abbés » Cosneau et Terrien ; « un des chefs à cheval courant de côté et d'autre était Plouzin de la Perrouinière ; les conseils se tenaient chez Plouzin de la Porte, là arrivaient les lettres et de là partaient les ordres. » Il pointe ainsi du doigt le rôle, dans tout le soulèvement, des gars de Maumusson. Dans la soirée, Blondin et ses nouveaux adjoints se préparent à la prise d'Ancenis. Quelques troupes rejoignent le Château-Rouge, les landes les plus proches d'Ancenis et les villages alentour.

Le lendemain matin 13 mars, les insurgés se regroupent au Château-Rouge, à moins d'une lieue d'Ancenis. Ils sont près de cinq mille. Ils se mettent en route dans la matinée. Les rebelles se présentent aux sons de huit tambours, drapeaux brandis, notamment le rouge volé à la garde nationale de Varades précédant les mineurs de Montrelais. Blondin d'Ésigny est resté à l'arrière, cependant que six hommes à cheval devancent la foule des paysans et des mineurs.

Depuis le matin, Ancenis est en état de siège ; les patriotes, la garde nationale, les habitants de la ville sont sur le pied de guerre, les uns armés de fusils ou de pistolets, les autres de sabres, de haches, de piques ou de fourches. L'affrontement semble inévitable, et pourtant...

Michel Vénard, compagnon tailleur à Belligné, tenant à la main un bâton surmonté d'un mouchoir blanc et porteur d'une lettre destinée aux autorités de la ville, contenant les revendications des insurgés, s'avance vers Ancenis. Il est aussitôt fait prisonnier. La pétition est assimilée à un « papier incendiaire et contre-révolutionnaire ». Le combat s'engage aussitôt.

Avant de narrer le cours de cet affrontement, il est intéressant de lire cette lettre pour comprendre les raisons profondes de ce soulèvement populaire. Elle est en effet « touchante d'authenticité, se voulant l'expression directe du mécontentement, des vexations et des difficultés endurées[1] ». Les nombreuses fautes d'orthographe qui l'émaillent et son style très approximatif authentifient les origines populaires de l'insurrection :

« Frère et amis au noms du grand nombre de Paroisses toutes réunies qui veuille toutes la Paix et la tranquillité. Nous vous demandons :

1er) ne plus entendre parler de tirage dans chacune de nos Paroisse, et si vous avisiez dans faire tirer un seul, vous nous désespéreriez et nous porteriez à en tirer une Vengeance Éclatante.

2ème) nous volons [voulons] nos prêtres qui son actuellement parmi Nous avec une certaine aisance et toutes Leurs Liberté telles qui puissent nous donner leurs secours dans nos besoins.

3ème) la diminution des impôts mobiliers telle que Long demandé les Différente paroisse par leurs pétitions.

4ème) que les Cors administratifs qui ont désarmé, rende les armes aux paroisses qui l'ont été.

5ème) qu'il soit Libres à tous particuliers de Lever de la Poudre ou autres munitions nécessaire à la Défense de chaque individu.›

6ème) citoyens et frère, il est malheureux pour nous et en même temps heureux qu'il nous ait obligé de marché. Segondée nos Efforts Par des parolles sure et de Paix en leur ténans, donnée nous cettee satisfactions accompa-

1. Didier Daniel, *La Bataille du charbon en pays d'Ancenis*, *op. cit.*

gnée de Voiture en grand nombre de pains, nous aurons Daprès ses Demandes accordée L'espérance de les apaisé et les tranquillisé, Par les articles suivant :

7ème) Leurs faisant payé leurs Journées qu'ils ont passé En Leurs Cource, Ordonnée que toutes les municipalités fasse un États de chaque Individu Journaliers où Necessiteux à trente sols Lune et qu'il leurs fusse payé Le Dimanche D'après la lisse faite qui sera Brûlé En Leurs présence.

8ème) Il est très nécessaire de faire fournir par tous ceux qui seront Jugé dans le qua de faire un Sacrifice à L'unanité Leurs faisant vendre Le froment sur le Pieds de quatre livre Dumeaux et le Saigle sur un pieds Proportionnelle quitte à faire Remboursé par le trésor Publique Par la suite.

Je vous engage au nom de l'humanité de ne pas Les Refusé, Envoyée une espert qui les Préveinne de vos bonne volonté et que le pains soit bon et sains et ne tarde pas où sans quoi toutes est hords de nos Espérence. »

On le voit, les principales revendications des paysans et des travailleurs des mines sont, dans l'ordre : le rejet de la conscription, la fin des persécutions religieuses, la demande d'une baisse des impôts mobiliers. Viennent ensuite la récupération des armes confisquées l'année précédente, et diverses revendications économiques (les insurgés veulent du pain et le remboursement de leurs journées perdues).

Les révoltés mettent les faubourgs du nord d'Ancenis à feu et à sang et obligent les gardes nationaux à se replier. À l'intérieur de la ville, la détermination républicaine n'est pas partagée par tous. Certaines maisons arborent aux fenêtres et aux portes soit un linge, soit des rubans blancs, pour montrer aux agresseurs qu'elles sont amies et s'épargner ainsi le pillage. Certains « patriotes » ne tardent pas à se réfugier dans ces maisons pourtant réputées inciviques. Des flottements se font également jour parmi les autorités à propos des décisions à prendre...

Après cinq heures de combats acharnés, les patriotes ont réussi à repousser les rebelles, qui laissent sur le terrain une douzaine de morts. Avec trois morts, Maumusson a payé un lourd tribut à cette première journée d'affrontements. Les registres reconstitués de l'abbé Souffrant signalent ainsi qu'Étienne Ploquin, fils de Julien Ploquin, métayer, et de Renée Dalaine, est « mort, selon le bruit public, à Ancenis, sous le glaive des ennemis de la Religion, âgé d'environ 18 ans » ; que Pierre Duteil, menuisier, a été « fusillé par les ennemis de la Religion, à Ancenis, selon le bruit public » ; et que Jacques Duteil, métayer, a subi le même sort. Ces trois morts sont les premiers d'une longue liste... Ancenis n'a pour sa part que deux morts et quelques blessés à déplorer. Les autorités organisent déjà la résistance pour parer à toute nouvelle attaque.

Les vaincus rentrent piteusement chez eux. À Saint-Herblon, quelques femmes laissent exploser leur colère : « Vous êtes des lâches ! Vous nous ferez tous écraser par les patriotes. Il faut vous y reprendre ! Allez à Ingrandes prendre des armes pour retourner sur Ancenis [1] ! » Les jours suivants, les insurgés vont se démener pour compléter leur armement et recruter, afin de relancer l'attaque contre Ancenis. Mais les chefs ne parviennent pas à s'entendre pour coordonner une action. Les meneurs populaires n'appré-

1. ADLA, L 1497 n° 227.

cient toujours pas l'irruption des « messieurs ». La plupart des gens de la campagne et les mineurs reconnaissent toujours René Gourdon comme leur chef naturel. Si bien que, lors de l'attaque du samedi 16, les gens stationnés autour de Varades restent sur place, « n'ayant aucun ordre pour aller nulle part ». Seuls les insurgés regroupés derrière Piron de la Varenne marchent sur Ancenis.

Ils font parvenir une seconde pétition aux autorités. Pétition intéressante, dans laquelle on détecte l'influence des « messieurs », puisque seuls les trois premiers points de la pétition populaire y figurent encore. Les patriotes décident de répondre à cet ultimatum à coups de canon et de fusils. Malgré les efforts de Piron de la Varenne et de ses officiers pour les discipliner, les troupes n'en font qu'à leur tête, s'adonnent à moult libations et laisseront sur le terrain une quarantaine de morts [1] et de nombreux blessés.

Ce 16 mars, il semble bien que tous les insurgés de Maumusson ne participaient pas à l'attaque d'Ancenis, car, selon un habitant de La Rouxière interrogé par le commissaire Guichard, l'abbé Terrien dînait chez Plouzin de la Porte, et « que là, il fut question de se porter sur Ingrandes, mais que Plouzin de la Porte déclara que le sieur Misset [directeur des mines de Montrelais] ne voulait pas qu'on y allât, parce qu'il avait besoin de ménager les habitants ». Preuve supplémentaire de la liaison continuelle qui a prévalu entre la mine et les paroisses rurales de galerne ! Plouzin suggéra que, plutôt que de foncer sur Ingrandes, sur les bords de la Loire, « il valait mieux réduire Châteaubriant où l'on trouverait douze mille habitants assemblés ; que, de là, on se porte-

1. Pierre Douvillon, de Maumusson, y a été tué.

rait sur Candé, puis sur Ancenis, et qu'alors on aurait une armée de trente à quarante mille hommes, ce à quoi Plouzin ajouta, parlant à l'abbé Terrien : “Ce sera vous qui commanderez” ». Mais Jean Terrien préféra se ranger derrière Blondin d'Ésigny et le chevalier Fleuriot.

Tandis que les insurgés tenaient les campagnes, bloquaient Ancenis et empêchaient les communications entre Nantes et Angers, deux colonnes armées parties de ces deux villes convergeaient vers Ancenis. Dans l'après-midi du mercredi 20 mars, la colonne nantaise, composée de six cents gardes nationaux commandés par Pierre-Jean Deurbroucq, dit Piter[1], entouré d'officiers appartenant eux aussi à des familles de négociants nantais, et accompagné par Julien Gaudin, commissaire civil du département, fonce à marche forcée. Sans coup férir, elle reprend Ancenis dans la soirée. Les insurgés ont déguerpi et se sont repliés sur Varades et Saint-Herblon. Le lendemain 21 mars, la fuite continue. Des centaines d'insurgés investissent Ingrandes, petite ville située dans le Maine-et-Loire, à quelque quatre kilomètres de Montrelais. Ils brûlent les papiers de la municipalité, mais ne s'attardent pas sur la rive droite de la Loire, car l'étau républicain se resserre : ils franchissent le fleuve. Ils ont bien raison de craindre les bleus : la jonction entre les deux colonnes républicaines se fait effectivement le lendemain, vendredi. À Ancenis, Julien Gaudin, nouveau patron du pays d'Ancenis, expédie une flottille pour rétablir la libre circulation sur le fleuve et prépare sa mission de rétablissement de l'ordre dans les paroisses insurgées de galerne. Avant

1. Voir page 79.

de partir, escorté de gardes nationaux nantais, candéens et segréens, il couche sur le papier ses intentions : « Nous recouvrerons notre liberté et assurerons la paix de la République dans l'intérieur, malgré les efforts [...] de nos lâches ennemis. » La répression est en marche.

Le lendemain, 23 mars, une impressionnante manœuvre d'encerclement des mines de Montrelais, considérées comme le foyer de la révolte, est déployée. À la surprise des militaires, aucune résistance ne leur est opposée, les mineurs étant même surpris au travail dans les puits. Ils sont contraints de remonter à la surface et font l'objet d'une fouille minutieuse. Quarante-cinq suspects sont dénoncés et emmenés à Ingrandes. L'intervention des républicains va se révéler désastreuse pour l'entreprise, car l'armée a réquisitionné poudre, chevaux et assignats. Étienne Misset, le directeur, a fui avant l'arrivée des troupes, persuadé qu'il serait rendu responsable des actions menées par les mineurs par Julien Gaudin, son plus farouche adversaire, qui commande la colonne nantaise : « Le 23 mars, l'armée de l'Ouest, influencée contre les mines et les mineurs par leurs implacables ennemis, s'y précipite [...], criant "Tue ! tue !" et tuant en effet même les fuyards ; les soldats se livrèrent au pillage de mes meubles et effets. »

Depuis les débuts de la Révolution, Misset et Gaudin se livrent une lutte acharnée pour le contrôle de l'exploitation du charbon dans le pays d'Ancenis. Misset a bien raison de se méfier de Gaudin, car celui-ci va se servir de ses attributions de commissaire civil du département pour gagner cette autre guerre qu'il mène pour son propre compte contre le monopole minier et contre Misset. Les déclarations ultérieures de son secrétaire montrent en effet un Gaudin outrepassant ses droits et fonçant vers les mines de Montrelais sans ordre de ses supérieurs pour protéger ses propriétés[1]. Gaudin s'érige ensuite président de la commission militaire qui va juger les révoltés de Montrelais. Son secrétaire « découvre ce jour-là un commissaire peu scrupuleux dont les pratiques arbitraires et malhonnêtes choquent. En effet, Gaudin extorque une somme de 2 000 livres à l'un des suspects, interrogé par le tribunal [...]. De tels actes vont marquer les mémoires et expliqueront en partie les futures exactions des chouans[2] ». Gaudin va continuer son combat sans merci pour faire en sorte que la Compagnie des mines soit reprise par des patriotes. Le 4 juin, Misset et ses subalternes, désignés comme des agitateurs royalistes, sont destitués. La machine répressive ne va plus s'arrêter : Misset sera arrêté dans les mines, le 10 janvier suivant, et mourra à Angers une semaine plus tard.

Le succès remporté par Gaudin, avec l'aide des gardes nationaux nantais, dans le pays d'Ancenis, est symbolique : il marque la victoire des bourgeois contre les paysans alliés aux travailleurs, des bourgeois qui ont pris en mains toutes les commandes du pouvoir et ont même voulu imposer par la force leur propre vision du monde. Dans les commissions militaires installées à Ancenis, Ingrandes et Varades, ils vont dès lors développer la thèse qu'un complot généralisé a été à l'origine de la révolte. Les autorités patriotes vont répandre l'idée d'une trahison du peuple paysan fanatisé par les émigrés, les prêtres réfractaires et les puissances étrangères, alors que sa révolte relève d'un mouvement populaire, qu'il s'agit en somme

1. Voir pages 63.
2. Didier Daniel, *La Bataille du charbon en pays d'Ancenis*, *op. cit.*

d'une jacquerie, avec ses rassemblements spontanés, ses manifestations de force, ses exactions diverses et ses velleités de tractations, déclenchée en réaction à la conscription, à la persécution religieuse et à l'augmentation des impôts dans un climat social devenu explosif.

La répression, accompagnée de mesures d'exception, va se révéler implacable dans les paroisses de galerne et autour des mines de charbon. La peine de mort sous vingt-quatre heures est promise aux rebelles pris les armes à la main ou porteurs d'une cocarde blanche du parti royaliste. L'ordre républicain règne sur la rive droite de la Loire, cependant que, sur la rive gauche qui a vécu des révoltes spontanées de même nature que celles du pays d'Ancenis, il est encore loin de régner. Les rebelles y ont conjugué leurs forces, ont trouvé des chefs et se sont constitués en Armée catholique et royale...

Fin mars 1793, n'ayant plus d'espace où manifester leur colère, quelques centaines de garçons des paroisses de galerne et des mines de Montrelais ont – comme ceux qui ont pillé Ingrandes – traversé la Loire pour se placer sous les ordres du marquis de Bonchamps, lequel a pris, au début de l'insurrection et à leur demande, la tête des rebelles de Saint-Florent-le-Vieil, bourg situé à quelques kilomètres de Varades, de l'autre côté de la Loire. Bonchamps avait fait la campagne des Indes en 1782-83 sous les ordres du bailli de Suffren, puis était devenu capitaine de grenadiers. Il était revenu en 1791, sur ses terres de La Baronnière, tout près de Saint-Florent. Il n'est pas alors très hostile à la Révolution, puisqu'il n'émigre pas et se porte même acquéreur d'un bien d'église. Pendant toute la guerre de Vendée, Bonchamps va commander les Compagnies bretonnes, composées de rebelles venus des paroisses situées au nord de la Loire. Derrière l'« abbé » Jean Terrien, nombre de jeunes de Maumusson ont ainsi franchi le fleuve et vont se battre pendant sept mois contre les forces républicaines en revenant de temps à autre se reposer au pays...

Quant aux prêtres de Maumusson, ils sont restés cachés sur place, comme l'indique une dénonciation d'un patriote de Candé datée du 31 mars, adressée à Ancenis au commissaire Guichard, celui-là même qui est chargé d'enquêter sur l'insurrection en pays d'Ancenis : « Vous avez fait hier une perquisition à Maumusson. Elle n'a pas dû fournir grand résultat. Il eût été bon de réclamer à Candé des renseignements. C'est chez Barbin, du bourg, que les nommés l'abbé des Chapellières, le curé de Maumusson, son vicaire et autres prêtres prennent leurs repas. Ils y mangèrent le 26, au nombre de cinq ; ils y arrivent par les prés au couchant. Ils sont vêtus en paysans avec des vestes tantôt grises, tantôt bleues, avec des guêtres parées, portant un bonnet et un chapeau par-dessus, fors l'abbé Souffrant qui n'a qu'un chapeau ; le curé Bouvier a son chapeau relevé d'un seul côté. Ils couchent souvent aux Hautes et Basses-Chapellières, ainsi que dans un petit village au-dessus, en allant vers le moulin de la Roche. Ils habitent aussi fréquemment le Haut-Plessis en Saint-Herblon, surtout l'abbé Cosneau. Ne perdez pas de vue cette femme déguisée[1] qui est à Maumusson... »

1. Il s'agit de Françoise Després, une espionne des chefs vendéens qui, fin mars 1793, était basée à Maumusson et a commandé des insurgés pour tenter de prendre Ancenis. Elle a écrit ses mémoires : *Détails historiques sur les services de Françoise Despréz, employée dans les armées royales de la Vendée depuis 1793 jusqu'en 1815, sur ses missives secrètes*, publié par Michaud en 1817. Réimpression aux éditions Pays et terroirs.

XII

Où l'on revoit Joseph Fouché mater la révolte populaire

Après avoir fait ses classes patriotiques à Nantes, Joseph Fouché se sent à l'étroit en Loire-Inférieure. En septembre 1792, le corps électoral réuni à Ancenis l'élit député à la Convention et, le même mois, il intègre la mairie de Nantes. Une fois élu, il estime avoir une totale liberté pour s'exprimer au nom du peuple sans revenir vers lui. Ainsi, lors du procès de Louis XVI, le 15 janvier 1793, à la question : « Le jugement qui sera rendu sur Louis sera-t-il soumis à la ratification du peuple réuni dans ses assemblées primaires ? » il répond par la négative et argumente devant la Convention pour s'étonner d'abord de la question elle-même : « Par quel événement, par quelle main invisible sommes-nous amenés à mettre en problème ce qu'une conscience générale, un sentiment intime, le bon sens du peuple, enfin, avaient décidé lorsqu'il nous a envoyés ? [...] Les partisans de l'appel au peuple se font peut-être illusion sur un sentiment qui honore leur cœur, mais qui, à coup sûr, égare leur esprit.

Je les prie de sortir de leurs abstractions et de réfléchir sur ce dilemme : ou la Convention enverra au peuple toutes les pièces qui peuvent servir à l'instruction du procès, ou elle ne lui soumettra que le jugement. Dans le premier cas, le procès est interminable ; et dans le second, le peuple, qui n'a sous les yeux que le jugement et les motifs qui l'ont dicté, ne voit que par vos yeux, il devient votre organe lorsque vous voulez paraître n'être que le sien [...]. Le peuple, accoutumé à être trompé, se livre si facilement aux soupçons [...]. À mon avis, il n'est pas de mesure de sûreté générale plus efficace que celle que nous pouvons trouver dans notre union et notre courage. Sachons prendre enfin une attitude républicaine... »

Le lendemain, 16 janvier, il est procédé à un appel nominal pour se prononcer sur la peine encourue par Louis XVI. Fouché répond : « La mort ! »

Avant de reprendre sa carrière nationale, Fouché va s'en revenir au pays et y jouer un rôle très important aux débuts de l'insurrection de mars 1793, ses actions s'inscrivant dans la logique de ses agissements passés. Il a en effet été nommé commissaire extraordinaire dans les départements du Maine-et-Loire et de Loire-Inférieure. Il va prendre des mesures radicales pour mater la révolte populaire sur la rive droite de la Loire et la déplacer ainsi sur la rive gauche du fleuve.

Le 24 mars, alors même que le pays d'Ancenis est maté, il écrit à la Convention. Par cette missive, il montre qu'il est toujours Fouché. Après une description de la situation à laquelle il est confronté, il prône des solutions radicales, évidemment au nom du peuple : « Après avoir parcouru le département de Mayenne-et-Loire, je me rendais dans celui de la Loire-Inférieure lorsque des forcenés m'ont forcé de rétrograder [...]. Partout les citoyens montrent le plus grand zèle pour s'enrôler ; il n'y aura pas une seule commune qui ne fournisse son contingent, et beaucoup fourniront plus. Vous devez de grands éloges aux administrations : elles ont pris tous les moyens pour assurer la tranquillité. Déjà les prêtres et les nobles sont enfermés ; on en fait autant à l'égard des personnes suspectes sitôt qu'elles tiennent quelque propos. Le peuple demande avec insistance une prompte justice des conspirateurs qui sont dans les prisons ; il craint de voir échapper ces grands coupables. »

Le lendemain, 25 mars, Fouché retrouve Nantes, sa ville natale. Les divers corps administratifs, réunis en un comité ad hoc, sont convaincus qu'il va les féliciter pour leur zèle républicain et pour avoir bien résisté à l'insurrection populaire, notamment à Ancenis. Que nenni ! Fouché dissout le Comité, à qui il reproche l'exhortation faite aux campagnes de déposer les armes. (Les responsables nantais, ayant en effet compris les motifs profonds de la révolte, avaient parlé aux paysans en conséquence.) À peine revenu au pays, Fouché envisage déjà d'exterminer les populations des campagnes :

« Nous vous le disons pour la dernière fois : si vous ne vous hâtez pas de rentrer dans le devoir, de respecter la loi et les pouvoirs que vous avez vous-mêmes établis, si vous ne vous séparez pas de vos chefs prétendus, si vous ne livrez pas leurs têtes à la justice et au glaive de la loi, le temps de l'indulgence sera passé ! Tous les fléaux de la guerre vont tomber sur vous et vous serez exterminés ; vos campagnes deviendront un vaste tombeau ; vous l'aurez voulu, et votre nom sera en horreur à toutes les générations futures. »

Au terme de cette proclamation, Fouché ordonne dans un arrêté « à tous les fonctionnaires de saisir comme suspect, dans les vingt-quatre heures, tout homme non décoré de la cocarde nationale.

« Tout citoyen qui ne marchera pas au premier ordre sera déclaré suspect.

« Jusqu'au rétablissement de la tranquillité, tous les commandants de la garde nationale rassembleront chaque jour leurs bataillons pour les exercer aux manœuvres de la guerre.

« Les spectacles seront fermés jusqu'à ce que le sang de nos frères ait cessé de couler. »

Il envoie ensuite un nouveau message à la Convention, qui sera lu lors de la séance du 28 mars 1793 : « Citoyens collègues, le département de Loire-Inférieure est toujours dans une situation effrayante. Les émigrés, les prêtres déportés sont descendus sur nos côtes et ont infesté nos campagnes ; ils ont armé des brigands et assassinent les plus fermes, les plus courageux défenseurs de la liberté. Il est instant que vous envoyiez des forces ; nous les attendons avec impatience ; vous pouvez compter sur l'énergie des gardes nationales de Nantes, mais elles auraient besoin de chefs expérimentés dans l'art de la guerre : jusqu'ici, elles n'ont fait que des sorties autour de la ville. Pour la première fois, ce matin, nous avons composé un corps d'armée de mille soldats qui marche au secours de Paimbœuf, sous la conduite de l'adjudant-général de l'armée des côtes. Nous espérons que cette expédition sera heureuse. Demain, il partira un bataillon de 800 hommes pour assurer la sûreté de la route de communication de Nantes à Paris. Il nous est impossible d'ordonner d'autres expéditions. [...] Nos côtes se trouvent menacées de toutes parts... »

À peine installé, le nouveau comité central d'administration, réformé par Fouché, est tétanisé par la peur du pouvoir central, mais aussi par celle du peuple qui réclame des têtes, et par celle des Vendéens, de plus en plus menaçants. Le lendemain de son installation, la populace se plaint en effet d'une exécution capitale accomplie à la nuit tombante et sans flambeaux. Il a peur qu'une substitution de détenu ait été opérée. « La multitude se jeta sur l'échafaud, enleva le corps du supplicié et, avec des cris de fureur, le traîna jusqu'au département en forçant les administrateurs à venir contempler le cadavre jeté sous les fenêtres de la salle de leurs délibérations [1]... »

Le passage de Fouché à Nantes a ranimé ce qu'on appelait le zèle patriotique : les dénonciateurs s'en donnent désormais à cœur joie, les maisons d'arrêt se remplissent à une telle vitesse qu'elles en deviennent insalubres...

Fouché adresse le 2 avril une proclamation aux gardes nationaux pour les encourager à tenir et à vaincre les brigands ; il déclare « que tout garde national sous les armes qui n'obéira pas à l'ordre qui lui sera donné, ou qui fuira devant l'ennemi, sera déclaré traître à la patrie et que son nom sera affiché dans toutes les communes du département »...

Début avril, l'adjudant-général Delaage, qui commande Ancenis et a pratiquement réussi à juguler le soulèvement

1. Camille Mellinet, *La Commune et la milice de Nantes*, *op. cit.*

populaire, écrit à Nantes pour rendre compte de ses opérations. À leur tour, Fouché et Villers écrivent derechef à la Convention pour décrire la situation nouvelle :

« Nous pouvons enfin parler d'une manière positive de l'état actuel du département de Loire-Inférieure et vous faire espérer que les brigands qui le désolent aujourd'hui en seront bientôt chassés. Les routes qui conduisent à Nantes ne sont pas encore libres, et nous n'y sommes parvenus qu'avec difficulté et au milieu des dangers. Les brigands se sont emparés de presque tous les districts et, après avoir massacré tous les administrateurs qui s'y trouvaient, ils en ont brûlé tous les papiers. Leur projet était surtout de pénétrer jusque dans la ville de Nantes ; mais les mesures vigoureuses prises par les administrations et le zèle infatigable de la garde nationale les ont repoussés avec avantage, et tout nous promet que les derniers efforts des ennemis de la patrie n'auront encore aucun succès. »

Le 12 avril, tout ne va pas aussi bien que Fouché et Villers l'annonçaient. Ils sont obligés de faire une nouvelle tentative pour apaiser la rébellion populaire. Dans une proclamation aux habitants des campagnes, ils nient le caractère spontané de la révolte populaire en l'imputant aux prêtres et aux « despotes » et feignent de croire que la Révolution n'a été faite que pour eux :

« Les ennemis de la patrie ont réussi à vous égarer sur vos intérêts les plus chers, sur les droits que vous avez reçus de la nature : ils veulent vous empêcher d'en jouir parce qu'ils seraient obligés d'en partager avec vous les douceurs. Comme il leur faut des esclaves pour être heureux, ils ne négligent rien pour vous rendre sourds à la voix de la liberté et vous faire refuser tous les bienfaits dont elle veut vous combler. Non, une révolution qui semble n'être faite que pour vous ne trouvera pas dans vous-mêmes ses plus cruels ennemis ! »

Et Fouché de continuer à développer la thèse du complot. L'agitation paysanne et la trahison de Dumouriez, survenues en même temps, ne seraient, selon lui, que le double résultat d'une conspiration ourdie par les royalistes. « Que deviendrez-vous si vous les écoutez encore ? Vous serez ruinés pour jamais, et forcés d'abandonner vos femmes, vos enfants ; vous n'éviterez que par la fuite la peine qui vous attend... » Puis, s'adressant avec commisération aux « citoyens des campagnes que l'habitude de l'esclavage rend encore insensibles au bonheur de la liberté », il leur demande de mettre bas les armes et de dénoncer « aux administrateurs du département les traîtres qui les ont conduits et contraints », et il promet paix et amnistie « à tous ceux des attroupés qui, vingt-quatre heures après la publication de la présente, rentreront dans l'ordre et se soumettront à la loi ». Enfin, il encourage la délation en promettant six mille livres à « tous ceux qui livreront les chefs de ces attroupements, morts ou vifs »...

Quelques jours plus tard, trouvant les tribunaux criminels pas assez sévères, Fouché et Villers créent un tribunal révolutionnaire présidé par Phélippes Tronjolly. Tous les citoyens de Loire-Inférieure vont dès lors devenir des suspects potentiels. La liberté, apanage de la Révolution, n'est plus qu'un vain mot dans la région nantaise. En quelques semaines, la justice d'exception est installée et envoie de nombreux « brigands » et encore bien plus de suspects à la mort.

Le 24 avril 1793, le général Beysser est satisfait de rendre compte de ses actions à Fouché : « Mon jury militaire est établi. Hier, on a tranché la tête à deux brigands : l'opération a été exécutée avec une hache de sapeur, sur un billot ; cette exécution a fait la plus vive sensation ; nous en aurons beaucoup d'autres, malheureusement, en ce genre... »

Les mesures prises ne donnant pas d'assez bons résultats et les Vendéens remportant encore de nombreuses batailles, Fouché et Villers vont adopter, le 29 avril, de nouvelles et vigoureuses mesures : « Les pères de famille qui, dans les 24 heures de la publication de cet arrêté, ne seront pas rentrés dans leurs demeures, seront déclarés déchus de leur propriété ; les enfants au-dessus de 14 ans, dans le même cas, seront déchus de tous les droits à la succession de leurs pères et mères ; tous individus pris les armes à la main seront condamnés à mort. »

Début mai, alors que la Vendée est en feu, « Fouché était devenu une sorte de brandon de discorde entre les partis, et avait ranimé la lutte intérieure entre les girondins et les jacobins [1] ». Le 7 mai, il publie une proclamation aux Nantais prenant la défense de la Commune de Paris qui menace de plus en plus la liberté des girondins et des modérés au sein de la Convention. « Républicains ! La ville de Paris n'a d'autre crime, aux yeux de ses détracteurs, que d'agir pour le peuple, de penser que tout doit être fait pour le peuple, de croire à sa vertu et à ses mœurs, d'avoir armé son bras pour la défense de ses droits, et d'avoir juré une haine éternelle à tous ceux qui ne le calomnient que pour avoir le prétexte de le

1. Camille Mellinet, *La Commune et la milice de Nantes*, *op. cit.*

gouverner et de l'opprimer. Mais laissons des débats qui consument un temps précieux que nous devons tout entier à la République, faisons le sacrifice de nos opinions, de nos passions !... »

Un peu plus de trois semaines plus tard, la Montagne et la Commune de Paris proscrivent les députés girondins. Fouché termine alors sa mission à Nantes. Il fait ses adieux à la ville et les conclut par ces mots : « Républicains ! Je termine ma mission par les mêmes exhortations que je vous fis en la commençant, c'est la seule manière digne de répondre à toutes les calomnies. »

Fouché annonce déjà Carrier. Il participera ensuite à la déchristianisation de la Nièvre et de la Côte-d'Or, puis, en octobre 1793, il reviendra dans l'Ouest en tant que représentant en mission. Le 10 octobre, en avance de quatre jours sur la Commune de Paris, Fouché, après avoir proclamé que « le peuple français ne reconnaît plus d'autre culte que celui de la morale, et d'autre dogme que celui de sa souveraineté et de sa toute-puissance », arrêtera que tout culte extérieur sera prohibé, que toutes les enseignes religieuses figurant sur les routes et les places publiques seront anéanties, que les inhumations se feront sous la présidence d'un officier public, dans un lieu commun où on élèvera une statue représentant le Sommeil. Tous autres signes devront y être détruits. Sur la porte de ce champ de repos se lira l'inscription : « La mort est un sommeil éternel. »

Au terme de cette année-là, Fouché ira noyer dans le sang la révolte lyonnaise.

XIII

Un conventionnel de Maumusson assiste, impuissant, au basculement de la Convention dans la Terreur

Les massacres de septembre 1792 n'avaient pas été de bon augure pour l'avènement de la République. L'influence de la Commune de Paris se faisait de plus en plus pesante. Le procès de Louis XVI montra ensuite que l'expression d'idées modérées était de plus en plus difficile. C'était déjà le règne des Marat, Robespierre et Saint-Just. Jacques Defermon, le Rennais, natif de Maumusson, avait été élu président de l'Assemblée durant le procès et s'était opposé, dès son entrée en fonction, à ceux qui terrorisaient la Convention :

« Je rappelle aux citoyens des tribunes que le règlement défend les approbations et les improbations, et surtout que les représentants du peuple ne peuvent souffrir ces vociférations véritablement indécentes. »

Au deuxième jour de sa présidence, il menaça plusieurs fois de quitter l'Assemblée en signe de protestation contre les violences verbales de l'extrême gauche, dont le Maumussonnais était devenu la cible. « La souveraineté du peuple est compromise ! » lui crie-t-on quand il veut tout simplement qu'une minorité n'entrave pas le bon fonctionnement de l'Assemblée. Defermon n'hésite pas à recevoir chez lui Malesherbes, un des défenseurs de Louis XVI. Il tient à assurer une défense digne au roi. Le 26 décembre 1792, il fait l'impossible pour obtenir l'ajournement du procès à trois jours. Malgré les hurlements, il met cet ajournement aux voix. La majorité se prononce pour le oui. Une bonne soixantaine d'élus se lèvent en criant à l'infamie et se ruent vers le milieu de la salle sous les applaudissements des tribunes. Ils s'avancent vers le bureau, vocifèrent contre Defermon, réclament pour lui « l'Abbaye[1] »... Finalement, il reprend :

« Je prie quelques membres de l'Assemblée de m'entendre aussi tranquillement que j'ai été le spectateur tranquille des mouvements qui m'ont affligé.

– Président, je demande la parole contre vous ! s'écrie Julien. La trame la plus odieuse, la perfidie la plus noire vient d'être découverte... »

Defermon va être désormais la cible favorite de Marat et de ses amis, ulcérés par son comportement courageux. Il reprend :

« C'est un moyen facile d'avoir la parole, car je ne la refuserai jamais contre moi. Cependant, l'Assemblée veut-elle m'entendre auparavant pour expliquer le fait qui a excité les réclamations ?

– Nous nous y opposons [...], il est accusé [...], il ne

1. La prison de l'Abbaye, construite en 1631, était située près de l'abbaye de Saint-Germain-des-Prés.

doit pas être entendu comme Président ! » hurlent Marat et Robespierre.

Defermon restera calme, malgré les injures et les intimidations, jusqu'au soir du 27 décembre, date à laquelle il cède la présidence de la Convention.

Le 16 janvier 1793, il aggrave son cas auprès des montagnards en refusant, malgré les menaces, de voter la peine de mort pour Louis XVI. À la question : « Quelle peine sera infligée à Louis ? », il répond : « Si j'étais obligé de donner mon suffrage comme juge, je répondrais : Ouvrez le Code pénal, il prononce la mort ; mais, comme homme, je ne pense pas qu'un homme ait le droit d'ôter la vie à son semblable. Comme législateur, je ne voterai jamais la peine de mort ; je suis peut-être un de ceux dont les noms ont appelé la vengeance royale, c'est un motif pour nous de n'en pas user ; en conséquence, je vote pour la réclusion. »

Dans ses mémoires [1], Jacques Defermon expose l'état d'esprit qui était alors le sien et l'enchaînement des événements qui ont conduit à sa proscription après le coup d'État monté, début juin 1793, par les montagnards et la Commune de Paris contre les girondins auxquels il est assimilé :

« On devait enfin, après ce jugement [de Louis XVI], s'occuper de la recherche des auteurs des massacres de septembre. L'Assemblée en avait pris l'engagement, mais du moment qu'elle s'était laissé intimider, on était sûr de la dominer. Et on vit la Commune de Paris non seulement tolérer, mais exciter aux derniers excès une populace aveugle.

1. Assemblée nationale, Mss 1854.

« Ma santé altérée par l'excès du travail et des veilles, et plus encore par les chagrins que me donnait la perspective de l'avenir, me fit accepter une commission qui m'éloigna de Paris. Je quittai cette ville les derniers jours de janvier et n'y rentrai que le 11 mai suivant. On prévoyait de prochaines hostilités de la part de l'Angleterre, et la commission dont j'étais chargé avec M. Rochegude, ancien capitaine de vaisseau, et M. Prieur, de la Côte-d'Or, ancien capitaine du Génie, avait pour objet de visiter les ports et côtes depuis Lorient jusqu'à Dunkerque, et d'y accélérer les préparatifs de défense et encourager les armements.

« Je laissai l'Assemblée occupée de la discussion d'un projet de Constitution analogue aux principes de la République qu'on avait décrétée, et on agitait la question délicate de l'organisation municipale dans la ville de Paris. Les services publics ne se soutenaient que par les émissions successives d'assignats. Ce papier-monnaie, devenu trop abondant dans sa circulation, amena l'augmentation de prix de toutes les denrées, et le défaut d'unité de mesures dans les diverses parties de l'administration publique aggrava le mal.

« Ma santé se rétablissait un peu par l'exercice et les distractions du voyage, et notre commission se livrait avec zèle aux travaux dont elle était chargée. La guerre fut déclarée à l'Angleterre et à la Hollande le 1er février [...]. Nous partions de Brest pour Morlaix lorsqu'on vint nous annoncer que les communes de l'évêché de Léon étaient en insurrection et révoltées contre la loi de levée de 300 000 hommes. Nous concertâmes de suite avec le général Canclaux les mesures propres à éteindre ces premières étincelles ; et par son activité et sa sagesse, il étouffa l'incendie si efficacement que la tranquillité publique n'a pas été troublée depuis ce moment dans cette partie de la France.

« Nous apprîmes bientôt les premiers mouvements de la Vendée, le pillage fait à Paris de bateaux venus de Rouen, chargés d'épiceries. La France se trouvait menacée au dedans et au dehors. L'inquiétude amenait la défiance, et celle-ci ajoutait aux malheurs publics. Les membres de la Convention se divisaient à peu près en trois classes. La première, composée d'hommes qui joignaient à l'attachement aux principes libéraux une sage modération et des talents. La deuxième, composée d'hommes ardents, ambitieux, prétendant à un patriotisme exclusif et ne voulant écouter ni la religion, ni la sagesse de la modération ; elle traitait ironiquement les premiers de modérés, d'hommes d'État, et les dénonçait au peuple comme ses plus redoutables ennemis ; cette seconde classe était bien moins nombreuse que la première, elle comptait peu d'hommes d'un grand talent, mais, par son audace, elle suppléait au nombre, et elle s'était nommée la Montagne parce que ses membres se plaçaient ordinairement sur les banquettes élevées d'un des bords de la salle. La troisième classe se composait soit de ces hommes d'un caractère faible, qui suivraient volontiers les mouvements d'une conscience droite si on ne les en éloignait pas en les effrayant, soit de ces hommes peu éclairés, n'ayant point de principes et par conséquent toujours prêts à se ranger du côté du plus fort. On la désignait sous le nom de Ventre ou de Marais.

« On peut dire que le fort de l'État était entre les mains de cette dernière classe. Et j'ai toujours pensé que, la Commune de Paris n'eût-elle pas exercé l'empire de terreur qu'elle avait créé par les assassinats de septembre, la grande majorité des membres de la troisième classe se serait constamment réunie à la première.

« On avait éprouvé plus d'une fois ses bonnes dispositions, et il aurait fallu, pour les maintenir, faire punir, ou au moins comprimer ces hommes de sang qui avaient fondé leur puissance sur la terreur. L'espoir qu'on en avait conçu s'anéantit insensiblement, et, ce qu'on aura peine à croire, les hommes les plus éclairés et les mieux intentionnés laissèrent former les principaux comités par des membres de l'Assemblée dont les opinions étaient les plus exagérées, et, dès lors, l'autorité supérieure se trouva sous l'influence bien plus directe de la Commune de Paris. »

Defermon des Chapellières et ses compagnons quittent Brest pour Cherbourg, puis se dirigent vers Le Havre où, pour avoir été insultés par des gens qui réclamaient du pain, ils exhortent le maire à réunir les grenadiers de la garde nationale pour maintenir la tranquillité publique.

« Ces mesures eurent un plein succès, poursuit Defermon, mais elles m'attirèrent une dénonciation de la commune d'Ingouville à la Ville de Paris après le 31 mai. On m'y accusait d'avoir protégé les accapareurs de blé de la ville du Havre. On ne disait rien de mes deux collègues de commission, ni des deux commissaires envoyés pour les subsistances. La Commune de Paris ordonna l'impression et l'affichage de cette dénonciation, et je la trouvai placardée aux endroits ordinaires. »

Les missionnaires passent à Dunkerque avant de regagner Paris, où ils arrivent le 10 mai.

« Je fus étrangement surpris et cruellement affligé en voyant l'état dans lequel je trouvai les choses. "Comment, dis-je à Vergniaud, avez-vous pu laisser composer le Comité de salut public[1] comme il est ? – C'est, me dit-il, pour perdre dans l'opinion publique ces hommes ambitieux et incapables. Ils ne manqueront pas de faire tant de sottises qu'on sera forcé de revenir à nous et qu'alors nous pourrons faire tout le bien que nous désirons." Je ne lui cachai pas que je ne partageais point son opinion, que l'histoire nous apprenait combien il était dangereux de laisser envahir le pouvoir par des ambitieux, et que ceux-ci avaient déjà participé plus ou moins aux massacres de septembre ; que les passions des hommes étaient toujours les mêmes, et la douceur des mœurs françaises n'était pas une plus sûre garantie pour l'avenir qu'elle ne l'avait été à l'époque de septembre. »

Pas plus que ses collègues modérés, Defermon n'a compris l'utilisation, par Robespierre et ses amis, de la guerre civile de Vendée dans leur conquête du pouvoir. Pour eux la bataille décisive devait se gagner contre les rebelles de l'Ouest, car elle seule était susceptible de « purifier » la nation. C'est ainsi que les girondins vont être, petit à petit, assimilés aux chefs vendéens. La mobilisation pour la Vendée va être en fait utilisée pour éliminer les girondins de la scène politique.

Le 20 mai, Defermon s'oppose une fois de plus à Robespierre et à ses amis, qui pratiquent l'anathème et

1. Décidé le 22 mars mais constitué le 6 avril 1793, il se compose de députés qui ont voté la mort du roi et ne comprend aucun girondin. Danton est le premier à le diriger. Ce comité devient le véritable exécutif de la Révolution.

la délation comme moyens de gouvernement. La majorité des conventionnels n'osent plus s'exprimer.

« Citoyens, lorsqu'un membre est hué à la tribune pour ses opinions, qu'il y est insulté, outragé, je crois qu'il faut prendre des mesures répressives. Et moi aussi, j'ai voté l'appel au peuple dans le jugement du tyran, mais que peut-on nous reprocher à cet égard ? Lorsque nous avons amendé nos diverses opinions, n'étions-nous pas convaincus que Louis Capet était coupable ? C'est à tort qu'on nous accuse d'avoir voulu le sauver. Si nous l'avions voulu, n'aurions-nous pas pris d'autres mesures ? Citoyens, je viens combattre la proposition de Barère. L'on vous a proposé de créer des censeurs, mais la force seule peut agir contre les scélérats. Je vous demande, moi, que vous décrétiez que chaque section fournira cent hommes pour faire respecter les représentants, pour mettre la police dans les tribunes et en faire sortir tous les perturbateurs, et ces cent hommes seront commandés par un d'entre eux qu'ils choisiront. »

Il faut du courage pour affronter les montagnards, qui, s'appuyant sur le petit peuple de Paris, promettent la guillotine aux modérés. Une populace qui a faim envahit souvent la salle et s'enflamme contre ces derniers. Lanjuinais, l'ami de Defermon, qui brave lui aussi la colère de la Montagne, parle de « liberté aux abois » : « Quoi ? depuis deux mois, il s'est commis plus d'arrestations arbitraires sous le commissariat des députés envoyés dans les départements qu'il s'en est commis en trente ans sous le despotisme. Des hommes prêchent depuis six mois l'anarchie et le meurtre, et ils resteraient impunis ? La France est en deuil par cinquante mille arrestations arbitraires... »

Pour reprendre l'expression de Michelet, Defermon a « ce défaut grave en révolution, la tolérance ». Les modérés ont certes encore la majorité à l'Assemblée en cette fin mai, mais ils sont impuissants face à l'insurrection déclenchée par Robespierre le 26. Et le 31, le tocsin sonne, on bat la générale, le canon tonne : les représentants de Paris arrivent à la barre de la Convention sur le coup de cinq heures du soir. Finalement, le coup de force échoue. Le programme de défense révolutionnaire n'est pas adopté.

Le lendemain, le frère de l'abbé réfractaire des Chapellières ose réclamer la libération de l'ancien ministre de l'Intérieur Roland, « coupable d'aucun crime et qui a rendu de grands services à la patrie ». Puis il se plaint quelques minutes plus tard de l'interruption du courrier avec les départements, et demande à en connaître les raisons. Paris est au bord de l'insurrection. Le 2 juin, le mouvement reprend. À sept heures du soir, la générale[1] est battue dans plusieurs quartiers de la capitale, le tocsin sonne et plusieurs bataillons entourent les abords des Tuileries. À neuf heures, la Convention ouvre sa séance. Elle commence par la lecture d'une lettre de magistrats de Vendée vaincus, en fuite, dépouillés... Une pétition de la Commune réclame alors l'arrestation immédiate des chefs de la Gironde. Le Rennais Lanjuinais monte à la tribune : « C'est sur la générale que je veux parler... » Laissons Michelet raconter cette terrible scène.

« Et alors, avec l'obstiné courage de sa dure tête bretonne, sans faire la moindre attention aux cris de fureur,

1. Sonnerie de clairons appelant au combat.

aux menaces qu'on lui jette à chaque mot, il dit à la Convention son avilissement, sa misère [...]. Prisonnière depuis trois jours, serve d'une puissance rivale qui la tient au-dedans par ses salariés, au-dehors par ses canons, qu'a-t-elle fait pour sa dignité, pour l'intégrité de la représentation nationale ? Quand l'autorité usurpatrice venait vous reproduire cette pétition traînée dans la boue des rues de Paris ? (Cris violents : "Il a insulté le peuple !"...) Non, je n'accuse point Paris ! Paris est pur ! Paris est bon ! mais enfin, il est opprimé, il est l'instrument des tyrans...

– Misérable, dit Legendre, tu conspires à la tribune ! (Et il courut à lui, faisant le geste du merlin pour assommer.)

– Fais décréter que je suis bœuf, alors tu m'assommeras ! répond l'ami de Defermon. »

Le président de la Convention déclare : « La scène qui vient de se passer est des plus affligeantes, la liberté périra si vous continuez à vous conduire de même. »

Le bruit de l'insurrection de la Commune de Paris arrive jusqu'à la salle des Manèges. Les députés ne peuvent plus aller et venir librement. Defermon demande l'exécution d'une mesure prévoyant que, dans les moments de troubles, on appelle 300 hommes de chaque section pour défendre les représentants du peuple. « C'est une injure que vous faites au peuple de Paris ! » lui rétorque Julien, de Toulouse. Lanjuinais, à qui on demande de démissionner, répond, hautain : « J'ai, je crois, jusqu'à ce moment, montré quelque courage et quelque énergie ; n'attendez donc de moi ni démission ni suspension... (Murmures.) J'observe à mon interrupteur que j'ai vu des victimes, ornées de fleurs, que l'on conduisait à l'autel : le prêtre les immolait, mais il ne les insultait pas. On parle du sacrifice de mes pouvoirs. Des sacrifices ! Quel abus de mots ! Les sacrifices doivent être libres, et vous ne l'êtes pas. La Convention est assiégée ; des canons sont braqués contre ce palais ; il est défendu de se mettre à la fenêtre ; les fusils sont chargés. Je déclare donc que je ne puis émettre aucune opinion en ce moment, et je me tais. »

Laissons de nouveau la parole à Jacques Defermon qui, dans ses mémoires, se souvient de ce dramatique épisode : « Mais, quoique bien convaincu que le parti le plus sûr que je pusse embrasser fût de me taire, quoique j'eusse même peu à espérer de mes efforts pour soustraire la patrie aux maux qui la menaçaient, je crus que je répondrais mal à la confiance de mes concitoyens et manquerais à mon devoir si je n'employais pas ce qui me restait de liberté à la défense de la Justice et de mes collègues opprimés. Il ne m'avait pas été difficile de reconnaître que la conjuration était la même qui avait fait exécuter les massacres de septembre, et de prévoir ce qu'on en devait attendre [...]. Toute la garde nationale de Paris était [au soir du 2 juin] sous les armes et entourait le palais et le jardin des Tuileries. Henriot, qui la commandait, était avec son état-major et l'artillerie sur la place du Carrousel. Il n'était pas douteux que ce chef et quelques affidés étaient au service des conjurés, mais tous les autres réunis par le son de la générale, sans être instruits des projets de la conjuration, loin d'être disposés au massacre des députés, se fussent plutôt portés à les défendre. Les conjurés ne pouvaient envisager sans inquiétude la nécessité de renouveler une scène de carnage qui aurait pu révolter les départements. On voulait que l'Assemblée se décimât elle-même et de lassitude et de peur.

« On chercha à l'y amener. On ne permettait à aucun député de sortir des Tuileries ; la séance s'était prolongée et on n'en voyait pas le terme. On proposa [ce fut Barrère] de se rendre au milieu du peuple. Cette proposition fut adoptée, et tous les membres, le président [Hérault de Séchelles] à leur tête, quittèrent leur place et se rendirent par la cour des Tuileries pour entrer sur la place du Carrousel. Henriot s'opposa à ce qu'ils pussent y pénétrer et fit faire mouvement à son artillerie. Le président en parut effrayé, et, retournant vers le château, il conduisit les députés au pont tournant, où il éprouva la même opposition, et ramena dans la salle ces députés qui venaient d'éprouver le traitement le plus humiliant et le plus propre à les intimider.

« Ce fut alors qu'on proposa un décret d'arrestation contre les députés dénoncés, et que, sans écouter les réclamations, sans considérer que l'affirmative n'avait pas été votée par plus de 60 membres, le président prononça le décret et leva la séance en alléguant qu'il n'avait vu que ce moyen de sauver la vie des députés dénoncés. Chacun d'eux eut la liberté de se retirer chez lui à condition d'y garder les arrêts, et comme la tyrannie marche en s'appesantissant, on leur donna bientôt des gendarmes sous le spécieux prétexte de veiller à leur sûreté. La protestation de 73 députés contre les violences exercées sur l'Assemblée, et les bataillons partis des départements de l'Ouest pour venir réclamer et protéger la liberté de leurs députés, suspendirent un moment les mesures de rigueur, mais on ne tarda pas à ordonner l'emprisonnement des députés qui étaient en arrestation.

« J'avais jusque-là fait des efforts inutiles pour leur faire rendre justice. Je ne vis plus que le danger qui les menaçait, et, au moment où je vis porter le décret d'emprisonnement, je m'empressai de me rendre auprès de mon collègue Lanjuinais, et de le faire évader sans que ses gendarmes s'en aperçussent. Je me rendis de chez lui chez M. Vergniaud. J'eus beaucoup de peine à le déterminer à s'évader : il ne pouvait croire que sa vie fût compromise. Je le priai de se rappeler à quels excès le crime triomphant s'était porté chez les Anciens, et de considérer que si les circonstances n'étaient pas les mêmes, les passions ne changeaient pas, et qu'il était facile de prévoir que nous étions menacés des derniers malheurs. Je ne le quittai qu'après l'avoir fait descendre par une fenêtre de sa chambre dans un jardin d'où il sortit dans la campagne sans être aperçu de ses gendarmes. Il passa la nuit à Chilly, mais rentra chez lui le lendemain matin. Il paya bientôt de sa tête l'excès de sa confiance. »

De menace en dénonciation, l'Assemblée demanda le 16 juillet 1793 à Defermon de venir à la barre pour reconnaître s'il avait ou non écrit une certaine lettre à ses électeurs rennais : « J'entrai aux Tuileries d'un côté pendant que les huissiers allaient chez moi par un autre, et au moment où j'allais entrer dans la salle, un député qui en sortait me fit part de ce qui venait de se passer. Je conservai assez de sang-froid pour n'en pas paraître affecté, car c'était un des révolutionnaires. Je lui dis que j'allais déjeuner au café, puisque j'allais être exposé à la fatigue de parler pour me défendre. Il m'accompagna au café qui était à l'entrée de la salle, sur le jardin. Il m'y vit prendre place et se retira. Je ressortis aussitôt et pris le chemin de Passy où un ami, Lefebvre de Nantes, m'avait offert une retraite. »

Le 28, il apprend par le journal du jour qu'il était compris dans un décret de mise hors-la-loi que Barrère avait proposé à la séance du même jour contre les députés qui s'étaient soustraits au décret du 2 juin et étaient allés, disait-on, prêcher la révolte dans les départements de l'Eure et du Calvados.

Un de ses collègues vient néanmoins lui dire que son inscription sur la liste de Barrère n'était pas certaine. « J'aurais demandé le rapport de ce décret si j'avais eu le moindre espoir que la raison eût pu se faire entendre dans cette Assemblée. Mais, convaincu que j'aurais tenté l'impossible, je ne songeai plus qu'à m'éloigner d'un théâtre où je prévoyais que de sanglantes exécutions suivraient bientôt le décret de mise hors-la-loi [...]. Je pris mes dispositions pour me retirer en Bretagne, comptant qu'au milieu de mes compatriotes je ne rencontrerais pas de ces lâches dénonciateurs qui sont le fléau de la société ; je pouvais y rencontrer des ennemis, mais, avec notre caractère national, il me semblait que dès que j'étais malheureux, je devais en attendre de la générosité [...]. Je me procurai un uniforme de garde national, un passeport de fédéré ; mon beau-frère me donna sa voiture, il me procura des chevaux de louage, et, le 12 août au soir, mon compatriote vint dans cette voiture me prendre à Passy d'où nous partîmes pour la Bretagne. »

Quatre jours après avoir inscrit Defermon sur la liste des hors-la-loi, Barrère prononce un violent discours pour ordonner de mettre la Vendée à feu et à sang : « L'humanité ne se plaindra pas : c'est faire son bien que d'extirper le mal. » Il exhorte à « exterminer cette race rebelle », car, dans « ces malheureux départements dont la gangrène politique menace de dévorer et d'anéantir la liberté », la « médecine politique » est habilitée à « porter le fer et le feu ». Pour Barrère, mettre le feu à la Vendée, c'est faire prévaloir les droits de l'homme.

Un peu plus d'un mois plus tard, la Convention met la Terreur à l'ordre du jour. Le 1er octobre 1793, le même Barère, au nom du Comité de salut public, franchit une nouvelle étape : « Détruisez la Vendée ! » lance-t-il à plusieurs reprises. « Chaque coup que vous porterez à la Vendée retentira dans les villes rebelles, dans les départements fédéralistes, dans les frontières envahies. La Vendée et encore la Vendée ! voilà le charbon politique qui dévore le cœur de la République française ; c'est là qu'il faut frapper. »

Jacques Defermon trouva d'abord asile à Retiers (Ille-et-Vilaine) grâce à son ami le recteur Lancelot, député à la Constituante, puis à Campénéac (Morbihan), où il resta caché jusqu'à la fin de 1794.

XIV

Le drapeau blanc flotte au clocher de Maumusson

Alors que la Convention, ayant éliminé les girondins, avait basculé dans la Terreur, et qu'un enfant de Maumusson, le conventionnel Jacques Defermon, était pourchassé, Jean Terrien, après avoir participé aux batailles de Chalonnes, de Thouars, de Fontenay-le-Comte, de Saumur et enfin d'Angers dans les Compagnies bretonnes, accompagnait l'armée des rebelles partis « libérer » Nantes. Mais, passant à quelques kilomètres de Maumusson, il décida, avec quelques « brigands » originaires eux aussi du village, de faire halte pour « libérer » aussi ce dernier. C'est qu'il en avait fait, du chemin, depuis la fin mars ! En quelques semaines, de simple sergent de chasseurs à pied, il était devenu capitaine...

Sitôt la nouvelle connue, le curé Bouvier et l'abbé Souffrant sortirent de la clandestinité pour retrouver leur église. Le drapeau tricolore fut amené et remplacé par le drapeau blanc, le règne de Louis XVII proclamé. Les mêmes scènes avaient d'ailleurs lieu à Belligné autour de

Guillaume Plouzin, ami de Terrien, qui avait lui aussi intégré les Compagnies bretonnes et y était devenu officier. L'abbé Aubert y célébra aussi une messe solennelle, le drapeau blanc fut également hissé sur le clocher et l'arbre de la Liberté abattu au cours d'une grande cérémonie. Deux patriotes eurent les cheveux rasés en public. Du 23 juin au 10 juillet 1793, Maumusson et Belligné étaient devenues des enclaves royalistes [1].

Après la prise d'Angers par les Vendéens, Bonchamp, à la tête de ses Compagnies bretonnes, était parti en avant-garde sur la rive droite de la Loire avec Nantes pour objectif final. Il avait occupé successivement Montrelais, Varades et Anetz après en avoir expulsé le bataillon de la Mayenne et avoir refoulé le bataillon de Seine-et-Oise. Il se dirigeait vers Ancenis, abandonné par la force armée, les corps administratifs et une partie de ses habitants. Le 16 juin à deux heures du matin, un comité provisoire, patronné par les « brigands », fut formé pour diriger la ville, appuyer et approvisionner l'Armée catholique et royale... Ce n'est que le 29 juin que Bonchamp commença, avec d'autres, le siège de Nantes.

Les Terrien, Plouzin et autres soldats des Compagnies bretonnes originaires des communes du district d'Ancenis avaient quitté pour quelques jours le gros de la troupe afin de « libérer » leurs villages. Mais les fêtes organisées autour des « libérateurs » eurent le don d'énerver les autorités bleues. La brigade de gendarmerie de Segré fut mobilisée pour rétablir l'ordre républicain à

1. Pour narrer cet épisode, j'ai utilisé *Les Chapellières, Maumusson pendant la Révolution* et *Vie et prophéties de M. Souffrant*, déjà cités.

Maumusson. Quand les sept ou huit militaires arrivèrent sur la place de l'église, une fusillade nourrie les accueillit. Effrayés, les gendarmes firent demi-tour et, prenant la route du Pont, galopèrent vers Candé.

Deux jours plus tard, le corps d'un gendarme dénommé Couraud était retrouvé au village de La Couère, tout proche du bourg de Maumusson. Faute d'avoir mis la main sur un chirurgien, c'est un marchand droguiste de Belligné qui, en présence de l'officier public, constata le décès : « Âge : environ soixante-douze à quinze ans ; vêtu simplement d'un caleçon ; que les causes de sa mort sont [...] un coup de pierre au côté gauche de la temporale, deux coups de sabre sur la tête, un autre sur les tendons du col. Plus, également, deux coups de fusil dont les balles de l'un se sont portées dans la partie gauche du ventre et l'autre dans le gras du bras du même côté, tout ceci étant les véritables signes de mort du défunt dont il s'agit. »

Si aucun représentant de l'ordre ne voulut alors poursuivre les assassins, c'est qu'il régnait à Maumusson une ambiance qui n'était pas du tout favorable à la République. Le procès-verbal constatant la mort du gendarme Couraud résume bien la situation qui prévalait : « Et dans la crainte d'un nouveau soulèvement, nous n'avons osé faire d'enquête ni nous faire donner de plus grands renseignements pour découvrir les malfaiteurs et auteurs du massacre ci-dessus, attendu l'insurrection de ladite paroisse, et avons renvoyé jusqu'au rétablissement de la tranquillité publique. » Il est paraphé des notables de Maumusson. Lesdits notables, en réalité, savent fort bien que deux Terrien et un certain André Boré ont pris parti au massacre. Mais, officiellement, on n'en saura pas plus jusqu'à ce qu'André Boré, qui avait rejoint l'Armée catholique et royale sur la rive gauche de la Loire aux côtés de Jean Terrien, soit capturé puis interrogé à Ancenis quelques mois plus tard. Après avoir rappelé l'historique de l'affaire, les magistrats demandent à André Boré où il se trouvait quand les gendarmes, après la fusillade, ont fui Maumusson.

« J'étais chez Ploquin... au village de La Couère, et je vis passer trois gendarmes, desquels était ce qu'on m'a dit être le citoyen Couraud, qui était perdu derrière, les deux autres à environ une portée de fusil.

– Avez-vous connaissance que le citoyen Couraud dont vous venez de parler ait été démonté au village de La Couère et assassiné ?

– Oui, j'ai connaissance que le citoyen Couraud...

– Savez-vous par qui il a été démonté et assassiné ?

– Je vis le nommé Bordereau [...] lancer une pierre qui l'atteignit au front et le démonta.

– N'avez-vous point vous-même lancé des pierres [...] et ne l'avez-vous point atteint ?

– Je lui ai moi-même lancé deux pierres qui l'atteignirent dans les côtes, et ce fut à l'instant qu'il était démonté.

– Le citoyen Couraud fut-il blessé à mort par les coups de pierre ?

– Non, je crois qu'après ces coups il aurait encore pu se sauver, mais Jacques Terrien, des Chapellières, et Mathurin Terrien, que je crois être le domestique des demoiselles Fermont des Chapellières, qui les poursuivaient dès le bourg de Maumusson avec plusieurs autres, du nombre desquels j'étais [...], lui tirèrent deux coups de fusil, sans savoir où les coups portèrent.

– Lequel des trois que vous venez de nommer a tiré les coups de fusil ? Étaient-ils armés [sic] ? Et ceux qui les accompagnaient ?

– C'est Jacques Terrien, fils du métayer des Chapellières, qui lui tira deux coups de fusil. Mathurin Terrien avait un fusil avec sa baïonnette, il n'en fit point usage. Moi et les autres n'avions point de fusil mais nous étions armés de brocs et de vouges.

– N'avez-vous point poursuivi les autres gendarmes pour tâcher de leur faire éprouver le même sort qu'au citoyen Couraud ?

– Nous les avons poursuivis jusqu'au village des Loges sans pouvoir les atteindre.

– Quelle arme aviez-vous à la poursuite de ces gendarmes, et quels étaient ceux qui vous accompagnaient, et quelles armes avaient-ils ?

– J'avais le sabre et un des pistolets du citoyen Couraud que je lui avais enlevés au village de La Couère quand il respirait encore. J'étais accompagné des mêmes Jacques et Mathurin Terrien, armés le premier d'un broc et les deux autres de fusils, et encore d'un appelé Cortoir, ci-devant garde chez La Ferronnay, qui demeure dans le bois de Maumusson, lequel était armé d'un fusil à deux coups. Il y avait d'autres personnes que nous rencontrâmes aux Loges pour nous donner main-forte, parmi lesquelles il y en avait quatre à cinq armés de fusils, les autres l'étaient de vouges et de bâtons [...]. Ne les ayant point rencontrés, nous restâmes là [...] jusqu'au lendemain matin.

– Que devint le citoyen Couraud... ?

– L'après-midi du jour de l'assassinat, je revins environ à quatre heures, accompagné des deux Terrien, au village de La Couère où Jacques Terrien acheva d'un coup de fusil le citoyen Couraud qui était assis sur une pièce de bois. Mathurin Terrien s'empara du cheval sellé et du manteau. J'ignore qui a eu ses habillements, ni l'autre pistolet. Je sais qu'il fut enterré dans un petit taillis proche de La Couère. Je ne connais pas ceux qui l'y portèrent. J'ai entendu dire que la veuve Le Rouge, du village de La Couère, a eu son portefeuille et des mouchoirs [...], et ensuite nous allâmes aux endroits que j'ai désignés monter la garde. Je me rappelle que, lorsque le citoyen Couraud était expirant, René Bourigaud père, tailleur d'habits, qui demeure aux environs de La Couère, s'y trouva, ayant un pistolet à la main. Il exhortait ledit Couraud à la mort, et sur ce que Couraud ne voulant pas l'écouter, lui dit : "Tu mérites mourir là", et, à l'instant, Jacques Terrien le tua d'un coup de fusil et Bourigaud s'en alla avec son pistolet.

– Quels étaient ceux qui commandaient une telle atrocité ?

– Personne, nous le fîmes de notre chef.

– Bourigaud, dont vous venez de parler, ne vous recommandait-il pas, et à vos complices, de ne point faire de mal au citoyen Couraud ?

– Non, il dit seulement : « Tu mérites mourir là », et il s'en alla.

– Que devîntes-vous le lendemain de l'assassinat du citoyen Couraud ?

– Je me retirai [...] au village de La Herse-en-Pouillé, j'y restai environ huit jours. De là, je passai avec Pierre Cochet et le nommé François, de la paroisse de Pannecé, dont le père est tonnelier, de l'autre côté de la Loire par un endroit nommé Boisvert. J'ignorais le nom de celui qui nous passa.

– Aviez-vous le sabre et le pistolet du citoyen Couraud dont vous vous étiez emparé, et n'aviez-vous point d'autres armes ?

– Oui, et j'avais en outre un fusil de chasse qui me fut donné par Le Clerc, laboureur près de Saint-Herblon. »

Au terme de cet interrogatoire, André Boré fut exécuté.

Le 10 juillet 1793, le drapeau tricolore flotte à nouveau sur Maumusson. Les rebelles maumussonnais ont quitté le bourg et rejoignent les Compagnies bretonnes qui, après l'échec, le 29 juin, de l'assaut contre Nantes, bien défendu par le général Canclaux, chef des armées des côtes de Brest, secondé par le général Beysser, commandant de la place, et Baco de la Chapelle, maire de la cité, ont regagné la rive gauche de la Loire. Au combat de Nantes, les Compagnies bretonnes ont perdu le chevalier Fleuriot, un des adjoints de Bonchamps.

Avec les « Bonchamps », comme on appelait les soldats des Compagnies bretonnes, Terrien participera à tous les combats, alternant victoires et échecs, de la guerre de Vendée. Fin juillet, sur l'ordre inconséquent du général de La Tremoille, il fonce sur les ponts de Cé pour en chasser l'ennemi : « L'on avance et l'on prend successivement deux batteries. Quoique accablés par balles et mitrailles, on voulut en prendre une troisième : impossible, les ponts étaient coupés, ce qu'on devait bien prévoir ; il fallut se retirer et laisser lesdits ponts couverts de morts et de blessés [...]. Terrien eut le crâne très fracassé, ce qui le mit hors de combat l'espace d'un mois ; il perdit bien des camarades et des amis : fatale affaire qui, bien loin d'acquérir de la gloire à celui qui l'avait entreprise, ne lui attira qu'une grande indifférence[1]. »

À part un échec à Tournebride le 22 septembre, tout va bien jusqu'au 17 octobre, jour où une partie des « Bonchamps » se battent près de Cholet alors que Terrien et Plouzin franchissent la Loire pour préparer le passage de l'Armée catholique et royale sur la rive droite du fleuve : une manœuvre qui a pour but de la faire échapper à la pression républicaine, dans l'espoir qu'elle trouve davantage de soutien en Bretagne, en Haut-Anjou et en Mayenne qu'en Bas-Anjou et en Vendée. Mais Cholet se révèle fatal : « Jamais, raconte Kléber, d'Elbée et Bonchamps n'ont livré un combat si opiniâtre, si bien ordonné, mais qui leur fut en même temps si funeste : les rebelles comme des tigres, et nos soldats comme des lions. » Dans ce combat, les « Bonchamps » perdirent leurs deux chefs, tous deux blessés à mort.

Avant de mourir, Bonchamps, replié à Saint-Florent-le-Vieil, réussit à faire libérer de 4 à 5 000 prisonniers. Le général Savary[2] raconte dans ses *Mémoires* ce haut fait, gravé dans le marbre de l'église abbatiale de Saint-Florent-le-Vieil : « Rien de plus attendrissant que de voir ces tristes victimes, pâles et défigurées, nous crier de loin, de leurs voix presque éteintes : "Vive la République !" Nous apprîmes qu'ils avaient échappé à la mort à la

1. *Services militaires de Jean Terrien*, états de service écrits par lui-même pour obtenir grade et pension sous la Restauration, et conservés par Bernadette Guerrier, une de ses descendantes.

2. Cf. Général Savary, *Guerres des Vendéens et des chouans contre la République française*, tome IV, Paris, Baudoin frères, 1825.

prière de Bonchamps qui, expirant à la suite de ses blessures, avait demandé et obtenu leur grâce. »

Onze canons étaient déjà braqués sur l'église de Saint-Florent, dans laquelle ils étaient entassés, lorsque des femmes et des enfants de la localité implorèrent les bourreaux. Bonchamps, mourant, se mit résolument de leur côté : « Camarades, vous m'avez obéi jusqu'à ce jour, qui est le dernier de ma vie ; en qualité de votre commandant, je vous ordonne de pardonner à mes prisonniers. Si l'ordre d'un chef mourant n'a plus de pouvoir sur vous, je vous en prie au nom de l'humanité, au nom de Dieu pour lequel vous combattez ! Camarades, si vous dédaignez mon ordre et ma prière, je vais me porter au milieu de mes prisonniers et de vous, et vos premiers coups tomberont sur moi ! »

Bonchamps meurt dans la nuit à La Meilleraie, hameau situé sur l'autre rive de la Loire. Quelque 100 000 rebelles traversent également le fleuve dans un chaos indescriptible pour fuir les bleus, devenus tout-puissants. Cohorte invraisemblable de combattants en uniformes dépareillés, de prêtres, de femmes, de vieillards et d'enfants. Selon un témoin, il y avait de « 10 à 15 000 personnes inutiles, dont 2 à 3 000 à cheval » ; beaucoup avaient emmené leurs carrosses et cabriolets, plus de 200 charrettes suivaient pour transporter les objets précieux des châteaux et riches maisons abandonnés. Commence ce que l'histoire appellera la Virée de galerne, qui, entamée triomphalement par la prise de villes sans aucun intérêt stratégique (Candé, Château-Gontier, Laval), assortie au passage de pillages et de massacres, va rapidement se transformer en une traque impitoyable menée par les bleus.

Les rebelles décident d'atteindre Granville, espérant une liaison avec les Anglais. Ils perdent encore deux mille hommes devant le port. Les hordes de gueux affamés, malades, épuisés, rebroussent chemin, rêvent de repasser la Loire pour retrouver enfin leur pays. Toujours poursuivis par les bleus, ils échouent devant Angers et s'en reviennent vers Le Mans. Là, le 12 décembre 1793, ils subissent une terrible défaite. Le commissaire Maignan, établi à Saumur, écrit au Comité révolutionnaire : « Je n'avais point encore vu de carnage comme celui-là. La route est jonchée de cadavres ; tout a été criblé par l'artillerie, le fusil et l'arme blanche ; femmes, prêtres, moines, hommes et enfants, tout a été livré à mort ; je ne fais grâce à personne, j'ai également fait mon devoir : il y a du plaisir à venger sa patrie. »

Ceux qui ont réchappé au massacre fuient et espèrent encore pouvoir traverser la Loire, mais les généraux Westerman, Kléber et Marceau sont toujours à leurs trousses. Seuls quelques-uns réussissent à passer le fleuve à Ancenis, laissant encore derrière eux de nombreux tués. Les survivants, restés sur la rive droite, se dirigent vers Savenay.

XV

« Purification » du pays d'Ancenis et premiers signes d'une nouvelle révolte

« Par principe d'humanité », Carrier, depuis novembre 1793, purgeait donc le district d'Ancenis des « monstres » revenus de Vendée, dont le nombre était estimé à quinze cents. Le commissaire Savariau et le général Hector, ayant en poche l'ordre d'« écraser sans retour les malveillants », avaient incendié le bourg de Saint-Sauveur, mis le feu à l'église de Belligné, et fusillé sans jugement de nombreux « suspects ». Le 15 janvier 1794, l'adjudant-général Delaage, basé à Ancenis, a fait un beau coup de filet dans le bois de Maumusson, y a massacré beaucoup de « brigands » et a envoyé à Nantes 147 prisonniers qui ont été fusillés quelques jours plus tard. Parmi eux, 113 des cantons de la Rouxière et de Varades, dont 9 de Maumusson. Sur toute la région flotte alors une odeur pestilentielle.

Fin décembre 1793, Alain Terrier est envoyé en mission pour faire ensevelir les nombreux cadavres en décomposition qui n'ont pas trouvé de sépulture : c'est dire combien la répression a été terrible dans le pays d'Ancenis. Même à Maumusson, longtemps préservé des actions des patriotes, les temps ont, comme la municipalité, changé. Les nouveaux édiles prêtent main-forte aux militaires et aux gardes nationaux. Ils ont reçu d'Ancenis une instruction datée du 3 janvier 1794 leur enjoignant, « sans considération de parenté, d'amitié ou d'intérêt », d'arrêter tous ceux qui sont sur leur territoire ou qui viendraient s'y réfugier, et de les faire conduire à la prison. « Pensez que tout modérantisme compromettrait votre responsabilité et mettrait vos têtes sous le glaive de la loi », conclut la lettre[1].

Malgré la brutalité de la répression, de nombreux anciens des Compagnies bretonnes de Bonchamps vivent encore cachés dans le pays d'Ancenis, notamment à Maumusson, dans des souterrains, des caches aménagées dans des greniers, dans des étables, des paillers, dans les bois, dans les arbres. Ils arrivent à échapper aux forces de l'ordre grâce au soutien complice de la population. L'« abbé » Jean Terrien, devenu capitaine de chasseurs à pied, vit entre La Rouxière et Maumusson ; il y bénéficie du soutien des sœurs Defermon, de son père, leur métayer, et de ses nombreux parents. Il prend à cette époque le surnom de Cœur de Lion. Son ami Guillaume Plouzin, qui a fait le même parcours, se planque autour de Belligné et y bénéficie de l'aide des nombreux Plouzin. Il ne sera bientôt plus appelé que le Lion. Caché aussi près de Châteaubriant, chez les cousins de Jean

1. In Pierre-Michel Gourlet, *Révolution, Vendée, chouannerie, Mémoires inédits, 1789-1824*, introduction d'Alain Racineux, Éditions du Choletais, 1989.

Terrien, son compagnon de guerre vendéenne, l'« abbé » Jean Pacory, ne sera bientôt plus connu que sous le sobriquet de Cœur de Roi. D'autres chefs des Compagnies bretonnes sont cachés au pays : Palierne et Barbot d'Ancenis, le chevalier Fleuriot[1] (le futur Balafré) qui a eu Jean Terrien sous ses ordres, et Pierre-Michel Gourlet, de Saint-Mars-la-Jaille.

Gourlet est le seul à avoir raconté ce qu'il a vécu entre la fin de la Virée de galerne et les débuts de la chouannerie[2]. Il décrit sa vie errante de ferme en ferme, par les petits chemins, afin d'éviter les patauds [nom donné par les chouans aux républicains] et les bleus, depuis la défaite du Mans. Fuite rendue d'autant plus difficile qu'il a contractée, comme beaucoup de « brigands », la gale. Fin janvier 1794, au bout de plusieurs semaines, il arrive ainsi dans une paroisse de Bretagne nommée Le Pin, à 18 kilomètres de Maumusson :

« Obligés d'errer à l'aventure et souvent poursuivis, car, plusieurs fois, les patauds ou les bleus nous avaient donné la chasse comme à des bêtes sauvages. Par suite de nos courses obligées, nous arrivâmes dans une paroisse de Bretagne nommée Le Pin, frontière de l'Anjou. Nous fûmes chez un pauvre petit fermier ; là, couché sur la paille d'une étable, je fus saisi d'une fièvre brûlante ; plus que je fus moi-même affecté de ma position, le fermier et mon compagnon s'en alarmèrent, surtout ce dernier qui prit le parti de m'abandonner [...]. Dans la soirée, mon hôte vint m'annoncer que les patauds devaient venir la nuit dans le village ; la terreur était déjà dans tous les traits de sa figure et annonçait le

1. Frère de celui qui est mort lors du siège de Nantes.
2. Pierre-Michel Gourlet, *Révolution, Vendée, chouannerie*, *op. cit.*

trouble de ses idées ; il me signifia de m'éloigner sans délai ; j'implorai sa pitié en raison de l'état affreux dans lequel je me trouvais : j'avais les mains enflées jusqu'à ne pouvoir presque plus en faire usage pour premières nécessités ; je lui demandai à me retirer dans le coin d'une écurie servant à des cochons et non occupée, sans fermeture à clef ; dans le cas où je serais découvert, j'attesterais, et l'on pourrait me croire, que je m'y serais retiré à son insu ; je ne pus le déterminer à m'accorder cette faveur, il fallut partir ; à peine pouvais-je me servir et m'appuyer d'un bâton ; dans cet état, il me conduisit à 8 heures du soir à une distance d'un quart de lieue de chez lui, sur le bord d'un vaste terrain communal, me mit dans un sentier qu'il me dit conduire à un bois où je pourrais trouver des loges de charbonniers pour y reposer en sûreté... »

Quelques jours plus tard, Gourlet manque de tomber dans une embuscade, mais réussit à s'échapper, les bleus ayant eu la maladresse de crier : « Qui vive ? » Il fuit de buisson en buisson et par des chemins de traverse, aperçoit une lumière : « Je tentai d'y trouver un abri pour la nuit dans une grange ou écurie, mais toutes les portes étaient soigneusement fermées. Je me hasardai à frapper à la porte du fermier en demandant l'hospitalité pour un pauvre voyageur égaré ; soit prudence ou inhumanité, il me répondit sans ouvrir la porte que j'eusse à m'éloigner au plus vite, ou qu'il saurait me faire chasser par son chien ; j'entendais en effet un chien que l'on cherchait à apaiser et dont la voix annonçait une force à laquelle il joignait peut-être méchanceté ; malgré les menaces, ce fermier me passa par un trou au bas de la porte, et que l'on nomme chatière, un morceau de pain que je ne lui avais pas demandé ; cette bonne action me rendit confiance et, pressant pour qu'il m'accordât où passer la nuit, car il pouvait être à ce moment-là de 10 à 11 heures du soir : "Je ne sais, lui dis-je, où pouvoir être à l'abri du mauvais temps qui semble s'annoncer par un vent glacial, prenez pitié de moi. – J'entends, à cette voix, me répondit-il, que tu es un des brigands de Vendée, il n'y a qu'eux sans asile et que personne ne peut recevoir. Va te mettre dans un fossé, les citoyens n'iront pas t'y chercher." » Gourlet part dans la nuit, trouve finalement un amas de chaume, s'y adosse et s'endort ; il se lève avant le point du jour, puis se met à chercher un endroit abrité où passer la journée, trouve de forts et épais buissons dans des haies de champs éloignés des chemins et prend le parti de s'installer dans un renfoncement. Il reste éveillé, puis plonge dans un profond sommeil pendant deux heures. « Je dus dormir bien profondément, car quelle surprise n'éprouvai-je pas à mon réveil de me trouver couvert d'une neige qui avait pénétré à travers le buisson qui, cependant, m'avait garanti de la quantité propre à m'étouffer, car la terre nue se trouvait couverte de plusieurs pouces d'épaisseur... »

À ces révoltés de la première heure qui s'étaient aguerris sur la rive gauche de la Loire, y avaient acquis plusieurs galons et avaient réussi jusque-là à passer à travers les mailles des filets patriotes, il convient d'ajouter de nombreux anciens soldats bretons moins gradés, comme Pineau, dit la Fleur, Rougé, dit la Liberté, et d'autres sans aucun galon...

Début janvier 1794, Carrier avait annoncé à la Convention que « la défaite des brigands était complète » ; il estimait l'armée de l'Ouest « plus que suffisante pour l'extermination définitive des petites bandes de brigands éparses dans les bois, qu'on diminue journellement[1] ». Mais lesdits « brigands » étaient encore nombreux à Maumusson et dans les paroisses voisines. Ils commençaient même à vouloir reprendre les armes pour lutter contre un système qu'ils trouvaient décidément trop barbare.

Jusqu'à la fin décembre 1793, après la fin de la Virée de galerne et la cruelle défaite de Savenay, l'idée même de reprendre la lutte ne serait venue à aucun, tant ils étaient alors exclusivement préoccupés de sauver leur peau. Le général Westermann, le boucher de Savenay, on s'en souvient, avait d'ailleurs tenté de convaincre Carrier d'arrêter la répression, puis ce fut le tour de Kléber et de Savary de demander à Turreau de cesser des massacres qui risquaient de rallumer la guerre. Carrier et ses successeurs n'avaient pas voulu entendre raison.

Les interrogatoires d'Anne Terrien, sœur de Jean, et de Mathurin, leur père, quelques lettres saisies sur eux, diverses observations des autorités déposées aux archives départementales de Nantes, permettent de reconstituer les premiers signes d'une nouvelle révolte à Maumusson.

Les Defermon et les Terrien sont alors dans le collimateur des patriotes, convaincus que l'abbé Defermon, les prêtres de Maumusson et le brigand Jean Terrien se cachent aux Chapellières ou, en tout cas, y passent souvent. La traque s'est durcie depuis la toute première perquisition. Jeanne Defermon a été arrêtée le 15 septembre 1793, conduite à Nantes, et risque d'être guillotinée. La jugeant en danger de mort, et malgré la brutalité de la

1. SHD, B 5/8.

répression frappant les *aristocrates* et les risques qui en résultent, les Terrien et les Defermon décident de tout mettre en œuvre pour la faire revenir à Maumusson.

Le jeudi 27 février 1794, Anne Terrien, en plein accord avec son frère Jean, se rend à la Maison commune de Maumusson, où elle rencontre les nouveaux édiles patriotes. Elle demande d'abord à Pierre Job un certificat de civisme pour Jeanne Defermon, faisant valoir le dévouement de sa maîtresse et sa générosité à l'égard des pauvres. Job lui répond :

« Je n'ai pas à répondre à votre demande. Et puis, je ne suis quand même pas obligé de me compromettre au point de me faire couper le cou [1]. »

Anne a beau argumenter, rien n'y fait. Elle demande aux autres membres de la municipalité un laissez-passer pour aller, le surlendemain, à Issé voir ses maîtresses, les sœurs de Jeanne Defermon, son oncle, sa tante et ses cousins Terrien, métayers eux aussi des Defermon à Gatine-en-Issé. Elle n'a bizarrement aucune difficulté à obtenir ce sauf-conduit.

Le 28 février, Anne retrouve son frère Jean dans sa cachette. L'ancien officier de Bonchamps écrit une lettre aux demoiselles Defermon, alors à Issé, que sa jeune sœur acheminera le lendemain :

« Citoyennes, je suis bien fâché de ne pouvoir vous donner de bonnes nouvelles ; le citoyen Tout Job a répondu au porteur de votre lettre qu'il n'y avait point de réponse à faire, d'ailleurs qu'il n'était pas obligé de se compromettre au point de se faire couper le cou. Tout

1. ADLA, L 1492 pour toute l'histoire qui court de la page 221 à la page 228.

ce qu'on a pu dire n'a fait aucune influence sur l'esprit de cet original ; ce qui ne me surprend pas, d'après sa conduite : tôt ou tard, les hommes se font voir tels qu'ils sont. Nous attendons une visite de la part de nos Bons Républicains, ils sont déjà dans les paroisses voisines. Les soi-disant royalistes vont et viennent à Saint-Florent ; les Patriotes de ce dit lieu ne purent rien emporter, tant leur fuite fut précipitée. Ah ! faut-il avoir laissé de quoi dire la messe à ces brigands ! disaient-ils en courant. Heureux de sortir de l'hiver, puisqu'on prend jusqu'aux couvertures de laine, enfin tout ce qui est nécessaire pour les équipages de nos cavaliers et de leurs chevaux, les étriers même, et c'est ce dont ils ont le plus grand besoin. Les garçons de cet arrondissement se préparent à faire la guerre. Mais aux renards et aux lapins, un grand nombre se sont déjà accoutumés à vivre avec ces êtres sauvages.

« Vous direz, s'il vous plaît, à votre voisin Charles et à son camarade, que le Dieu Mars commence à s'emparer de moi et que je les inviterai bientôt à conduire notre promenade, si je peux communiquer une partie de l'esprit qui m'anime à tous mes nouveaux renards. Je ne désespère pas de pouvoir en venir à bout. Voilà le moment où j'ai besoin des rayons du Grand Orient, je supplie les maçons de m'en envoyer quelques parcelles qui me seront certainement d'un grand secours. Raillerie à part : j'ai besoin de conseils et je désirerais bien en recevoir de ceux qui savent le métier et qui sont destinés à conduire l'affaire ; que le citoyen Charles fasse un livre où l'on aura soin d'imprimer les cas que l'on proposera dans la suite ; je n'envoie au citoyen François qu'une partie de ce qu'il m'avait demandé, la République ayant disposé du reste.

« Ma tante me demande des poids, je ne saurais lui en procurer, ils sont partis en réquisition avec bien autres choses ; je suis en attendant des nouvelles de votre pays et surtout de mon parrain que j'ai laissé bien mal. Mes assurances de respect aux citoyens François, Mathurin, Jacques, enfin à tous ceux du château et du village. Votre très humble citoyen, le rat. »

(En marge, il a été inscrit : « Excusez mon griffonnage, un rat dans ses ratelières ou tanières ne voit quelquefois pas clair. »)

Le samedi 29 février à l'aube se masse beaucoup de monde devant la métairie des Chapellières située à quelques mètres du « château » et construite avec les mêmes pierres. On s'affaire autour des deux chevaux et du petit poulain, qui montrent des signes d'impatience. Les chevaux sont chargés de paniers d'osier. Sur l'un d'eux : une selle et une valise. La mère Terrien surveille le chargement. Pendant que Julien Fouchet, un meunier de Maumusson, tient les chevaux, Victorine Huet, autre fermière des Defermon, Anne et Ursule Terrien remplissent les paniers : « Une pièce de flanelle, deux chemises d'homme, deux de femme, un gilet, deux caleçons, deux mouchoirs, une demi-mesure de fèves, une potée de beurre de quarante livres pot compris, huit livres de poupée de chanvre, un demi-boisseau de patates. » Tout est prêt. Anne a glissé la lettre de son frère et celle d'une parente de ses maîtresses dans son portefeuille.

Le jour est à peine levé quand Anne, qui a mis sa coiffe blanche, accompagnée de Victorine Huet et de Julien Fouchet, prend la route de Saint-Mars-la-Jaille. Le voyage se déroule bien. Ils passent Riaillé, puis Auverné sans encombre. Avant d'arriver à Moisdon, ils sont rejoints par un beau-frère des demoiselles Defermon et un cousin d'Anne habitant Gatine. Mais, à l'approche de l'église, le capitaine de la garde nationale de Moisdon trouve cet équipage bizarre et même suspect. Il est convaincu qu'il n'est pas composé d'amis de la Constitution. Il l'arrête, réclame le laissez-passer. Anne Terrien le lui tend. Deux noms le troublent : « Terrien » et « Gatine ». Voilà qui ne sonne pas républicain. Depuis 1792, les Terrien de Gatine ont souvent attiré l'attention des républicains, et Françoise Terrien, née Moulin[1], a été emprisonnée parce que soupçonnée d'avoir été impliquée dans l'insurrection de mars 1793. Le mari et les fils de celle-ci sont connus pour être des *aristocrates,* et même des *calotinocrates.* Deux (voire trois) Terrien de Gatine ont fait partie des Compagnies bretonnes, et Jean Terrien a même été blessé pendant la guerre de Vendée.

Le maire jacobin de Moisdon est prévenu. Il demande au capitaine et à ses hommes de fouiller les paniers et les effets de ces gens. Entre-temps, le beau-frère des demoiselles de Defermon et le cousin d'Anne Terrien se sont éclipsés... Catastrophe : les gardes nationaux trouvent deux lettres suspectes sur Anne Terrien. Les trois voyageurs sont immédiatement conduits au district de Châteaubriant où l'interrogatoire commence :

« Qui vous les a remises et à qui deviez-vous les remettre ? demande-t-on à Anne.

– Je ne sais pas d'où elles viennent. Je les ai découvertes au moment où les gardes ont ouvert mon portefeuille. On les y aura secrètement glissées », explique-t-elle.

1. Mon ancêtre en ligne directe.

Les administrateurs du district sont sur les dents. Après lecture des lettres, ils sont persuadés qu'ils sont en train de mettre au jour un vaste complot. À l'évidence, Anne Terrien se moque d'eux. Elle affirme en effet qu'elle ne va à Gatine que pour « payer ses redevances aux demoiselles des Chapellières dont elle est fermière ». L'agent national demande si l'ex-conventionnel Jacques Defermon, actuellement « traître à la patrie », n'a pas été vu aux Chapellières. Victorine Huet affirme que non. Mais la situation, déjà compliquée, devient dramatique pour Anne Terrien après la déclaration d'un charpentier patriote de Maumusson qui arrive de Gatine où il a rencontré les demoiselles des Chapellières pour leur acheter du bois. En réalité, c'est le beau-frère des demoiselles Defermon, l'homme qui s'est éclipsé un peu plus tôt, qui l'a envoyé à Moisdon pour tenter d'arracher Anne Terrien et ses compagnons de voyage aux griffes des forces de l'ordre. Or le charpentier Sébastien Barbien assure que Victorine Huet et Julien Fouchet sont patriotes, mais qu'« il ne croit pas qu'Anne Terrien l'est »... À l'issue de cet interrogatoire, le directoire de Châteaubriant décide d'arrêter Anne Terrien et de lancer immédiatement un mandat d'arrêt contre les demoiselles des Chapellières : « Nous venons de découvrir un nouveau complot dont l'objet était infailliblement de faire de la rive droite de la Loire une nouvelle Vendée... Il est probable que cet infernal complot a lieu des Chapellières, en la paroisse de Maumusson, qui envoient des missives aux quatre coins du département. »

La lettre de Jean Terrien ne laisse planer aucun doute sur ses intentions. Par l'affirmation que « les garçons de cet arrondissement se préparent à faire la guerre » et « que le Dieu Mars commence à s'emparer de lui », elle annonce un nouvel embrasement dans le district d'Ancenis, avec Maumusson et les Chapellières pour épicentres. Si les gens de Châteaubriant ne décèlent pas qui se cache derrière le « rat » (Lerat est le nom de la grand-mère maternelle de Jean Terrien), ils peuvent en revanche deviner que, derrière « Excusez mon griffonnage, un rat dans ses ratelières ou tanières ne voit quelquefois pas clair », l'auteur fait allusion aux grottes, souterrains, greniers, huttes et autres caches qu'il utilise pour se planquer. L'existence de proscrit du « rat » ne l'empêche pas d'entraîner des jeunes gens à la guerre pour sortir bientôt se battre au grand jour. Le « rat » est manifestement bien informé des mouvements des forces républicaines dans les paroisses voisines de Maumusson, et il est en relation avec les royalistes de la rive gauche de la Loire qui vont et viennent par Saint-Florent-le-Vieil.

Quant à la missive de la parente des demoiselles Defermon, elle est suffisamment mystérieuse pour que les autorités de Châteaubriant y voient des messages codés relatifs au complot en préparation. Il y a effectivement de quoi s'interroger sur la signification de : « Il paraît que le cher neveu est au pays. Je désire qu'il réussisse dans son entreprise, ce sera une grande chose, car cela me paraît bien difficile. Je pense qu'il est muni de certificats. Que le Bon Dieu veuille qu'il réussisse, car je commence à dire, comme David, que mon pèlerinage est long. » Il est en fait probablement question de la venue de Bernard Dutreil, beau-frère des demoiselles Defermon, qui est commissaire national à Redon et qui peut ainsi, en tant que patriote reconnu, produire des certificats de civisme pour faire libérer Jeanne Defermon, emprisonnée à Nantes.

Cette correspondance montre que, à la fin de l'hiver 1793-94, les demoiselles des Chapellières sont totalement impliquées dans la lutte contre la Convention. Est-ce la proscription de leur frère Jacques qui a dissipé chez elles toute réticence à passer du verbe à l'action ? Jusqu'ici, elles ont caché des prêtres, des réfractaires, des proscrits, des réfugiés de toutes sortes, mais sans jamais participer directement à une conspiration. D'autre part, la lettre confirme les liens intimes que Jean Terrien entretient non seulement avec les demoiselles Defermon, mais aussi avec leur frère François, l'« abbé », et avec tous les Terrien de Gatine : sa tante Françoise Moulin, libérée depuis le 10 décembre, son parrain, Jean Terrien, et ses cousins François, Mathurin et Jacques. Mais le passage le plus troublant est celui où Terrien utilise le langage franc-maçon : « Voilà le moment où j'ai besoin des rayons du Grand Orient, je supplie les maçons de m'en envoyer quelques parcelles qui me seront certainement d'un grand secours. » Fait-il ainsi allusion à Jacques Defermon et/ou à son frère Jean, tous deux francs-maçons ? Cette allusion au Grand Orient est-elle seulement une « raillerie », comme il l'écrit lui-même ? On comprend en tout cas que les administrateurs du district de Châteaubriant aient été plongés dans des abîmes de perplexité en lisant et relisant certains passages de la lettre du « rat »...

Le 6 mars 1794, le citoyen que le « rat » appelle « Tout Job », qui est Pierre Job, se rend à Châteaubriant sur convocation du district. Il explique qu'Anne Terrien est bien venue lui demander un certificat de civisme en faveur de Jeanne Defermon, détenue à Nantes comme suspecte depuis le 15 septembre 1793. Le même Job reconnaît l'écriture de l'« abbé » Jean Terrien dans la lettre signée « le rat », alors que les administrateurs de Châteaubriant soupçonnaient l'ex-conventionnel Defermon de l'avoir écrite. Job affirme également que Jean Terrien est caché autour de Maumusson avec l'« abbé » François Defermon et avec Jean Pacory, qui a eu le fémur fracturé.

Huit jours après cette audition, coup dur pour le clan des Chapellières, une colonne volante part de La Rouxière pour Maumusson. Elle s'arrête à la métairie du Bois, une des deux exploitées par Mathurin Terrien. Les gendarmes placent le vieux Mathurin, père d'Anne et de Jean Terrien, en état d'arrestation. Le métayer des Defermon ôte ses sabots et tente de fuir. Mais il est vieux, vite rattrapé et aussitôt fouillé. On trouve dans une de ses poches une lettre du chevalier Fleuriot à son fils l'« abbé » Jean, dans laquelle est annoncée la reprise imminente des combats, confirmant ainsi la lettre de Jean Terrien saisie à Moisdon :

« L'instant approche, mon cher abbé, où les Bretons ne vont pas se laisser égorger impunément ; un de nos chefs me mande que les habitants de son canton, au nombre de plus de quinze cents hommes, sont résolus à prendre les armes pour le maintien de leur religion et le soutien du Trône. Je suis animé des mêmes sentiments et résolu à mourir plutôt que de vivre parmi des hommes qui foulent aux pieds les principes les plus sacrés. On doit me donner avis du nombre de l'armée qui se forme dans l'Est, j'ai besoin de le savoir le plus tôt possible, il n'y a pas de temps à perdre, il s'agit d'arrêter le massacre des honnêtes gens ; je suis votre général en chef de la division de Bonchamp. »

Le chevalier Fleuriot, dit le Balafré, commandait les Compagnies bretonnes où s'étaient distingués plusieurs Terrien, dont l'« abbé ». La saisie de cette lettre est une belle opération des militaires basés à La Rouxière. Les gendarmes ont enfin une preuve des agissements de ces diables de Terrien. Ils ont en outre une seconde raison d'arrêter le vieux Mathurin : ses blés ne sont pas coupés et les essieux de ses voitures sont démontés, ce qui signifie qu'il obéit aux consignes d'affamer les bleus, récemment émises par les premiers rebelles chouans. Conduit à la maison d'arrêt d'Ancenis, Mathurin est interrogé à deux reprises sur les activités contre-révolutionnaires de sa famille. Le vieillard reste stoïque.

Sait-il que sa fille Anne a été arrêtée, porteuse de lettres compromettantes ?

« Tant pis pour elle, elle a l'âge », répond-il.

Sait-il que ses fils sont passés en Vendée ?

« On me l'a dit, mais j'ignore de quel côté ils ont viré. Je n'ai pas vu mon fils tonsuré depuis le début de l'insurrection ; Mathurin m'a quitté il y a huit mois ; Jacques, depuis le commencement des affaires.

– Vos deux fils, Jacques et Mathurin, ont monté le cheval du gendarme Couraud, tué à la Saint-Jean dernière, dans le bourg de Maumusson.

– Je connais ces faits, mais je n'y étais pas. »

Conduit à Nantes, il est écroué à la prison de Sainte-Claire le 21 mars. Il en sort le 13 avril pour être admis à l'hôpital. Il n'en ressortira pas.

Le soir même de la capture de Mathurin Terrien, une nouvelle colonne, partie également de La Rouxière, occupe Maumusson à la suite d'une dénonciation d'un patriote local, baptisé « traître » par la quasi-totalité des Maumussonnais. Elle veut capturer le curé Bouvier qui se trouverait chez Pierre Demats, son beau-frère[1]. Dans la nuit du 11 mars, le vieux recteur, qui vit toujours clandestinement, est en effet venu dans cette maison du bourg pour baptiser Julie Demats, la fille de son neveu Pierre Demats, vivant sous le même toit avec Agathe Pavys, son épouse. Les patriotes avaient instruction de surveiller les maisons où se trouvaient soit des malades, soit des nouveau-nés, certains que le curé Bouvier ou le vicaire Souffrant s'y présenteraient à un moment ou à un autre. Le curé Bouvier fut ainsi repéré. Exténué par sa vie errante, il était heureux de prendre un peu de repos en famille.

Les militaires firent donc irruption en pleine nuit. Le curé se blottit sous l'escalier. Il y fut découvert par un soldat qui n'en dit mot à ses chefs. C'est le « traître » du pays, habitué à accompagner les soldats, qui, repérant lui aussi le recteur, le saisit lui-même. Conduit dans l'église, le curé dut d'abord essuyer les insultes des bleus avant que ceux-ci n'arrachent un Christ de la nef et ne le brûlent sous ses yeux... Fatigués, les soldats s'endormirent. Marie Robuchon, une servante, voulut alors faire échapper le vieux curé, lequel s'y refusa, car son beau-frère, arrêté également, n'aurait pu le suivre et son évasion aurait mis en danger toute la famille qui lui avait donné l'hospitalité. La légende veut que le recteur confia à Marie Robuchon le soin d'annoncer à ses persécuteurs qu'il leur pardonnait sa mort, qu'il savait inévitable.

1. In *Maumusson pendant la Révolution, op. cit.*

Au petit matin, les soldats reprennent le chemin de la Rouxière avec les deux vieillards. À un kilomètre du bourg, Bouvier et Demats sont convaincus qu'ils vont être passés par les armes. Le second implore le premier de lui donner une ultime absolution pour ses péchés. La main du prêtre qui se lève pour l'absoudre est tranchée d'un coup de sabre, la peau seule l'empêchant de tomber à terre. Le convoi reprend la route, désormais marquée des traces du sang du vieux recteur. Parvenus à la cure de La Rouxière, où la troupe tenait garnison, les soldats proposent aux prisonniers de partager leur repas. Le prêtre et son beau-frère refusent pour cause de carême. On tente alors de les faire manger de force.

Le curé et son parent sont ensuite conduits dans le jardin, dos au mur. Le recteur demande à être tué le second, pour pouvoir bénir son beau-frère avant qu'il meure. Demats est effectivement abattu le premier. Les soldats mettent alors en joue le curé Bouvier. Trois salves sont successivement commandées, mais les fusils à pierre sont capricieux : une seule balle a atteint le curé de Maumusson à la joue. C'est finalement leur chef qui s'empare d'un fusil et l'abat. Les deux cadavres sont inhumés sur place dans deux fosses remplies de chaux vive.

Dans les registres reconstitués de l'abbé Souffrant, à la date du 14 mars 1794, on peut lire : « Le corps de notre respectable pasteur Yves Bouvier, inhumainement sabré, mutilé, fusillé et mort sous le glaive des ennemis de la Religion, a été inhumé dans le jardin de la cure de La Rouxière, au midi de ladite cure », ainsi que « le corps de Pierre Demats, veuf de Suzanne Bouvier, sabré, mutilé et fusillé sous le glaive des ennemis de la Religion ».

En ce mois de mars 1794, rien ne va plus pour les Terrien et les Defermon. La Société populaire de Châteaubriant décide de faire arrêter les premiers, métayers à Gatine, pour avoir « correspondu avec les brigands réfugiés dans la commune de Maumusson ». Les attendus de cette décision sont impressionnants et montrent à quel point la terre de Gatine, propriété des Defermon, focalise toute l'ardeur révolutionnaire de la région :

« Considérant que les jeunes gens de la réquisition de la commune d'Issé ne se sont pas rendus à Châteaubriant, conformément aux ordres qui leur ont été donnés ; que cette commune, au mois de mars 1793, fut une de celles qui fournirent les premiers révoltés ; que, dès ce temps, les Terrien furent décrétés d'accusation avec Rodrigue, juge de paix, qui a été guillotiné ; qu'à différentes époques, on a vu ces personnes afficher un incivisme caractérisé ; que plusieurs des enfants Terrien ont passé dans les brigands de la Vendée ; considérant que la maison de Gatine est la retraite à différentes personnes suspectes ; qu'il a été récemment arrêté les deux filles Fermont à qui des lettres suspectes venant de Maumusson étaient adressées, annonçant des projets contre-révolutionnaires qui se réalisent, ainsi qu'il est prouvé par la lettre trouvée sur un Terrien, père de la fille arrêtée porteuse de la lettre adressée aux Fermont ; considérant que, jusqu'ici, le comité de surveillance d'Issé n'a pas témoigné toute l'énergie révolutionnaire... »

C'est ainsi que, par ses représentants à Châteaubriant, la République fait officiellement le lien entre les deux terres des Defermon, entre les deux familles Terrien, puis entre les Terrien, les Defermon et leurs terres, et considère que cet ensemble constitue la base d'une véritable organisation contre-révolutionnaire.

Le 22 mars 1794, c'est Ursule Terrien, seize ans, fille de Mathurin, le frère de l'« abbé », qui est arrêtée. Elle est conduite à la maison d'arrêt d'Ancenis. Le 28 mars, elle est interrogée par le comité de surveillance. Au sujet de la participation de ses deux frères à l'assassinat du gendarme Couraud, elle affirme ne pas être au courant. Les Terrien n'ont jamais passé pour des bavards.

« Comment s'appellent tes frères ? demande le représentant de la République.

– L'un, Mathurin Terrien, âgé de trente ans ; un autre de vingt-cinq ans ; l'autre de vingt ans. Je ne sais pas ce qu'ils sont devenus. Je les crois morts [1]. »

Malgré son jeune âge, Ursule n'est pas impressionnée par les gens de la ville. Elle n'a pas peur des conséquences de ses mensonges. L'esprit de clan s'acquiert jeune, quand les ennemis se font menaçants. L'« autre de vingt-cinq ans », c'est évidemment l'abbé qui se cache à Maumusson depuis la déroute de Savenay. Jean Terrien a en réalité vingt-six ans, mais, quand la vie tient à si peu, on n'en est plus à un an près. Et Ursule ne fournit à la justice que les renseignements que celle-ci possède déjà.

« As-tu connaissance s'il se forme quelques rassemblements de brigands dans votre commune ou dans les environs ? En connais-tu quelques chefs ?

– Non.

– As-tu retiré chez toi des brigands ou chefs nobles ou prêtres réfractaires, et connais-tu quelques maisons où ils pourraient se retirer ?

1. In Pierre Péan, *Les Chapellières*, *op. cit.*

– Non.

– Pourrais-tu obtenir de ta municipalité un certificat de civisme comme quoi tu es une bonne patriote ?

– Oui. »

Paradoxalement, Ursule ne ment pas, car les Terrien, en dépit de leur agitation contre-révolutionnaire – ou à cause d'elle –, restent très estimés de la population de Maumusson et de ses édiles. Ainsi, lorsqu'elle répond « oui » à la question « As-tu dit la vérité ? », ce n'est pas complètement faux. Elle est néanmoins enfermée à la prison pour femmes du Bon-Pasteur, à Nantes, où Françoise Moulin, sa tante de Gatine, a fait un stage de 248 jours, l'année précédente. Peu de temps après, la municipalité de La Rouxière délivre un certificat de civisme à Ursule : « Nous n'avons aucune connaissance qu'elle ait jasé contre la République, nous ne connaissons aucun mal en elle... »

L'arrestation d'Ursule Terrien et son emprisonnement au Bon-Pasteur surviennent au lendemain du retour du commissaire Savariau dans le district d'Ancenis avec mission de le reprendre en mains, d'épurer les municipalités et les corps constitués, et de réveiller le patriotisme de ses habitants. Le « réveil du patriotisme » signifie notamment la chasse à tous les « hochets du fanatisme », autrement dit aux ornements d'église, décorations, statues et autres objets du culte.

On se souvient de Jean-Baptiste Savariau, au mois de novembre précédent, écumant le pays d'Ancenis, brûlant églises et maisons, fusillant sans jugement les suspects. Les représentants du peuple Hentz et Garrau, qui ont succédé à Carrier, ont décidé de s'appuyer sur le club Vincent-la-Montagne pour procéder à cette « purification ». Une commission de douze membres, présidée par Savariau, s'installe donc à Ancenis, le 21 mars, et va, jusqu'au 19 avril, semer la terreur dans les bourgs et les campagnes environnants.

L'arrivée des commissaires dans les parages était annoncée par une lettre qui ne pouvait que susciter la crainte et la soumission des habitants. Elle mentionnait que lesdits commissaires étaient « investis de tous les pouvoirs et chargés d'une mission importante au salut public », que le rapport qu'ils feraient « n'attirerait rien de bon » à ceux qui ne seraient pas présents lors de leur passage. La commission a en effet rédigé un rapport quotidien sur ses activités. Ce rapport permet de reconstituer l'état d'esprit des clubistes vis-à-vis des campagnes martyrisées depuis plusieurs mois pour leur rejet d'une république déchristianisée. En voici quelques extraits[1] :

Pour obtenir les bonnes grâces de la commission, la municipalité d'Ancenis prit, le jour de son installation, un arrêté stipulant que « les citoyens, maire et notables de la commune d'Ancenis [...] sont expressément chargés de recueillir et communiquer sans retard à la Commission [...] tous les renseignements possibles sur les principes et la conduite des habitants de leur commune et autres qui auraient donné ou donneraient matière au plus léger soupçon d'incivisme ».

Dès le lendemain de l'arrivée de ladite commission, celle-ci, « entourée de tous les bons citoyens d'Ancenis », a commencé à prendre des renseignements sur les

1. ADLA, L 231.

membres des corps constitués, et elle a reçu la visite du représentant du peuple Hentz qui lui a remis « deux feuilles de dénonciations contre une quantité d'habitants de la ville d'Ancenis. La Commission a invité le général Delaage à se rendre à la séance pour conférer avec lui sur les moyens à employer pour l'arrestation des individus portés sur ces dénonciations ». À sept heures du soir, « la Commission s'est rendue à la Société populaire où on l'attendait pour commencer le scrutin épuratoire. Les membres ont vu avec satisfaction que plusieurs habitants d'Ancenis montraient le civisme le plus prononcé, et ont auguré que cette Société, une fois épurée, remplira le but de son établissement ».

Après une journée passée à organiser son travail, à prodiguer des conseils, à écouter des dénonciations, le 24 mars, « la Commission a arrêté de se rendre demain à Saint-Herblon pour y propager l'amour des lois et de la Révolution, et pour prendre des renseignements sur l'esprit public de cette commune. [...] À Saint-Herblon, nous avons trouvé l'esprit public assez bon ; nous nous sommes occupés de l'épuration des officiers municipaux, mais l'applaudissement sur leur compte ne nous ayant pas persuadés complètement de leur zèle républicain, nous nous sommes entourés de plusieurs sans-culottes qui se sont engagés à nous remettre, décadi prochain, des renseignements par écrit sur tous les habitants de leur commune coupables de négligence ou d'incivisme. Il a été fait un repas civique où la gaieté et la fraternité ont présidé. La réquisition est à peu près complète. Nous avons recommandé aux municipaux de faire transporter à Ancenis les balustrades en fer qui sont dans leur église ».

Le 26 mars, la commission est à Anetz. « En entrant dans l'église, nous avons été très surpris de la trouver ornée de la même manière qu'avant la Révolution, malgré qu'il n'y eût aucun prêtre assermenté pour faire le service. On a fait disparaître tous ces hochets du fanatisme, brisé les tombes et les pierres du cimetière qui contenaient des inscriptions féodales, et fait brûler tous les hochets qui ne pouvaient être utiles à la République. Il a été fait un repas civique avec les habitants et ils ont dansé avec nous la carmagnole. La municipalité a été épurée en pleine assemblée [...]. Dans la même église, il y a cinq balustrades en fer que nous avons recommandé à la municipalité de faire transporter au Directoire d'Ancenis d'où elles doivent être ensuite conduites à Nantes ».

Le 27 mars, « la Commission s'est occupée des listes des membres des différentes autorités constituées qu'il convient de renvoyer des administrations, de ceux qui lui ont été indiqués par les sans-culottes pour les remplacer ». Elle s'est occupée également « de la rédaction d'une liste de personnes qui méritent d'être mises en arrestation, avec l'indication précise de leurs demeures, calquée sur les dénonciations qui lui ont été laissées par Hentz, représentant du peuple, et sur les renseignements recueillis de nos frères sans-culottes. Copie de ces dénonciations, certifiée par le président, a été portée au général Delaage ».

Le lendemain, « le général Delaage est venu communiquer avec la Commission ; on lui a remis la liste contenant trente noms des habitants qui doivent être arrêtés ; ensuite, la Commission est partie pour Varades ».

« À Varades, nous avons trouvé beaucoup de mollesse dans l'esprit public : les hommes ne se sont assemblés dans la ci-devant église qu'avec un air de nonchalance et à force de stimulation de notre part ; des femmes ont pris part à la cérémonie. Cependant, après l'épuration de la municipalité, nous avons donné le repas civique et stimulé la joie. Tout s'est bien passé... »

Après Varades, la commission se rend à Montrelais, où les mineurs de charbon ont, depuis un an, posé de sérieux problèmes aux patriotes, puisque ce sont eux qui ont notamment fomenté, avec les paroisses du concordat, l'insurrection de mars 1793 : « Nous avons fait le sermon civique qui a produit le meilleur effet ; hommes, femmes et enfants se sont serrés autour de nous ; leur joie était d'autant plus naturelle et plus vive que des malveillants, ainsi que nous l'avons appris après la cérémonie, avaient insinué à ces braves gens que nous devions paraître parmi eux, le fer d'une main et la torche "inflammable" de l'autre. Le contraste de notre conduite avec cette crainte a produit le meilleur effet. Le curé de la paroisse est monté à la tribune et a eu la bonne foi d'annoncer que, jusqu'à ce jour, elle n'avait été que la chaire du mensonge, et qu'il n'avait pas cru un mot des sornettes qu'il avait débitées ; que son ancien métier n'avait d'autre mérite que le charlatanisme et l'intérêt ; mais que, désormais, il ne débiterait que des vérités philosophiques ; en conséquence, il a solennellement abdiqué son ancien état et déclaré vouloir vivre en honnête homme, c'est-à-dire en vrai républicain. De suite, il a remis au citoyen maire ses lettres de prêtrise. À ce curé a succédé un autre prêtre plus que sexagénaire qui a dit qu'étant dans les mêmes principes que le curé, il s'était aussi déprêtrisé ; il a promis de remettre au maire ses lettres de prêtrise. La municipalité a été épurée ; nous avons vu avec satisfaction que les membres qui la composent sont de braves sans-culottes... »

Le 30 mars, la commission organise une fête à Ancenis, avec notamment un repas civique auquel ont assisté une soixantaine de citoyens et de citoyennes, puis, à deux heures et demie, les convives se rendent au Temple de la Raison, accompagnés par une foule considérable de citoyens. « Il a été chanté des hymnes à la Liberté », et le général Hector a prononcé un discours, puis tout le monde s'est promené dans la ville, jusqu'aux ci-devant cloîtres des Cordeliers où tous ont dansé. « Sur les neuf heures du soir, un grand nombre de citoyens et de citoyennes se sont rendus chez le citoyen maire ; à son invitation, on y a dansé jusqu'à trois heures du matin. La joie, la gaieté ont été grandement manifestées. »

Le surlendemain de cette fête républicaine, la commission a repris ses visites de propagande et d'épuration dans les villages du district. À Mésanger, elle a trouvé un bon esprit républicain : « Les habitants ont fait arrêter et fusiller près de quatre cents brigands, mais il n'en est pas de même relativement au fanatisme ; nous avons trouvé existant toutes les statues, tableaux et christs ; nous avons tonné contre cette forme de lâcheté ; les saints, les bon Dieu, tout a été terrassé ; les confessionnaux ont été épargnés pour en faire des guérites pour la garde nationale... »

Le 2 avril, à Saint-Géréon, avec la même frénésie, la commission s'est livrée à la destruction de statues et de croix : « Tout a été brisé après le repas civique... »

Le 3 avril, à Couffé, même destruction systématique d'objets sacrés, mais aussi interrogatoire très rapide de trois personnes détenues au corps-de-garde : « Il est résulté d'une information que le prêtre est un brigand, que Guiet et sa femme l'ont recélé chez eux et lui ont fourni des aliments ; en conséquence de tout, ils ont été fusillés les uns et les autres dans le bois de Villejégu. »

Le lendemain 4 avril, la commission a interrogé trois nouvelles personnes, dont une certaine Nanon, qui a été fusillée sur le seul soupçon qu'elle était noble : « Elle déclara ne point connaître ses parents et avoir erré depuis le passage de la Loire, en exerçant le métier de lingère et de ravaudeuse. Cette femme nous a paru, au travers de son déguisement, avoir reçu la meilleure éducation ; nous augurons qu'elle est née noble. » Les deux autres détenus ont également été fusillés.

Jusqu'au 19 avril, la commission a ainsi continué à réveiller l'esprit républicain des habitants du district, à détruire toutes traces de « fanatisme », et à mener des interrogatoires expéditifs. À Maumusson, « la municipalité nous a paru être d'autant meilleure que plusieurs brigands ont été saisis par elle, incarcérés et fusillés. Les discours que nous leur avons faits ont été accueillis avec avidité, et nous sommes persuadés que les choses iront mieux. » À Belligné, si la commission a trouvé les officiers municipaux dans les meilleures dispositions, « les autres habitants sont moins zélés, mais les discours fraternels que nous leur avons faits ont produit une sensation qui a flatté notre patriotisme ; tous, ainsi que les habitants des communes que nous avons visitées, ont juré de se lever en masse au premier avis qu'ils recevraient de nous ou du général Delaage pour coopérer de tout leur pouvoir à la destruction des brigands ». À la Chapelle-de-Montrelais, la commission a trouvé des habitants « exécrables » : « Il n'y a rien à espérer d'eux. Ils fournissent tous les soins de nourriture aux brigands.

Ils ont assassiné depuis peu de jours huit volontaires et un cavalier d'ordonnance [...]. Cet état de malveillance est d'autant plus frappant que l'incendie qui consuma ce bourg et l'église, en frimaire dernier, ne les a aucunement changés. » À Pannecé, où « l'esprit n'est pas en général à la hauteur des circonstances [...], quelques patriotes, comme le maire et deux ou trois municipaux, nous ont fait des dénonciations et nous ont engagés à faire quelques changements dans la municipalité ». À Bonnœuvre, « le peuple est dans une grande ignorance », mais les habitants ont manifesté la plus grande joie pour l'instruction dispensée par les commissaires et sont convenus de leurs erreurs. À Joué, le patriotisme paraît assez bien prononcé, « les décadis y sont assez bien observés, beaucoup de fêtes patriotiques se sont célébrées »... À Mouzeil, les commissaires ont été enthousiasmés de voir les habitants faire un autodafé avec les « signes du fanatisme », détruits sur « le corps d'une brigade qu'ils avaient fusillée la veille. Ce qui nous a fait le plus grand plaisir, c'est de voir que toutes les femmes sont venues se chauffer à ce feu en buvant la goutte civique ».

La commission s'était félicitée du bon esprit de la municipalité de Maumusson, qui avait saisi plusieurs « brigands », les avait incarcérés et fusillés. Dans le registre de l'abbé Souffrant, on retrouve quelques noms de ces prétendus « brigands ». Le 21 mars, Renée Porchère a été « fusillée par les ennemis de la Religion ». Ainsi que Jacques Greteau et Marguerite Moreau, tombés « sous le glaive des ennemis de la Religion ». Le 2 avril, « inhumation de François Gautier, fusillé hier par les ennemis de la Religion ». Le 14 avril, Julien Orhond de La Rouxière a été « fusillé par les Républicains ». Le 18 avril, veille du départ de la commission et de ses clubistes, Mathurin Terrien, frère de Cœur de Lion et fils de Mathurin Terrien et de Marie Moreau, a été « fusillé dans le cimetière de cette paroisse par les ennemis de la Religion catholique à l'âge de 32 ans ».

La Terreur a radicalemement changé la vie sur les deux terres des Defermon. Le manoir des Chapellières est fermé, puisque les trois demoiselles Defermon sont incarcérées à Nantes. L'« abbé » François et Jacques Defermon, pourchassés, ne peuvent que s'y cacher. Le vieux Mathurin est mort, son fils Mathurin a été fusillé, Anne et Ursule moisissent en prison... À la métairie de Gatine, si Françoise Moulin, épouse Terrien, a pu sortir de prison, son mari et deux de ses fils y croupissent encore.

XVI

Les chouans

La répression sauvage et la déchristianisation brutale perpétuées par les bleus en pays d'Ancenis vont réveiller l'énergie des « brigands » cachés depuis leur retour de la Virée de galerne. Les anciens « Bonchamps », paysans et mineurs, vont d'abord se contacter pour renouer les liens qui étaient les leurs, puis envisager de reprendre le combat, estimant que le comportement des patriotes ne leur laissait pas d'autre issue. Ainsi le chevalier Fleuriot écrit-il à Jean Terrien, son ancien subordonné, lequel mobilise à son tour ses réseaux familiaux et amicaux à Maumusson et à Issé. Chacun fait de même. Au printemps 1794, la neutralité n'est plus de mise. De la même façon que, par souci d'efficacité, les rebelles du pays d'Ancenis s'étaient rangés en mars 1793 sous les ordres de Bonchamps, les anciens des Compagnies bretonnes vont se placer sous l'autorité du vicomte Paul de Scépeaux, son beau-frère, lequel va commander à un large territoire situé entre Vilaine, Loire et Sarthe, réparti en six divisions dirigées chacune par un ancien « Bonchamps ». Les membres de cette armée contre-révolutionnaire vont être désignés sous le nouveau nom de *chouans*.

Le métayer Guillaume Plouzin, parti sur la rive gauche de la Loire sous les ordres du maçon René Gourdon, s'impose comme chef populaire de l'est du pays d'Ancenis et va être connu sous le sobriquet de Lion. Il sera secondé par Pierre Dupré, dit Tête Carrée, garçon meunier de Maumusson. Il installe son quartier général à Belligné, son village natal, d'où il harcèlera les bleus dans les paroisses de galerne. À partir d'avril 1794, l'enjeu principal de son action va consister à empêcher le bon fonctionnement des mines de Montrelais, dont le charbon est indispensable aux arsenaux de la République. Le district d'Ancenis évalue le nombre des chouans autour de Belligné à quelque deux mille, ce qui laisse supposer que les ex-« Bonchamps » ont beaucoup recruté. Pour les opérations d'envergure, chaque chef de division peut faire appel aux divisions voisines.

Jean Terrien ou Cœur de Lion, de Maumusson a été appelé à diriger la « 3e division de Haute-Bretagne », installée dans la région de Châteaubriant, pour remplacer Fresnay de Beaumont, guillotiné à Châteaubriant le 16 février 1794. Au début, il ne peut compter que sur quelques relations, dont son ami Pacory, d'Issé, l'ami du grand séminaire de Nantes, et sur quelques dizaines de « renards » – les jeunes qui refusent de répondre à la réquisition militaire – et d'anciens « Bonchamps ». Il dispose de quelques lieux sûrs et, quand il le faudra, il reviendra se cacher à Maumusson, aux Chapellières ou dans des maisons amies. Le point névralgique de la zone de Cœur de Lion, ce sont les forges de Moisdon – dites forges Péan –, alors un maillon essentiel de la fabrication des canons destinés à exterminer les chouans.

Autour de Châteaubriant comme d'Ancenis, les rebelles vont recourir à une tactique militaire radicalement différente de celle employée en Vendée l'année précédente. Au lieu de combattre frontalement les bleus, ils utilisent la technique de la guérilla. Ils sont insaisissables, se déplacent dans les forêts, attaquent révolutionnaires et militaires par surprise au bord des routes, puis se dérobent, se cachent dans des tanières, des bois, se nourrissent dans les fermes. « Le chouan est merveilleusement informé de tout ; les nouvelles de passages de troupes, de départs de diligences courent avec une rapidité inouïe à travers les villages les plus perdus. Des enfants enrôlés comme espions vont dans les fermes observer les lieux et les gens. Informés, les chouans arrivent, défoncent les portes à coups de barres de fer ou de timons de charrettes. Nulle sécurité pour le soldat ; il ne sait à qui se fier. La femme qui garde là-bas sa vache : une espionne ; le vieillard d'aspect inoffensif qui met en tas ses gerbes : un espion ; les mendiants, les errants : des espions. Leur coup fait, les chouans disparaissent[1]. »

La population les soutient de gré ou de force, en tout cas ne manifeste aucun zèle à fournir des renseignements à ceux qui les pourchassent.

Du 2 mars au 14 juillet 1794, c'est l'adjudant-général Savary qui est responsable de la chasse aux chouans dans la région de Châteaubriant et qui va donc traquer Cœur de Lion et ses hommes. Sa correspondance – trouvée aux archives départementales de Loire-Atlantique – permet de cerner l'ampleur de la guérilla et des moyens utilisés par lui pour « exterminer cette race infernale ». Ce qui

1. Émile Gabory et Xavier du Boisrouvray, *Les Guerres de Vendée,* Paris, Robert Laffont, collection « Bouquins », 1989.

est vrai autour de Châteaubriant vaut évidemment pour Ancenis, Belligné ou Maumusson.

Le 13 avril, il fait une tournée pour « prendre lui-même des renseignements sur les rassemblements des brigands, sur leur marche, leurs repaires et, en même temps, sur le civisme des différents cantons ». Le résultat, rapporté dans une lettre au district de Châteaubriant, se passe de commentaires :

« À l'exception d'un certain nombre de communes, on peut dire que les autres, si elles ne sont pas entièrement fanatisées ou aristocrates, n'ont ni force ni vertu, et tout me porte à croire que les petits rassemblements qui vont la nuit exercer les brigandages et semer la terreur dans différentes communes successivement, sont composés de quelques malveillants de ces mêmes communes auxquels se joignent des jeunes gens de la première réquisition ; ils se dispersent le jour pour se réunir la nuit. Je sais qu'il existe encore dans ces rassemblements quelques scélérats de prêtres et quelques fuyards de la Vendée, mais ils sont en très petit nombre ; cachés le jour dans des tanières, ils sont approvisionnés et nourris par de vieilles bigotes fanatisées.

« Il serait très facile de purger le pays s'il se trouvait dans les communes quelques patriotes qui eussent le courage de démasquer tous les ennemis de la chose publique, mais on ne rencontre ni esprit public ni énergie dans un grand nombre de communes. Interroger un habitant ? Ils n'ont rien vu, ils n'ont entendu parler de rien. Les administrations même, soit négligence, insouciance ou malveillance, sont d'un engourdissement inconcevable. Un délit est-il commis ? On en apporte froidement la nouvelle douze heures après, et les brigands sont souvent fort loin de là. La force armée marche et ne peut recueillir aucun renseignement. Citoyens, il est temps que le brigandage finisse, il faut que les administrations étendent leur surveillance autour d'elles ! Vous voyez le mal, je vais tâcher de vous indiquer le remède !

« Je vous ai déjà demandé la liste des noms et demeures des jeunes gens de première réquisition de votre district qui ont refusé de partir ou qui ont déserté pour revenir dans leurs foyers. Je réitère aujourd'hui cette demande et je vous prie de ne pas différer plus longtemps. Si vous ne l'aviez pas, vous avez vu la demeure dans chaque municipalité. Vous devez sentir combien il est intéressant de me la fournir promptement. Je vous demande un état nominatif de tous les hommes qui habitent les métairies ou villages des différentes communes de ce district, avec l'âge de chaque individu. Une fois que vous m'aurez fourni ces listes, je saurai mettre à exécution la loi qui rend responsables les parents de l'absence de leurs enfants compris dans la première réquisition. Et lorsque je connaîtrai le nombre des individus qui habitent telle ou telle maison, je m'assurerai par de fréquentes visites nocturnes s'ils sont absents ou présents. Je ne vois pas d'autre moyen, dans ce moment, de découvrir les coupables dans un pays où règne le silence le plus profond sur la conduite des brigands.

« Citoyens, la force est nulle quand il est presque imprévisible de la diriger. Indiquez-moi les scélérats, et je vous promets qu'ils ne resteront pas longtemps impunis. Songez surtout que s'il y a de votre part négligence, vous en deviendrez responsables.

« Salut et fraternité ! »

Ce même 13 avril 1794, Savary demande également que l'on prenne des « mesures très promptes pour mettre les voyageurs à l'abri des brigands qui rôdent dans les forêts et qui se tiennent cachés dans les buissons, sur le bord des routes les plus fréquentées ». Les fermiers et propriétaires devront couper les haies, buissons, genêts et bois taillés des deux côtés des routes sur une largeur de 500 à 600 pieds. Mais les résultats se révèlent vite insuffisants. Savary enrage que ses forces soient constamment ridiculisées par les chouans. Le 24 avril, il entreprend une fouille systématique des bois et forêts. Cinq jours plus tard, il écrit à Paris qu'il n'a pu « découvrir la trace d'un seul brigand ». Pendant ces cinq jours, plusieurs cavaliers du 2e régiment ont été égorgés sur la route de Segré à Candé. En contre-attaquant, les bleus ont réussi à tuer douze à quinze brigands et à « découvrir le repaire de ces scélérats. Ils avaient une vingtaine de loges au milieu de la forêt. On y a trouvé beaucoup de provisions de toute espèce, un violon, un sabre, un manteau, un habit de volontaire, un bœuf, etc. Le feu a été mis à ces loges. À midi, au moment où l'on se disposait à rentrer dans la forêt de Juigné, on est venu avertir que 30 à 40 brigands, dont la plupart étaient armés, avaient traversé la grand'route de Châteaubriant à Angers, y avaient assassiné deux particuliers et se portaient dans la forêt Pavée. La troupe a aussitôt reçu ordre de les poursuivre [...], mais il n'a pas été possible de les rejoindre ».

Les chouans avaient pour objectif de désorganiser totalement la vie publique. Ils ont ainsi tué ceux qui acceptaient d'approvisionner l'armée, mais aussi des maires, des administrateurs de district, des officiers municipaux. Ils ont assassiné des acquéreurs de biens nationaux. Ils ont monté une organisation pour encaisser les fermages des métairies confisquées par la nation sur l'église et les émigrés. Ils ont pillé les maisons de républicains. À compter de septembre 1794, ils ont imposé le démontage des roues de charrettes pour affamer les villes et empêcher le transports des bois nécessaires à l'étayage des galeries des mines de Montrelais.

Les premiers combats sérieux de la division Plouzin ont lieu en juin et visent à désorganiser, voire à faire cesser l'activité des mines de Montrelais. Scépeaux a organisé là une action d'envergure mobilisant un millier d'hommes. Trompant le général Vachot, Gourlet, à la tête de 300 hommes, attaque à l'improviste les gendarmes et les gardes nationaux de Riaillé, à une quarantaine de kilomètres de Montrelais. S'ensuit un massacre épouvantable. Puis les chouans occupent Bonnœuvre, attirant ainsi une colonne de 1 200 républicains qui n'arrive pas à les en déloger. Durant la nuit, alors que les républicains sont « fixés » à une trentaine de kilomètres de leur cible, les chouans foncent sur Montrelais, investissent les mines sans être aperçus. Avec vingt hommes, Tête Carrée surprend les soldats du poste de garde et les passe tous par les armes. Pendant ce temps, le gros de la troupe chouanne neutralise le cantonnement de 180 hommes. S'ensuit un pillage des magasins, des maisons et de la cave de la compagnie. Puis commence le sabotage des installations : la forge est incendiée, ainsi que quatre puits, les cabestans et machines à molette sont détruits. Quelques jours plus tard, les responsables constateront que les chouans ont également pris 555 livres dans la caisse, et un cheval de selle.

Le coup de force des chouans a stoppé la relance des

mines. À la suite de cette razzia, les hommes de Scépeaux vont néanmoins subir de gros revers et de lourdes pertes. Maigre satisfaction pour les autorités républicaines d'Ancenis, qui voient dans cette attaque des mines un prolongement de la guerre de Vendée. Elles ont en effet appris que, à l'arrivée des chouans dans les mines, les ouvriers leur ont donné l'accolade et les ont aidés dans leur action. Ils réclament des mesures énergiques : « Changez les hommes tièdes, lâches ou douteux, renouvelez donc à l'entier cet atelier impur, transportez par voie de réquisitions ceux qui restent à des mines où l'esprit public soit bien établi. »

Après ce coup de main, les opérations d'envergure vont néanmoins se raréfier et céder la place à des actions de harcèlement menées par de petits groupes, mais le blocus économique imposé par les chouans est complet[1]...

Au cours de cette période, Maumusson, qui, stratégiquement, n'est pas d'une grande importance dans la féroce bataille que se livrent bleus et blancs, reste relativement calme. Les cahiers de l'abbé Souffrant ne signalent en effet que quatre morts dans le second semestre de 1794. Le 19 juillet, Marie Botreaux, âgée d'environ vingt-neuf ans, a été fusillée ; le 1er septembre, Pierre Gilloteaux a été « fusillé par les ennemis de la Religion » ; le jour de Noël, Jean Lévêque a été « fusillé à la Basse Grée par les ennemis de la Religion », ainsi que l'« abbé » Joseph Cosneau, un des tout premiers révoltés.

1. Cf. *La Chouannerie dans le champ d'action de la division Plouzin*, ARRA, n° 12, 1997, et Didier Daniel, *La Bataille du charbon en pays d'Ancenis*, *op. cit.*

Mais qui étaient ces chouans qui défiaient la République ? Pour une écrasante majorité, c'étaient des ruraux pauvres ou modestes : journaliers, domestiques, laboureurs et artisans travaillant dans les bourgs et hameaux. Les nobles et les prêtres censés les avoir fanatisés et entraînés étaient fort peu nombreux jusqu'en 1794. La plupart des chefs vendéens et chouans étaient d'origine populaire, et quand ils étaient d'extraction aristocratique, c'est qu'ils avaient été installés dans cette position sous la pression des paysans. Jacques Cathelineau, premier chef de l'Armée catholique et royale, était fils d'un tailleur de pierres, et lui-même était maçon ; Stofflet était garde-chasse du marquis de Colbert, et même le fameux Charrette n'était pas d'une grande famille noble, mais issu de la petite bourgeoisie... Sur la rive droite de la Loire, Guillaume Plouzin, patron des chouans de l'est du district d'Ancenis, et Jean Terrien étaient fils de métayers. Les capitaines de paroisse sont d'origine rurale populaire. Le vicomte de Scépeaux et le chevalier Fleuriot sont, jusqu'à l'automne 1794, les seuls chefs à arborer quelques quartiers de noblesse.

L'affirmation selon laquelle la guerre de Vendée, puis celle des chouans, ont d'abord été des révoltes paysannes est confortée par l'analyse d'un certain nombre de documents permettant de déterminer l'origine sociale des « brigands ». Les listes d'arrestations opérées en l'an II de la République, comme celles du registre de la commission Bignon, montrent qu'ils venaient dans leur quasi-totalité des campagnes. Ainsi les premiers 662 condamnés à mort par la commission Bignon, à Savenay, sont-ils paysans, laboureurs, artisans, exception faite de deux nobles et d'un prêtre. Les 147 « brigands » capturés dans le bois de Maumusson par le général Delaage, originaires des communes environnantes du pays d'Ancenis et envoyés à Nantes pour y être fusillés, étaient eux aussi quasiment tous de petites gens : sur 36 victimes originaires de La Rouxière dont la profession était mentionnée, 32 étaient des laboureurs, des artisans ou des ouvriers, et 4 de profession indéterminée. Les 9 de Maumusson étaient tous des ruraux.

De même, sur les listes de survivants de la chouannerie du district d'Ancenis[1], on trouve 275 professions déclarées en 1815 parmi les blessés qui réclament alors pensions et récompenses à Louis XVIII ; 199 concernent des activités agricoles directement liées à la terre (72 %), 10 des activités para-agricoles, 39 des activités diverses en contact avec le monde paysan[2].

Alain Racineux, spécialiste de la chouannerie en Loire-Inférieure[3], a également analysé la liste des 751 chouans « notoirement connus » dans la Mayenne, telle qu'elle fut été établie par l'administration de ce département le 18 octobre 1799. Sur cette liste, 381 exerçaient une profession désignée ; parmi ceux-ci (soit 74 %), 282 exerçaient un des cinq métiers suivants : laboureur, cultivateur, journalier, domestique de ferme, closier.

À partir de l'automne 1794, si les soldats chouans étaient encore majoritairement des paysans, ils se sont de plus en plus trouvés intégrés dans le combat mené depuis Coblence et l'Angleterre par les Princes avec l'aide du

1. ADLA, 4 R 51.

2. Cf. Pierre-Michel Gourlet, *Révolution, Vendée, chouannerie. op. cit.*

3. Il a notamment écrit *Les Brigands du Roi : épisodes de la chouannerie en Haute-Bretagne*, A. H. Hérault, 1985.

cabinet de Londres. La révolte populaire contre les bourgeois patriotes qui, après avoir voulu leur imposer une religion différente servie par de nouveaux prêtres, ont persécuté les leurs, puis les ont emprisonnés, massacrés ou noyés, se trouve alors récupérée et prolongée pour un nouveau combat : le rétablissement de la royauté. Autant la guerre de Vendée et la première chouannerie avaient eu la persécution religieuse pour origine, autant les chouanneries ultérieures ont été entretenues par les partisans de la monarchie. Mais Gourlet, le chef chouan de Pannecé, n'hésite pas à dénoncer le mythe des Bourbons pendant la guerre civile : mythe de leur arrivée prochaine dans l'Ouest, mirage des récompenses à venir. Louis XVIII a certes lancé un appel aux chouans en 1795, leur rappelant leur mission de « restaurateurs des Autels et du Trône ». Il n'empêche que les Bourbons ne sont alors jamais venus dans l'Ouest...

XVII

Les chouans signent avec Hoche la paix de Mabilais

Robespierre, Saint-Just et vingt de leurs partisans sont guillotinés le 10 thermidor (28 juillet 1794). Le lendemain, soixante et onze autres meurent sur l'échafaud. Si la Terreur est finie, il faudra encore attendre quelques mois avant que les libertés soient rétablies et que les grands terroristes soient guillotinés les uns après les autres – dont le sanguinaire Carrier, le 16 décembre 1794. Quant à Lazare Hoche, il est libéré dès le 4 août. Le jeune militaire avait été accusé par Saint-Just « d'avoir failli tout perdre par sa précipitation et par sa désobéissance au plan ordonné », alors qu'il se battait avec une énergie farouche sur le front de l'Est contre les Prussiens, les Autrichiens et les émigrés. Enfermé depuis le 11 avril à la prison des Carmes, puis transféré à la Conciergerie, il échappe de justesse à l'échafaud, ce qui ne l'empêchera pas de faire à Paris de nouvelles conquêtes, dont Joséphine de Beauharnais et Madame Tallien...

Libre, le général de division est immédiatement nommé chef des armées des côtes de Brest et de Cherbourg : c'est donc lui qui est chargé par la République de combattre les chouans.

Peu de temps après son arrivée à Rennes, une dénonciation lui révèle les retraites de Defermon et de Lanjuinais, les deux proscrits rennais. Connaissant par expérience la fragilité des accusations portées par Robespierre et ses amis, Hoche se rend personnellement auprès des deux hommes et leur offre... son amitié. Il notera plus tard dans ses carnets[1] l'impression qu'ils lui ont faite :

« La première fois que je vis Lanjuinais, sa figure me frappa. Il est certain qu'il ressemble beaucoup à Socrate... Ainsi que du temps de Socrate, nous possédons des Anitus. Il a failli monter sur l'échafaud et peut-être n'est-il pas hors de tout danger. La première et la troisième de nos assemblées ont fait connaître Lanjuinais. Sa probité rare, la pureté de ses mœurs, ses talents en législation ont dû lui valoir des admirateurs zélés et beaucoup plus d'ennemis acharnés. Lanjuinais a toutes les qualités de l'homme privé et du bon citoyen. Les partisans de l'immoralité lui reprochent d'être dévôt ; il n'est que pieux. J'estimerai toujours un homme pieux. La morale de l'Évangile est pure et douce, et quiconque la pratique ne peut être un méchant. Loin de moi le fanatisme, mais respect à la religion : elle console des maux de la vie. Je tolère toutes les croyances. La mienne n'est pas fixée ; depuis longtemps, je cherche la vérité : un jour viendra

1. Édouard Bergounioux, *Essai sur la vie de Lazare Hoche*, Paris, Julien, Lanier et Cie éditeurs, 1852.

sans doute où ma raison plus éclairée me fera adopter un parti. En attendant, je suis les inspirations de ma conscience... Les leçons de morale que peut donner Lanjuinais sont excellentes. Je l'ai vu défendre ses ennemis. Il s'est toujours opposé à ce que l'on commît contre eux aucun acte arbitraire. Cet exemple vaut bien, selon moi, toutes les leçons du précepteur d'Alcibiade. »

Ces quelques mots sur Lanjuinais sont des clés qui permettent de comprendre l'attitude de Hoche vis-à-vis de la religion, des prêtres et des fidèles.

Son jugement sur Defermon est lié à celui qu'il porte sur Lanjuinais, son ami : « Fermont est l'ami de Lanjuinais ; ce titre doit suffire à le rendre respectable. On l'accuse d'avoir tenu à la Constitution royale. Il a pu se tromper, mais il est resté l'ami de son pays. Il s'est laissé proscrire sans chercher à allumer la guerre civile. Voilà les hommes qu'un Boursault [1] dénonce et veut faire poursuivre de nouveau... » Defermon lui raconte quelle a été sa vie depuis son départ de Paris : « Je n'ai eu besoin, pour rendre vaines les recherches de mes persécuteurs, que de prendre un état convenable à mes malheurs ; j'ai consacré une partie de ma vie aux travaux de l'agriculture, et mes voisins, tous ceux avec qui j'ai eu des rapports, n'ont vu en moi qu'un agriculteur. Le reste de mon temps et mes veilles ont été consacrés à l'étude de l'histoire et à puiser dans ses leçons les moyens de diriger les passions des hommes et de contribuer à leur bonheur.

1. Jean-François Boursault-Malherbe, comédien puis conventionnel. Accusé sous la Terreur de s'être enrichi en profitant de ses fonctions. En août 1794, il est affecté à l'armée des côtes de Brest et de Cherbourg et pourchasse les anciens « terroristes ».

J'ai eu la douce satisfaction d'être cher aux patriotes de mon canton, dont aucun ne se croyait plus d'amour que moi pour la liberté, ni plus d'attachement pour ma Patrie. Ainsi, toujours étranger aux intrigues, je ne crains pas de soumettre à l'examen le plus rigoureux ma conduite politique ou privée[1]. »

Hoche croit à cette version des faits. Pour lui, Defermon est un honnête homme avec qui il restera en rapports étroits afin de mieux comprendre le comportement des Bretons. La Convention oubliera moins vite son passé que le général Hoche et ne le rappellera pas de sitôt à Paris.

Depuis le début de 1795, des tractations ont lieu dans la région nantaise entre les « Vendéens » de Charette et des représentants de la République. Finalement, à Nantes, le légendaire général royaliste et ses amis signent les accords de La Jaunaye : ils se soumettent à la République et obtiennent en échange de recouvrer leurs biens et leurs droits. Tout se termine donc, fin février 1795, dans l'allégresse générale, par un grand bal. À Nantes aussi, la Terreur est enfin terminée. Le représentant du peuple à Angers, Bézard, après une tournée dans la région de Candé où se trouvent les chefs chouans, dont Cœur de Lion et le Lion, regroupés autour du vicomte de Scépeaux, écrit au Comité de salut public, le 28 février 1795 :

« J'ai la satisfaction de vous apprendre que les principaux chefs chouans sont dans les mêmes dispositions que Charette. Ah ! comme j'étais affligé et indigné de voir les assassinats se continuer, malgré les dépêches que Cormatin

1. Jacques Defermon, *Mémoires*, Assemblée nationale, Mss 1854.

leur avait fait parvenir relativement à la pacification de la Vendée... Les chouans, depuis le soldat jusqu'au chef, excepté un nombre assez considérable de pillards et d'assassins qui ne connaissent pas de supérieurs et se sont échappés des galères et des prisons, tous désirent véritablement la paix. Ils ont unanimement déclaré que la conduite de Charette leur servirait de règle. Les chefs qui se sont réunis et ont fait cette déclaration sont : le chevalier Turpin de Crissé, le comte de Maulne, le comte de Dieusie, le vicomte de Scépeaux et MM. Lion, Bataillon, Sans-Peur, Joli-Cœur et Monte-à-l'Assaut. »

Quelques jours après cette réunion, le district de Châteaubriant reçoit une lettre de Scépeaux et une autre de Cœur de Lion. Dès réception de ce courrier, les républicains, animés du « désir de faire le bien et de faire cesser une division aussi funeste », répondent à « Monsieur Cœur de Lion » :

« Vous nous indiquez que vous êtes très surpris que, d'après le traité de paix qui a été signé, nos troupes fassent encore des incursions dans les campagnes. Cette conduite, citoyen, excite également notre indignation. Il n'y a pas de moyens que nous n'ayons mis en usage pour arrêter le pillage et tous les excès auxquels elles se livrent plusieurs fois, nous en avons instruit les généraux et les représentants du peuple. Nous les avons de même dénoncés au Comité de salut public comme une des causes qui augmentaient le nombre des mécontents et qui propageaient la malheureuse division qui existe entre des frères qui devraient se réunir pour faire le bonheur de tous. »

Cœur de Lion va entamer une négociation en posant

constamment des conditions. Par exemple, en refusant tout net de permettre aux bleus de venir chercher du blé sur « ses » terres. Le 26 mars 1795, il exerce un nouveau chantage, dans une lettre adressée aux membres de la Société populaire et aux corps administratifs de Châteaubriant, en réclamant que des terroristes soient punis, faute de quoi il déclare, « avec la franchise qui nous caractérise, que si cela est, nous nous porterons à tous les excès, et que nous ne craindrons pas de rompre le traité. Hommes paisibles, craindriez-vous de voir des scélérats recevoir la récompense qui leur est due ? Votre tranquillité en dépend, ainsi que votre intérêt. Nous vous le promettons encore : l'élargissement de ces anthropophages sera pour nous le signal de la guerre ».

Le 24 mars, les Rennais découvrent des affiches revêtues du paraphe de deux représentants de la Convention, Guezno et Guermeur :

« Citoyens, un grand jour se prépare, et les murs de Rennes vont être, nous l'espérons, comme l'ont été les murs de Nantes, les témoins de la réunion de tous les Français [...]. Nous déclarons aux malveillants que nous punirons et ferons punir très sévèrement quiconque, par ses propos, ses écrits ou ses actions, troublerait la tranquillité publique et particulière, bien informées qu'à leur tour, les personnes déjà arrivées et celles qui sont attendues se conformeront sagement aux précautions propres à empêcher tout ce qui pourrait blesser les regards et les oreilles des républicains. Nous comptons également que les autorités civiles et les dépositaires de la force publique seconderont par tous les moyens qui sont en leur pouvoir nos intentions. »

Après les Vendéens, c'est donc aux chouans de négocier les conditions de la pacification avec la République. Le fougueux Hoche n'aime pas ce qui est en train de se tramer. Il est, en effet, convaincu que les royalistes sont en train de duper la Convention, qu'ils ne veulent que gagner du temps pour mieux s'organiser et poignarder la République. Le 20 mars, il a mis noir sur blanc, à l'intérieur du Comité de salut public, ses idées pour en finir avec la guerre civile et enrayer les projets de l'Angleterre. Il accumule jour après jour des preuves nouvelles : Londres est en train de préparer un débarquement pour aider les royalistes à reprendre le pouvoir. La correspondance entre le général en chef Puisaye et ses agents en Bretagne est en effet régulièrement interceptée. Hoche ne se fait aucune illusion sur les véritables intentions des chefs chouans : « Affamer les villes pour les faire se soulever, intercepter toute communication, assassiner les patriotes et les fonctionnaires publics, tirer d'Angleterre de faux assignats, de l'or, acheter nos soldats, nos matelots et le secret de nos opérations ; s'emparer des arsenaux, organiser une armée considérable, faire chouanner sur toute la surface de la République, commander partout la terreur : voilà le résumé de leurs projets atroces. Quel abîme affreux ! [...] Tous leurs chefs sont des nobles, des pages de Capet, des officiers de marine et de terre. Ils ont, disent-ils, 100 000 hommes à leur disposition... La vérité est qu'ils sont environ 35000, depuis Brest jusqu'à Avranches, Alençon et Saumur, et ce pays est en contre-révolution ; qu'il n'y a dans la Bretagne que deux partis : les chouans, qui veulent tout envahir, et les terroristes, qui veulent tout brûler ; ils ne s'accordent que sur la religion, mais tous la veulent [...].

« Hâter le moment de la pacification avec les chefs des chouans, les traiter avec douceur et fermeté, leur inspirer la confiance qu'ils ne paraissent pas avoir, agir avec eux de bonne foi. Quant aux avantages qui leur seront accordés : mettre en liberté les prêtres réfractaires, leur laisser dire messes et complies, les acheter, s'en servir contre les chefs de parti, diviser ces derniers en achetant les uns et en flattant l'amour-propre des autres ; confier à ceux-ci la partie de la police de l'intérieur du pays, qu'ils pourraient faire avec les gardes nationales que l'on veut créer, et en les faisant surveiller par des républicains de bonne trempe ; placer ceux-là dans des corps aux frontières ; répandre habilement de l'argent parmi la classe indigente ; faire circuler des écrits sagement rédigés, calmants, religieux et patriotique ; entretenir dans le pays un corps de 25 000 hommes campés sur différents points ; environner nos côtes de Brest et de Normandie de chaloupes canonnières qui changeront de poste tous les dix jours ; conserver l'infanterie sur nos côtes pour s'opposer aux petits débarquements ; faire rentrer les munitions des arsenaux des villes et les porter dans ceux des places fortes ; tirer peu du pays, parce qu'il n'y a presque rien ; s'emparer de Jersey, Guernesey, etc. ; établir une chouannerie en Angleterre ; réorganiser d'une manière conforme aux principes de justice les administrations ; et, enfin, imposer publiquement silence aux malveillants qui détruisent la réputation et attaquent la confiance que le peuple doit avoir en des hommes républicains qui journellement se dévouent à la mort pour servir la patrie. »

En ce début d'avril 1795, Defermon est donc devenu le conseiller du général Hoche, dont les quartiers sont à

Rennes, « sa » ville. Les chefs chouans, regroupés derrière Cormatin, sont installés au château de La Prévalaye, entièrement rénové aux frais de la République ; quelques centaines d'hommes campent là, dans des tentes également plantées par la République. Les conférences se déroulent au château de La Mabilais, à mi-chemin de Rennes et du château de La Prévalaye. Après quelques conciliabules, les négociations s'ouvrent le 6 avril.

De Scépeaux, Cœur de Lion et le Lion n'y assistent pas. Leur position sur ces pourparlers avec la République met du temps à se définir. Lors d'une première réunion à Craon, le 24 mars, les chefs chouans ont d'abord décidé de ne pas déposer les armes, puis, le 8 avril, à l'assemblée de La Chaufournais, une majorité émet l'avis de signer la paix, comme l'a fait Charette à la fin février. Lors de cette réunion, on élit les députés de l'armée de Scépeaux qui se rendront à Rennes pour négocier avec les bleus : sont choisis Cœur de Lion, Gourlet, le chevalier de Meaulne et les jeunes Bourmont et Becdelièvre.

C'est la première fois que le nom de Bourmont apparaît dans la chouannerie. Ce ne sera pas la dernière : il se montrera très actif lors de la troisième chouannerie et négociera avec Bonaparte... Louis-Auguste-Victor de Ghaisnes de Bourmont est né le 2 septembre 1773 au château de Bourmont, en Maine-et-Loire, près de la commune de Freigné, à quelques kilomètres de Maumusson. Émigré à Coblence, il a rejoint l'armée du prince de Condé. Après une mission dans l'Ouest, à l'automne 1794, il quitte définitivement le prince de Condé, le 16 février suivant, parce qu'il a « l'espérance [...] d'y servir plus utilement la bonne cause ». Il souhaite ensuite convaincre le prince de prendre la tête des insurgés vendéens et chouans. Nommé major général de l'armée royale de la Haute-Bretagne et du Bas-Anjou commandée par de Scépeaux, il est confronté à un délicat problème : après Charette, Cormatin espère entraîner les chouans dans des négociations avec Hoche...

Grâce à sa fougue et à son intelligence, Bourmont va s'imposer rapidement au milieu de cette bande hétéroclite composée de quelques nobles et de paysans promus petits chefs de guerre, et assurer la liaison avec Condé. Pour les chouans des départements de Loire-Inférieure, de Maine-et-Loire et de Mayenne, le château familial des Bourmont devient un point de ralliement au nord de la Loire. Ce château servira même à plusieurs reprises de quartier général à l'armée du vicomte de Scépeaux.

Après l'assemblée de La Chaufournais, il prend à cheval le chemin de Rennes avec Cœur de Lion à ses côtés. Après avoir échappé à une embuscade tendue par les « contre-chouans », à trois lieues de Rennes, et laissé sur le terrain deux morts, les députés de l'armée de Scépeaux parviennent enfin au château de La Prévalaye. Ils découvrent la joyeuse ambiance qui y règne. Cormatin, toujours fort bien mis, reçoit comme un roi. Il tient table ouverte par ces temps de disette où toute offre de victuailles devrait relever de la provocation pour les républicains et les citoyens de passage. Loin de s'en scandaliser, les représentants boivent et s'empiffrent sans vergogne. Ils fraternisent avec les « brigands » sans le moindre scrupule. Les soldats républicains, eux, sont choqués. Mal vêtus, mal nourris, ils ne comprennent pas comment tous les sacrifices imposés par la République peuvent aboutir à un pareil spectacle. Sans compter que

Cormatin se montre volontiers provocateur : ses poches débordent de cocardes blanches ainsi que de l'argent qu'il distribue avec générosité. Les dames de Rennes arborent fièrement le costume chouan et se démènent pour se faire inviter aux bals de La Prévalaye. Un soldat républicain qui, attiré par cette débauche de luxe, a déserté, raconte : « Le pain blanc comme la neige ne quitte jamais la table, non plus que le porc, le veau, le bœuf, le beurre frais et aussi le bon cidre. Et l'amitié de tout le monde, particulièrement celle des filles... » Deux comédiennes, Ninette Belval et Agathe Cassin, sont les muses de La Prévalaye, dont Cormatin et l'officier républicain Humbert se partagent les faveurs.

« Je rougis d'avoir à vous dire qu'une infinité de personnes se rendent à La Prévalaye pour y faire la cour aux chouans, et que quelques-unes sont assez éhontées pour ôter leur cocarde nationale... Réfléchissez, citoyens : n'est-il pas temps d'en finir ? » écrit Hoche au Comité de salut public. Les représentants, Ruelle en tête, ne se formalisent toujours pas de ces excès, et tombent même complaisamment dans tous les pièges tendus par les royalistes. C'est ainsi qu'ils accordent un long délai pour permettre aux rebelles d'aller contacter Stofflet qui n'entend pas se soumettre. Et ils ne songent pas à se méfier des entreprises de séduction et de corruption des chefs chouans à leur endroit...

« Voilà donc les soutiens de ma triste patrie, confie Hoche à ses carnets. Ô douleur ! en quelles mains sont confiés les intérêts de la République ! Hommes petits et bas, que cherchez-vous ici ?... Ennemis implacables de toute honnêteté, ivrognes, débauchés, ignorants et vains, tel est, à l'exception de Defermon et de Lanjuinais, le caractère des membres de notre congrès. Dans la délibération, nul ordre ; l'un crie, son voisin dort [...]. Indigne Ruelle, reçois ici le tribut de mon indignation ; après avoir rampé devant Charette, tu fais servilement ta cour à Cormatin [...] ; ton espoir est vain, tu ne recueilleras d'autre prix de ta bassesse que la honte qui lui est due.[1] »

Deux Maumussonnais, Defermon et Cœur de Lion, le fils du propriétaire du domaine des Chapellières et le fils de son métayer, se retrouvent face à face. Se sont-ils parlé ? Si oui, ont-ils parlé de Maumusson ? L'Histoire est muette sur cette rencontre, et seule l'imagination peut introduire du romanesque dans ces rencontres entre bleus et blancs.

Le jour de l'arrivée de Cœur de Lion à La Prévalaye, Defermon écrit dans un rapport adressé à Paris : « Nous sommes fatigués comme vous, et accablés des plaintes de brigandages et d'excès commis journellement ; nous avons senti la nécessité d'y remédier en employant à la fois les mesures de force et celles de prudence... Vous concevez combien notre position est embarrassante. Reprochons-nous des excès aux chefs des chouans ? Ils les imputent à des brigands ; ils en allèguent d'autres de la part des républicains. Voulons-nous sonder les vues politiques de ceux avec qui nous traitons ? Les premiers chefs, obstinés royalistes, nous semblent pourtant vouloir la pacification, mais avec le désir et l'intention d'en profiter pour multiplier leurs partisans, et au moins pour parvenir, par la force de l'opinion, au but qu'ils ne pourraient atteindre maintenant par la force des armes... Les

1. Édouard Bergounioux, *Essai sur la vie de Lazare Hoche*, *op. cit.*

campagnes, horriblement maltraitées sous la tyrannie, ne voient encore, la plupart, dans le gouvernement républicain, que ce qui leur en a fait jusqu'à présent haïr le mot ; elles sont entretenues dans cette opinion par les chefs insurgés et leurs partisans, et la nécessité où nous sommes d'en tirer des subsistances par réquisitions achève de les aliéner. » Puis il annonce le passage au large des côtes de trois frégates et de deux corvettes anglaises.

Hoche a sans doute raison : les chouans ne jouent pas le jeu et préparent le « grand coup » en accord avec les ennemis héréditaires de la France. D'ailleurs, dans son rapport envoyé à Paris, Defermon précise que Hoche est en tournée pour prendre des « mesures militaires » pour le cas où...

Ce qui est sûr, c'est que depuis le début de l'année 1795, à la faveur des négociations menées avec leurs ennemis, les chouans se sont réorganisés. Ceux-ci ne comprennent pas pourquoi les princes persistent à rester à l'étranger. Lors de son arrivée à La Prévalaye, Bourmont a été parfaitement accueilli par tous les chefs lorsqu'il leur a dit venir de l'armée de Condé ; mais presque tous lui ont demandé où étaient passés les princes, pourquoi ils n'avaient pas essayé de venir jusque dans l'Ouest. Les chouans ne se font pas à l'idée que, sur sept princes, pas un seul ne soit venu se placer à leur tête pour « sauver le royaume[1] ». Bourmont est d'abord désarçonné de constater à Rennes que tout annonce la paix. Il envoie un courrier pour en aviser Condé. Le manque de poudre et de munitions, le peu de succès des correspondances avec l'Angleterre, les divisions entre les chefs, l'assurance

1. Archives du musée de Chantilly, Y/XII/3/318-323.

d'accroître ses forces en mettant à profit une trêve, le temps de permettre à un prince de débarquer, expliquent la décision des chefs chouans de cesser le combat. Bourmont s'est finalement rangé du côté des partisans de la paix quand il a compris que ces derniers étaient toujours prêts à se battre pour rétablir un Bourbon dès que l'occasion s'en présenterait. La décision de conclure un armistice avec la République est prise le 18 avril au château de La Prévalaye. L'un des acteurs de l'événement, Poirier de Beauvais, nous a laissé un récit de cette réunion des chefs chouans.

En tant que chef de la délégation, Cormatin ouvre la discussion par une espèce de harangue où il tente de faire basculer ceux qui, depuis leur arrivée, refusent de reconnaître la République : « La reconnaissance de la République était nécessaire pour donner aux chouans le temps de s'organiser. Charette ayant reconnu la République, il fallait que tout le parti en fît autant pour éteindre les haines et les jalousies. Cette reconnaissance ne devait affecter personne puisque, au fond, on ne la reconnaissait pas, et qu'il était convenu qu'après les dispositions qui étaient nécessaires, on reprendrait les armes... »

Le débat est vif. Poirier de Beauvais ne veut pas de cette duplicité. Il tire un papier de sa poche et en commence la lecture, sans cesse interrompu par l'ambitieux Cormatin :

« Messieurs, chacun de nous désire la paix ; elle est d'autant plus désirable que la guerre que nous faisons est une guerre civile qui, d'un côté, nous répugne, et, de l'autre, nous affaiblit plus qu'une guerre étrangère. La paix que nous offre la République exige, pour condition première et essentielle au traité, que nous reconnaissions son gouvernement, ce qui n'est dans le cœur de personne. Pour parvenir à ce but que nous nous proposons de rétablir la religion et le Roi, reconnaîtra-t-on cette république avec l'intention de violer le traité lorsque l'instant nous paraîtra favorable ?... Voilà la question sur laquelle nous avons à traiter.

« C'est sur l'honneur, c'est sur la foi des traités que tout repose dans l'univers ; quelque mécontentement que l'on ait d'une puissance, on ne peut projeter rien contre elle sans manquer à sa foi. On peut amuser son ennemi, l'amener à des conditions qui paraissent lui convenir, et qui, dans le fond, lui sont onéreuses ; faire, si vous voulez, que les clauses d'un traité soient telles que l'exécution de certains points difficiles à ce même ennemi deviennent un joint pour vous dégager si vous le trouvez onéreux pour vous. Mais contracter un engagement précis avec l'intention d'y manquer ? [...] Des chevaliers français, accoutumés à être le modèle des nations sur tout ce qui s'appelle honneur, n'iront pas marcher aujourd'hui d'un pas égal avec leurs ennemis en se servant des mêmes moyens employés par ces derniers [...], admettant, comme on le dit, qu'ils en fassent usage. Quant au fond de la question, une paix momentanée par laquelle on reconnaîtrait la République est-elle nécessaire au parti du Roi ?

« Nous disons d'abord que cette reconnaissance ne peut absolument produire qu'un mauvais effet. Une partie de la Normandie, toute la Bretagne, le Maine, l'Anjou et tout ce qu'on appelle la Vendée forment un ensemble on ne peut plus imposant et dont les habitants sont généralement dévoués au parti du Roi. Rester dans l'inaction, n'est-ce pas renvoyer aux frontières des troupes qui entraveront les coalisés et fermeront plus étroitement la porte par laquelle peuvent rentrer nos princes et les émigrés ? Si tant de motifs ne peuvent vous arrêter et qu'il faille en donner encore d'autres, n'est-il pas évident que nous nous privons, par cette paix, des secours que nous promet l'Angleterre ? Quand Monsieur de Puisaye, général des Bretons et nommé par les Princes, quand les Princes eux-mêmes nous annoncent la sincérité de ces secours, notre devoir n'est-il pas d'y croire et de faire tout ce qui dépend de nous pour les accélérer et les protéger ?...

« M. Cormatin a l'honneur de commander ici les Bretons par une commission du général de Puisaye, au nom des Princes. Ayant signé la reconnaissance de la République [...], il est donc nécessaire, dans la circonstance, que M. Cormatin soit suspendu de son commandement au nom du Roi ; que, pour y parvenir, l'opinion de chacun soit écrite par oui ou par non. »

Cormatin, on s'en doute, n'apprécie pas du tout cette demande de suspension. Il fait beaucoup de bruit, se fâche, apostrophe violemment l'auteur de la proposition :

« Vous manquez de respect à l'assemblée et vous oubliez que vous êtes dans un conseil militaire et royal !

– Je suis, en effet, dans un conseil militaire et royal, répond Poirier de Beauvais, et c'est donc tout naturel que je parle de faire la guerre et de la faire pour rétablir le Roi. Les preuves du soutien de mon opinion sont bien mieux placées que celles qui tendent à faire reconnaître la République. »

Perdant alors son sang-froid, Cormatin se lève et tape

du poing sur la table. Le tumulte rend dès lors toute discussion impossible. Puis Cormatin reprend la parole et sort de sa poche un feuillet où l'on a déjà écrit les mots « Paix » d'un côté et « Guerre » de l'autre. Il signe dans la première colonne. Sous son nom en figurent déjà treize quand Cœur de Lion appose le sien. Approuvant, comme de Scépeaux, son chef, la décision de Cormatin, on peut supposer que son attitude est encore plus ambiguë que celle de ce dernier. Il se réserve toutes les issues possibles, une fois la paix signée.

« La paix arrêtée, reprend Poirier de Beauvais, Cormatin, sans perdre un instant, met le sabre à la main, jure de prendre les armes à la première occasion, commande de conserver jusqu'à l'organisation établie le respect de tous les chefs. [...] Après la tenue du conseil, les chefs bretons se transportent au château de La Mabilais pour signer le traité qui était préparé d'avance, car toutes les clauses avaient été discutées dans les conférences précédentes. »

La révolte populaire a ainsi été trahie par les chefs chouans inféodés aux Bourbons, qui ont signé la paix avec la République pour mieux ensuite la combattre. Le général Lazare Hoche avait bien compris que la seule façon d'éteindre le feu à l'Ouest était de reconnaître la liberté de culte des paysans. Avant même la paix de Mabilais, il l'avait admis dans une instruction donnée à ses troupes. Aux termes du traité signé le 20 avril 1795 avec les chefs chouans, la République reconnaissait que « la clôture des temples, la destruction du culte et les persécutions contre ses ministres ont été la principale cause du soulèvement des campagnes et de la guerre des chouans », et mettait officiellement fin à la persécution religieuse.

Dès le lendemain de la signature du traité, les chefs chouans réunis en grand conseil « firent serment sur leur épée de mourir ou de rétablir le chef des Bourbons sur le trône ». Cormatin transmit à Bourmont un message destiné au prince de Condé, dans lequel il l'assurait de ses intentions vis-à-vis des Bourbons et de « faire rentrer beaucoup de prêtres et d'émigrés pour se mettre à la tête des mécontents et former des insurrections de tous les côtés ». Bourmont, passant par Paris, y rencontre des royalistes puis s'en retourne rejoindre le prince de Condé en son quartier général de Bruchsal...

Pendant ce temps, l'amirauté britannique prépare une expédition sur les côtes françaises pour y faire débarquer des émigrés. Début juin, tout est prêt. Dans les ports de Southampton et de Portsmouth appareillent trois vaisseaux de ligne, huit chaloupes canonnières et quelques cutters pour protéger cinquante bateaux de transport qui ont embarqué un énorme matériel de guerre. L'escadre anglaise et le convoi des émigrés mouillent dans la baie de Quiberon le 25 juin 1795. Le 27, à deux heures du matin, les hommes du *Royal Émigrant* et du *Royal Louis,* deux régiments d'émigrés, déploient leurs drapeaux blancs et prennent pied sur la plage en criant : « Vive le Roi ! » Ils fraternisent avec les chouans qui les y attendent. Le 28 juin, le débarquement terminé, une cérémonie est organisée pour reconnaître le nouveau roi Louis XVIII. Puis, au milieu des pierres druidiques de Carnac, le vicaire apostolique, évêque de Dol, entouré de quarante prêtres, bénit les drapeaux blancs fleurdelisés qui sont ensuite remis aux chefs chouans.

L'euphorie ? Pas tout à fait. Les chouans qui se battent depuis deux ans n'apprécient pas du tout le dédain manifesté par les officiers nobles à leur endroit. Puisaye leur impose quarante chefs qui ont quitté le sol français depuis bien longtemps, et, par-dessus le marché, les régiments émigrés refusent d'assister à la fête religieuse qui leur paraît... trop populaire !

Oui, Hoche et Defermon avaient vu juste : les négociations avec les chefs chouans n'étaient qu'une comédie. La guerre est officiellement déclarée à la République. Mais Hoche veillait : les royalistes sont rejetés à la mer, tués ou faits prisonniers. Le 21 juillet, tout est fini.

XVIII

Jacques Defermon contre les terroristes et contre les chouans

Quelques jours après son retour à Paris, le 1er prairial an III (20 mai 1795), Defermon est témoin d'une nouvelle tentative de coup d'État. Depuis le matin, le tocsin réveille les faubourgs Saint-Antoine et Saint-Marceau. Bientôt, on bat la générale dans tous les quartiers de la capitale. Exaspérées par l'abandon de toutes les promesses révolutionnaires, les masses populaires regrettent Robespierre. Les sans-culottes submergent la Convention. Menacé, son président est traîné au bas de la tribune. Un orateur prend sa place et ordonne aux députés de légiférer au nom de la France. Pris à partie, le député Féraud est battu et égorgé, sa tête plantée au bout d'une pique...

Defermon n'assista pas directement à cet assassinat, mais, prévenu de ce qui se déroulait à la Convention, et convaincu que c'était l'existence même de la Convention qui était menacée, il se rendit au Comité de sûreté générale, où il trouva quelques députés réunis. Force était de se rendre à l'évidence : rien n'avait été fait pour empêcher ce qui apparaissait bien comme une tentative de coup d'État. Jacques Defermon a raconté en ces termes cette journée dramatique[1] :

« Les rapports que firent les uns et les autres ne nous laissèrent aucun doute que le mouvement avait pour but de rétablir le régime que la journée du 9 thermidor [27 juillet 1794] avait anéanti ; que presque tous les citoyens armés étaient étrangers à ce projet, mais que les avenues de la salle étaient occupées par des sicaires prêts à se porter aux derniers excès contre les victimes qui leur seraient désignées. La journée s'avançait. La lassitude et le besoin faisaient murmurer les citoyens qu'on retenait sous les armes. Le moment décisif approchait. Quelques députés proposèrent à l'Assemblée les décrets qui devaient replacer la France sous le régime de la Terreur, et aussitôt qu'on nous l'apprit au Comité de sûreté générale, nous rédigeâmes et signâmes une protestation contre les décrets qui seraient arrachés à l'Assemblée dans l'état d'oppression où elle se trouvait.

« Enfin nous obtînmes du dévouement des citoyens armés, de quelques sections et d'une compagnie d'invalides, qu'ils nous seconderaient pour dégager l'Assemblée et faire évacuer ses avenues et ses tribunes. Les premiers s'avancèrent par le grand escalier, les seconds par l'autre côté. Jc marchais avec Kervélégan en avant de ces braves invalides. Kervélégan, vers le haut de l'escalier, reçut un coup de sabre qui lui fit une profonde blessure sur l'épaule, mais qui ne l'arrêta pas. Et à notre entrée

1. Assemblée nationale, Mss 1854.

dans la salle, nous vîmes fuir tous ceux qui occupaient les tribunes. La salle fut dégagée et l'Assemblée rendue à la liberté. »

Defermon des Chapellières monte alors à la tribune et, d'une voix forte et rude, réclame à son tour vengeance :

« L'instant est venu où ceux qui voulaient renverser la République et amasser dans cette enceinte les cadavres de ses fondateurs doivent être mis dans l'impuissance d'exécuter leurs horribles desseins. Il faut les signaler, il faut les frapper sans plus de ménagement. Je demande que ceux qui ont été témoins des événements dénoncent les provocateurs de cette odieuse révolte et des crimes qu'elle a fait commettre. »

Plusieurs voix crient : « C'est la Montagne ! »

« Il ne faut pas que le jour se lève et que ces scélérats existent encore ! » crie Tallien sous les applaudissements, le mot « scélérats » désignant ici les députés « séditieux ».

La Convention décrète l'arrestation de Bourbote, de Duroy et de Duquesnoy. Defermon réclame celle de Prieur de la Marne, celui-là même qui, quelque deux ans plus tôt, avait été chargé d'aller avec lui inspecter l'armée des côtes de Cherbourg. Defermon lui reproche d'avoir été terroriste et soutien inconditionnel de Carrier en Bretagne, y renforçant ainsi le parti des chouans. L'arrestation de Prieur est prononcée. Quatorze députés seront arrêtés en séance quelques jours plus tard. Defermon se déclare également pour l'arrestation du général Rossignol, ce « fils aimé du Comité de salut public », et propose encore celle d'un autre député, Esnue-Lavallée :

« Pendant ma proscription, je vis un de mes anciens collègues de l'Assemblée constituante, Enjubault-Laroche ;

il avait fui Laval, son domicile ordinaire, pour se retirer dans une campagne et éviter les recherches d'Esnue-Lavallée. Cependant, l'armée de Talmond était entrée dans Laval et n'avait point pillé la maison d'Enjubault. Il me dit alors : "Si je ne parais pas à Laval, on me croira complice de Talmond." Il quitte sa retraite, trouve sur sa route Esnue-Lavallée et lui demande s'il peut sans crainte aller à LavaI. Celui-ci l'en assure, le fait monter dans sa voiture. À peine sont-ils à Rennes qu'Enjubault se voit attacher les mains derrière le dos et jeter dans un cachot. Il écrit à Paris pour obtenir un jugement ; il fait solliciter dans tous les comités, avec la confiance et la simplicité d'un honnête homme qui croyait encore à la justice. Il ne reçoit point de réponse ; et, peu de temps après, Esnue-Lavallée écrit à Rossignol que la tête de Talmond figurera bien entre celles d'Enjubault-Laroche et d'un citoyen Jourdan qui avait aussi des principes de probité ; et Rossignol signe l'ordre de transférer Enjubault à Laval. Cet honnête citoyen y perd la vie, et sa tête est placée au bout d'une pique sur la porte de la maison que sa femme habitait. Pour toute pièce de jugement, il n'existe que l'ordre de Rossignol. Citoyens, voilà les hommes qui, par des mesures forcenées, des pillages, des profanations d'églises, des vols, la crapule la plus basse, ont, dans la ci-devant Bretagne, fait tant d'ennemis à la République à laquelle ils attachaient, par leur conduite, l'idée de la destruction de tout ordre social[1]. »

Defermon est acclamé, et la répression s'abat sur tous ceux qui, de près ou de loin, ont pris part à la tentative

1. In *Mémoires* de Jacques Defermon, *op. cit.*

du coup d'État du 1er prairial. Désormais, le chapitre des sans-culottes est vraiment clos...

Defermon enrage néanmoins de la trahison des chefs chouans qui se sont joués de lui et des représentants du peuple lors des négociations de Mabilais. Le 18 juin 1795, il monte à la tribune de la Convention et, dans un rapport très dur, part donc en guerre contre les chefs rebelles tout en excusant ceux qui les ont suivis :

« Ceux qui connaissent le caractère et l'esprit des habitants des départements de la ci-devant Bretagne sont d'abord surpris de voir des mouvements de révolte dans un pays qui fut un des premiers et des plus dévoués à la Révolution. On ne sait comment concilier cet amour des Bretons pour leur patrie, cette haine innée qu'ils portent aux Anglais, cette horreur que leur avait inspirée l'oppression trop longue du régime féodal, avec cette faiblesse qu'ils montrent aujourd'hui pour quelques intrigants qui avaient abandonné leur patrie, qui étaient allés chercher un asile chez nos ennemis les plus acharnés, et qui reviennent avec eux pour allumer les torches de la guerre civile et rétablir, sur des cadavres et des cendres, la domination que la Révolution leur avait fait perdre. Mais si l'on réfléchit que le bras de la tyrannie s'est particulièrement appesanti sur ces départements ; que des hommes atroces y ont longtemps, au nom de la République et de la Liberté, exercé le brigandage et commandé le meurtre, qu'une foule de patriotes zélés en ont été les victimes, on ne sera pas surpris que des hommes simples et crédules, ne pouvant distinguer les véritables crimes des faits dont ils étaient témoins, se soient laissé prévenir contre la Liberté et la République, et aient regretté l'ancien régime qui, tout oppresseur qu'il était, ne se présentait pas sous des formes aussi terribles.

« Les ennemis naturels de la Révolution étaient trop clairvoyants pour ne pas profiter de cette disposition des esprits et élever contre la Convention nationale ceux qui lui étaient le plus sincèrement dévoués. La journée du 9 thermidor déconcerta leurs projets ; la Convention, délivrée de la tyrannie, chercha tous les moyens de rétablir l'empire de la justice et ramener la confiance ; il ne semblait pas difficile de réussir ; tous les bons Français, fatigués de l'anarchie, attendaient avec impatience le meilleur ordre de choses qu'on leur annonçait. Les chefs de la révolte, qui avaient vu la France courbée et avilie sous la Terreur, imaginèrent de rétablir à leur profit le même système ; de faire, au nom du Roi et de la religion, ce que faisaient Robespierre et ses complices au nom de la Liberté et de la République. Tel était le plan qu'ils exécutaient et qui couvrait de sang et de deuil les départements de la Bretagne et ceux qui les environnent, lorsque des conférences s'ouvrirent auprès de Nantes pour pacifier la Vendée, et quelques chefs de chouans se présentèrent pour participer à cette pacification. »

Defermon ne peut croire que tous les chefs chouans qui négociaient à Mabilais aient sciemment trompé les représentants de la République :

« Beaucoup de chefs rebelles accédèrent sans doute de bonne foi à cette pacification. Mais plusieurs ne s'y rendirent que pour la mettre à profit pour l'exécution perfide de leurs projets. Leur conduite postérieure et les preuves multipliées de leurs trahisons ne laissent pas de doute à cet égard. La justice, l'humanité et l'intérêt public prescrivent également de punir d'une façon exemplaire les traîtres qui ne se sont couverts du manteau de la paix que pour réaliser plus facilement leurs projets parricides, mais les mêmes motifs prescrivent aussi de prendre toutes les mesures que dictent la sagesse et la prudence pour ne pas confondre avec de vrais coupables des hommes égarés ou séduits. Si vous êtes réduits à employer la force des armes pour rétablir l'empire des lois, vous devez prendre tous les moyens de ménager le sang français et ne faire tomber le glaive que sur ceux qui, au mépris de leurs promesses solennelles et reçues par la République, commandent, dirigent ou excitent les rassemblements. Nous pouvons le dire avec confiance : presque partout le cultivateur désire être délivré des chouans ; toute son ambition se borne à cultiver sans inquiétude et à jouir en paix du fruit de ses sueurs. »

Pense-t-il à son frère François, prêtre réfractaire, ou à l'abbé Souffrant, quand il dit : « Parmi les ministres du culte, il en est aussi plusieurs qui sont de vrais apôtres de la paix et qui, contents de la liberté que vous leur avez rendue d'exercer leur culte, ne se laissent point entraîner aux suggestions de nos ennemis ? »

Defermon, qui est devenu membre du Comité de salut public, fait alors prendre un décret punissant de la peine de mort « les chefs, commandants et capitaines [...] armés sans l'autorisation des autorités constituées ». Que Cœur de Lion soit pris, et il mourra sous les coups de Jacques Defermon. Le Comité donne des instructions très dures aux trois commissaires nommés près l'armée des côtes de Brest et de Cherbourg et celle de l'Ouest, pour réprimer les rebelles, tout en insistant sur l'importance de la liberté du culte. Ces instructions rappellent les conséquences dramatiques des mesures prises sous la Terreur : « Carrier, Le Carpentier, Esnue-Lavallée avaient fait une guerre déclarée aux églises et aux prêtres assermentés ; ils avaient fait dépouiller et fermer les églises, chasser et emprisonner les prêtres dévoués à la cause de la Liberté. Les maux qui en sont résultés sont incalculables [...]. Il ne faut pas recommencer à persécuter les prêtres [...]. Il faut surtout laisser à chaque commune le libre exercice de son culte [...]. Les ennemis de la Révolution sentent quel coup leur porterait le libre exercice des cultes dans les campagnes... »

Defermon se livre également à une attaque en règle contre les Sociétés populaires qui ont joué un rôle si néfaste en Bretagne. Il estime en effet que le peuple breton « eût aimé la République sans la connaître si, au moment où elle fut décrétée, on ne l'eût pas opprimé en son nom, comme si on eût voulu la lui faire détester [...]. Les Sociétés populaires qui auraient pu, dans des séances bien remplies, ramener le peuple à des idées plus saines, n'ont encore servi qu'à l'égarer davantage. On y a traité la religion sans ménagement ; dans plusieurs, on a plus ou moins servi la tyrannie. L'esprit de dénonciation et de trouble y a presque toujours dominé ». Il demande « aux représentants du peuple de laisser tomber dans l'oubli ces établissements qui secondèrent si bien la Révolution dans sa naissance et qui, depuis, ont failli la perdre ».

XIX

La fin du soulèvement populaire à Maumusson

Cependant que Jacques Defermon lutte contre les chouans, que Cœur de Lion a repris les armes contre la République dans le district de Châteaubriant, tout comme les autres signataires de la paix de Mabilais, corroborant ainsi les prévisions de Lazare Hoche, l'abbé Souffrant, l'ami des familles Defermon et Terrien, profite du calme revenu pour sortir de la clandestinité et rouvrir l'église de Maumusson.

Le 18 mai 1795, l'abbé, accompagné des chouans de Maumusson, se rend à La Rouxière, dans le jardin de la cure, pour exhumer le corps d'Yves Bouvier, ex-recteur du bourg, qui avait été « fusillé, sabré et mutilé d'une main, mort sous le glaive des ennemis de la Religion »[1]. Le compte rendu de cette journée a été établi par l'abbé Souffrant et figure dans les registres conservés à la mairie. Il écrit dans son style volontiers ampoulé :

« Nous avons, dis-je, jugé que ce corps si digne de la

1. Cf *supra* p. 234-235.

respectueuse mémoire du troupeau que ce zélé pasteur a tant chéri, et si heureusement étayé et soutenu dans la foi, méritait les honneurs de la Sépulture ecclésiastique. Ayant donc pris les mesures, si difficiles alors à raison de la persécution, pour satisfaire à ce devoir, nous avons invité nos Confrères, les sieurs Bodinier et Plouzin, vicaires de Saint-Herblon, à la cérémonie. L'un et l'autre, pénétrés de respect pour la mémoire de notre ancien ami, se sont réunis à nous, escortés d'environ cent cinquante soldats catholiques et royalistes ayant à leur tête le sieur Jacques Marays, dit L'Anglais, commandant divisionnaire soussigné, les sieurs Jacques Pineau et Pierre Rougé, Capitaines de Maumusson, qui ne signent... »

Mais voici que l'abbé Souffrant crie ensuite au miracle : « Ce même jour, après avoir fait, je ne dirai pas l'exhumation des cendres, mais du corps entier de notre vénérable Pasteur, nous l'avons parfaitement reconnu par ses cheveux et sa figure comme vraiment vivant, parfaitement exempt non seulement de corruption, mais même des moindres apparences, selon l'examen que nous en avons fait avec d'autant plus d'exactitude qu'il nous paraissait étrange qu'étant inhumé le quatorze mars de l'année précédente, il nous parût aussi reconnaissable que pendant sa vie. Il faut ajouter que le nommé Hervé Dupont et un autre homme dont j'ignore le nom l'ont porté par les jambes et les épaules dans son cercueil, à la distance de quelques pieds, soutenant toujours la même consistance qu'un vivant. »

L'abbé Souffrant aurait bien voulu exhumer également le sieur Demats, enterré aux côtés du recteur Bouvier, mais son état de décomposition rendait l'opération impossible.

Le cercueil de l'ancien recteur a ensuite été transporté dans l'église de Maumusson, où, le lendemain, jour de sa fête, il a été inhumé près de l'entrée du sanctuaire. La cérémonie célébrée par l'abbé Plouzin, de Saint-Herblon, s'est déroulée en présence de plus de cinq cents fidèles.

Pour l'abbé Souffrant, la paix de Mabilais et la reconnaissance de la liberté de culte qui l'accompagne marquent la fin de la révolte. Les demoiselles Defermon ont été libérées et sont rentrées à Maumusson. L'abbé François Defermon peut se promener librement. L'abbé Souffrant emploie désormais toute son énergie à retaper son église qui a beaucoup souffert depuis trois ans.

Des chouans de Maumusson vont certes encore être tués par les bleus ; pour autant, l'abbé de Maumusson ne fera plus figurer dans ses registres la mention « mort sous le glaive des ennemis de la Religion », mais celle de « soldat catholique et royaliste », comme ce fut le cas pour « L'Anglais », fusillé le 30 mars 1796, pour Jean Suzineau, fusillé le 1er avril, pour René Ploquin et Julien Boursicot, fusillés le 7 avril, pour René Lehu, fusillé le 9 avril près les Hautes-Chapellières, pour Joseph Foucher (sic !), fusillé le 20 avril. La distinction est de taille : la seconde chouannerie, qui s'étale de juillet 1795 à avril 1796, n'est pas rangée par lui au nombre des persécutions. Il la passe carrément sous silence.

Pourtant, beaucoup de ses paroissiens continuent à se battre contre les bleus sous les ordres du vicomte de Scépeaux. Le quartier général de ce dernier est installé à Freigné, sur les terres de Bourmont. C'est une nouvelle fois le général Hoche qui commande les bleus en Bretagne, dans le Maine-et-Loire, en Mayenne et jusqu'en Normandie. Les Scépeaux, Gourlet, Cœur de Lion, le Lion et autres officiers sont pourchassés par le colonel Muscar, installé à Mozay puis à Châteaubriant à la tête du bataillon de l'Union, lequel réclame à cor et à cris des renforts. Le 8 octobre 1795, il écrit ainsi au général Tuncq : « Je serais à même de faire trembler tous les chouans de ce pays si l'on avait pu me donner les forces que le général Hoche vous avait recommandées... Ma faiblesse, bien connue des chouans, exhausse leur audace... De l'énergie, de l'activité, des troupes : voilà les seuls moyens de terrasser la chouannerie[1]. » Pendant tout l'automne, Muscar[2] reste impuissant face aux milliers de chouans bien armés qui tiennent le pays. Il limite ses sorties par peur que ses hommes ne soient débordés. Mais, quand le général Tuncq envoie une colonne, « elle répand dans le pays la consternation et le désespoir ».

Cœur de Lion règne alors en maître incontesté sur le district de Châteaubriant. Muscar sait avec quels moyens il serait en mesure de « détruire les principaux repaires des chouans dans ce pays et de leur prendre leurs magasins » : « Il faudrait une force de 4 000 hommes ; on les diviserait en trois colonnes », écrit-il à Hoche. Il enrage de se sentir impuissant face à « ces monstres qui assassinent ma patrie, de ces scélérats dont les affidés ont vingt fois demandé mon sang, de ces cannibales que je poursuis à outrance ». Le 29 décembre 1795, il écrit : « Selon

---

1. Extrait du registre de correspondance d'Arnould Muscar, de septembre 1795 à fin mai 1796, archives de l'auteur.

2. Arnould Muscar avait comme chef d'état-major son meilleur ami, Sigisdert Hugo, dit Brutus, le père de Victor Hugo qui, dans les salons de Châteaubriant va faire la connaissance de Sophie Trébuchet, future mère du poète.

la rumeur générale, les chouans sont au nombre de 8 000 au château de Bourmont, dont un millier de ci-devant et d'émigrés. C'est dans ce gouffre que se précipite toutes les productions du pays ; c'est là le quartier généralissime de la chouannerie. Puisse-t-il bientôt en devenir le tombeau ! »

Le rapport de force va s'inverser en faveur des bleus avec l'arrivée, le 30 janvier 1796, d'une colonne de 1300 hommes dirigés par le général Humbert. Muscar fait des forges de Moisdon son « point central des opérations ». Après avoir perdu 30 hommes au Petit-Auverné, les bleus reprennent le dessus au Grand-Auverné. Les hommes de Scépeaux et de Cœur de Lion ont déjà moins de superbe. Ils n'ont pu s'opposer aux enlèvements de quelque 700 quintaux de froment, dont une partie a été détournée par le général Humbert, au grand dam de Muscar, écœuré par le comportement de son supérieur : « C'est avec douleur que je dois vous dire que la troupe du général s'est portée à tous les excès propres à jeter la terreur dans le pays, et à aigrir les habitants au lieu de les ramener à la République... » Quelques jours plus tard, le 27 février, Muscar écrit à Hoche pour fournir de nouveaux éléments à charge contre Humbert : « Dès lors j'ai commencé à juger Humbert, et je ne fus pas longtemps à m'apercevoir qu'il travaillait moins pour les intérêts de la République que pour les siens propres ; j'en fus pleinement convaincu quand il ne rougit pas de me dire qu'il ferait de bonnes affaires des fers de Moisdon qu'il a achetés, et qu'il y gagnerait cinquante mille francs en numéraire. »

Néanmoins, le passage des colonnes du général Humbert a changé la donne. Cœur de Lion est désormais traqué, et Muscar a la main. Républicain intègre, celui-ci voue une vive admiration à Lazare Hoche et applique strictement ses ordres visant à dissocier les chouans des paysans. Le 8 mars 1796, dans une instruction aux commandants des colonnes mobiles, il déclare : « La chouannerie est expirante, hâtez-vous de terminer sa sanglante agonie [...]. Mais si vous devez exterminer l'ennemi, vous devez consoler l'habitant paisible qui attend de vous protection et sûreté [...]. Portez dans son cœur et dans sa famille la douce conviction que vous êtes ses libérateurs [...], essuyez les larmes de l'infortuné, répandez l'espoir du bonheur, faites des prosélytes à la République... »

Les chouans n'ont plus d'autre issue que d'accepter les offres de paix de Hoche. Cœur de Lion écrit à Muscar, le 25 avril, après avoir reçu des ordres du vicomte de Scépeaux : « Il m'est enjoint de contenir les troupes de ma division et de défendre expressément aux soldats de commettre aucun acte d'hostilité, persuadé que vous êtes aussi jaloux que moi de voir la tranquillité renaître dans nos malheureuses contrées. » Et Terrien poursuit, comme s'il était toujours en position de force, par un arrogant : « Je compte assez sur votre loyauté pour que vous usiez de réciprocité afin que vous et moi travaillions à la réunion de tous les Français. »

Muscar, qui attendait une pure et simple reddition de Cœur de Lion, répond, furieux, par une missive cinglante : « Mon étonnement, à sa lecture [de la missive de Terrien], et l'indignation dont elle me souleva, furent aussi grands que le ton dans lequel vous me parlez est audacieux et révoltant. Quoi ! Monsieur, vous osez tenir encore le langage qui ne pouvait être toléré qu'à l'époque funeste de la pacification, et qui a toujours indigné les vrais républicains ? Des négociations ? avec qui, Grands Dieux ? avec les plus lâches et les plus féroces assassins, avec le rebut de tous les bandits de l'Europe ? [...] Sachez, Monsieur, que nous ne voulons plus d'accommodement avec vous [...]. Sachez que le sort le plus doux qui puisse vous attendre est de venir vous constituer prisonnier jusqu'à la paix générale... » Muscar continue sur ce registre en le traitant de scélérat, en promettant son extermination, avec tous ses bandits, en lui assurant pour terminer qu'il ne « fera jamais grâce à un chef de voleurs et d'assassins tel que L'Exécrable Cœur de Lion[1]... »

La deuxième chouannerie se termine. Le 13 juillet 1796, Hoche peut annoncer au Directoire que tout l'Ouest est en paix.

L'attitude de l'abbé Souffrant, si différente de celle de son ami Cœur de Lion, s'explique d'abord par leur différence d'approche de la situation. La persécution religieuse a été le principal motif de la révolte de l'abbé, alors que, pour le fils du métayer des Chapellières, la lutte pour la défense du Trône a au moins autant compté que celle pour la défense de l'Autel. Par ailleurs, la deuxième chouannerie n'a pas pris le même cours dans le district de Châteaubriant et dans celui d'Ancenis (elle a été moins violente dans ce dernier). La personnalité de l'adjudant-général Spital, chef de la 17e demi-brigade qui, depuis le 1er octobre 1795, commande la région d'Ancenis, explique probablement en partie les distances prises par

1. Tous les écrits de Muscar et de Cœur de Lion proviennent de l'extrait de la *Correspondance* d'Arnould Muscar, déjà cité.

l'abbé Souffrant vis-à-vis de la chouannerie. Spital était une copie conforme de Lazare Hoche, traquant les chefs chouans mais épargnant le peuple et le clergé. Ainsi, en avril 1796, alors qu'il est en tournée, il tombe à l'improviste sur Maumusson, où il trouve le prêtre Souffrant en train de dire la messe. « Observateur zélé des principes de la Constitution, Spital attendit patiemment la fin de la cérémonie religieuse et demanda à parler au prêtre Souffrant qui, tout, tremblant se rendit à son invitation », rapporte Douville, commissaire du directoire exécutif du canton de La Rouxière, « mais, à peine le général Spital lui apprit-il que les tyrans étaient tombés sous la hache nationale qu'il revint bientôt de sa frayeur, l'embrassa, lui témoigna sa joie et lui promit de faire rendre les armes aux révoltés de sa commune et des communes voisines. Huit jours après, le canton était pacifié. »

Spital avait promis à l'abbé de garantir la liberté du culte. Au mois d'août suivant, le même Douville constate que Souffrant est toujours dans de très bonnes dispositions à l'égard du gouvernement : « Maumusson, malgré qu'elle ait été longtemps possédée par les chouans, a fait deux très bons choix. Souffrant y exerce le culte et a entièrement la confiance des habitants. Je serai assez politique pour en tirer parti à l'avantage de la chose publique, d'autant qu'il m'a paru bien déterminé à obéir aux Lois ainsi qu'à rapprocher les esprits qui sont bien chancelants. »

Dans les mois suivants, Maussion, lieutenant de gendarmerie à Ancenis, fait le même constat sur les bonnes dispositions de Souffrant à l'égard de la République[1].

1. ADLA, L 724.

Pourtant, sur ordre du ministre de la Police, Souffrant est arrêté le 18 mars 1797 par le même Douville. Celui-ci rend compte : l'abbé était prêt à partir sur-le-champ, mais « il observa néanmoins que s'il ne disait pas la messe le dimanche 19 mars, il pourrait en résulter des grands désordres. En conséquence, il nous pria de le laisser à ses fonctions jusqu'au lundi, sur sa parole d'honneur ». Le lundi 20 mars, il est bel et bien chez Douville : « Un père chéri qu'on arrache du sein de sa famille ne fait pas répandre plus de larmes que le prêtre Souffrant n'en a fait verser au moment de son départ. Il a été escorté par la moitié des habitants de sa commune jusqu'à La Rouxière, et même jusqu'à Ancenis. Comment peut-on nous enlever un homme qui nous a délivrés de la fureur des chouans en faisant tomber de leurs mains parricides les armes meurtrières qui ont porté si longtemps le ravage de nos malheureuses contrées ? »

La paix qui a suivi la deuxième chouannerie est aussi fragile que celle qui a mis un terme à la première. Les royalistes n'ont toujours pas renoncé à restaurer la monarchie. Avec l'aide des Anglais, ils tentent un coup d'État contre le Directoire. Le complot échoue dans la nuit du 17 au 18 fructidor an V. Quand, le 4 septembre 1797, Paris s'éveille, la capitale est occupée par la troupe. La répression s'abat sur les comploteurs. Si les royalistes sont éliminés, le poids des triumvirs et de l'armée s'est considérablement renforcé au détriment du pouvoir législatif. Des mesures répressives contre les prêtres sont remises en vigueur. L'abbé Souffrant entre à nouveau dans la clandestinité. Il ne va pas aller loin. Pendant quatorze mois, il se cache dans les lieux sûrs de Maumusson, notamment à la métairie de la Porte et aux Chapellières. La traque contre les chefs chouans et leurs soutiens a repris. Le commissaire Douville, qui n'avait pas de mots assez doux pour louanger l'abbé Souffrant, répondant à une « lettre secrète » du commissaire de Nantes sur les suspects, dresse à présent de lui un terrible portrait : « Mathurin Souffrant, prêtre réfractaire dès le commencement de la Révolution, prêchant le meurtre des républicains pendant la guerre de Vendée et des chouans, échappé aux recherches des autorités civiles et militaires jusqu'à la pacification, caché de nouveau depuis le 18 fructidor, royaliste entêté, fanatique, déhonté, hypocrite, dangereux, revêtu de la qualification de grand vicaire, résidant toujours dans l'une ou dans l'autre des communes de mon canton, mais ne sortant de ses caches que la nuit... »

Son ami l'abbé François Defermon entre lui aussi en clandestinité, tout comme Jean Terrien, dit Cœur de Lion. Douville est même convaincu que ce dernier est revenu à Maumusson : « Jean Terrien, dit Cœur de Lion, autrefois abbé, depuis Brigand et capitaine des chouans, ennemi forcené du gouvernement républicain, meurtrier d'un autre capitaine des chouans qui avait rendu les armes avant lui ; très sanguinaire pendant la durée de la guerre civile, maintenant tranquille et habitant de la commune de Maumusson ou habitant depuis peu celle de Freigné... » Douville propose une solution pour « obtenir un succès complet » :

« Les gens de la campagne, outre qu'ils sont fanatisés, sont naturellement peu communicatifs ; il serait bon d'envoyer parmi eux, avant d'employer la force, des républicains insinuants, capables d'imiter pour ainsi dire le caméléon en prenant le ton et les couleurs du royalisme ; ils inspireraient nécessairement la confiance et parviendraient aisément à découvrir les caches de ces bons messieurs, surtout s'ils paraissaient désireux de tranquilliser leur conscience par une confession générale. »

En juillet 1798, Douville n'a toujours pas réussi à débusquer les « messieurs » de Maumusson. Le 20 de ce mois, il effectue une visite domiciliaire aux Chapellières. « Les demoiselles Chapellières à Maumusson, [...] m'ont refusé les clefs de plusieurs chambres qui, dans tous les temps, ont servi de repaire à la vermine calotinocrate ; mais, muni d'un mandement d'ouverture de mon juge de paix, j'ai requis un maréchal qui a fait tomber les serrures et m'en a facilité l'entrée. Malheureusement, nous n'avons rien trouvé que des lits démontés avec quelques saintes reliques un peu en désordre[1]... »

Encouragée par les princes et les émigrés, l'agitation chouanne va repartir progressivement. Tous les anciens chefs ne reprennent cependant pas les armes. Guillaume Plouzin, dit le Lion, se présente ainsi le 25 juillet 1798 chez Douville pour signer une déclaration aux termes de laquelle il veut servir les lois et le gouvernement de tout son pouvoir. Il prête même le serment civique. Devenu un indic de Douville, il détourne et lui communique, le 14 mai 1799, une lettre adressée à Bourmont. En juillet 1799, Douville écrit à Nantes que le canton de La Rouxière est devenu à nouveau peu sûr et qu'on y assassine. Les chouans ont abattu l'arbre de la Liberté à Belligné et ont volé le pain destiné à la troupe, ainsi que le cheval du fournisseur...

1. ADLA, L 327.

Au mois d'août, le comte d'Artois, installé à Édimbourg, autorise la reprise de la lutte et en désigne lui-même les commandants. À l'exception de Georges Cadoudal, tous sont nobles. On est loin des soulèvements populaires de 1793 et 1794. Les paysans forment désormais la piétaille. Le 14 septembre, les principaux chefs, parmi lesquels le comte de Bourmont, entourés de deux cents cadres subalternes et de douze cents paysans en armes, se réunissent en Loire-Inférieure chez le comte d'Andigné, au château de La Jonchère, en bordure de l'immense forêt de Juigné-les-Moutiers. La date du soulèvement est fixée au 15 octobre. Les soldats royalistes devront se ruer sur les chefs-lieux et y bloquer la machine administrative.

À la mi-octobre, partis de Candé, quelque deux mille chouans font effectivement route vers Nantes. Tête Carrée, de Maumusson, et quelques hommes libèrent quinze des leurs, emprisonnés à la maison d'arrêt du Bouffay. Si l'opération tourne court et si Nantes a bien résisté, le département de Loire-Inférieure, comme d'ailleurs ceux de Mayenne, de Maine-et-Loire et du Morbihan, sont une fois de plus livrés aux coups des chouans. Le 30 octobre, Bourmont lance une proclamation : « Son Altesse Royale Monsieur, frère du Roi, attend, pour arriver à bord de l'escale alliée qui croise sur nos côtes, qu'un point de débarquement lui soit offert. D'un bout de la France à l'autre, les royalistes courent aux armes... » Mais les campagnes sont lasses. Elles ont trop souffert, et la majorité d'entre elles n'aspirent plus qu'à la paix...

Tout l'appareil répressif de l'État se mobilise alors pour contrer ce nouvel accès de fièvre. Joseph Fouché, ministre de la Police depuis juillet, intime aux administrateurs des départements de l'Ouest l'ordre d'appliquer la loi dans toute sa rigueur [1]. Il ordonne aux administrateurs des pays de l'Ouest de hâter l'entrée en vigueur des mesures de la Terreur contre les prêtres réfractaires et contre ceux qui les abriteraient, d'employer tous les moyens pour s'en saisir : colonnes mobiles, agents secrets, gratifications, etc. Même rigueur contre tous les nobles, tous les parents et alliés des chouans et des émigrés jusqu'au quatrième degré, assortie de la séquestration de tous leurs biens. Il écrit en effet : « Vous devez user de toute la puissance que la loi vous confère pour frapper sans cesse et indistinctement sur toutes les têtes que vous croirez coupables. Il ne s'agit pas de faire le triage des bons et des méchants. Dans ce pays maudit, il n'y a, il ne peut y avoir que des coupables... »

Le général Hédouville, ancien adjoint de Hoche, nommé commandant en chef de l'armée d'Angleterre, s'installe à Angers, le 3 novembre, avec mission d'anéantir les brigands de l'Ouest soudoyés par la perfide Albion.

Toute cette agitation ne concerne plus Maumusson. Le 10 novembre, l'abbé Souffrant, revenu dans sa cure, écrit en effet dans son registre : « On a commencé à célébrer publiquement la messe dans l'église de Maumusson. » Si, le 30 novembre, Sébastien Barbin, charpentier et greffier du juge de paix du canton de La Rouxière, est assassiné près les Basses-Chapellières, le sang coulera peu dans le bourg au cours de cette période où persiste ailleurs l'agitation.

---

1. Cf. Abbé Alphonse Angot, *Histoire de la Révolution dans la Mayenne,* 4 tomes, Laval, A. Goupil, 1891.

XX

Bonaparte impose la paix dans l'Ouest et règle définitivement le problème religieux

Le 8 novembre 1799, le général Hédouville met le Maine-et-Loire en état de siège, mais décide dans le même temps d'entrer en contact avec la vicomtesse Turpin de Crissé installée au château d'Angrie, à une quinzaine de kilomètres de Maumusson, et qui a déjà servi d'intermédiaire avec les chefs chouans lors des deux précédentes pacifications menées par Hoche. Hédouville n'est pas au courant de ce qui se trame alors à Paris. Le lendemain, comme si de rien n'était, il envoie un rapport au citoyen Gohier qu'il croit encore président du Directoire exécutif. Il ignore que Bonaparte a déjà réussi son coup d'État, fait voter la liquidation du Directoire et fait nommer trois consuls provisoires...

« Citoyen Président, écrit Hédouville, je me suis rendu directement ici parce que le principal noyau de la révolte est dans le département de Mayenne-et-Loire.

Bourmont, d'Autichamp, d'Andigné, Scépeaux, Châtillon, Turpin, etc., qui sont des chouans et des Vendéens, sont dans ce département et tiennent par leurs alliances et leurs liaisons à Madame Turpin-Crissé qui, par son esprit et ses qualités personnelles, a sur eux la plus grande influence. Le général Hoche s'en est servi avantageusement pour sa pacification, dont le signal a été donné dans les districts de Candé et de Segré, où les chouans dominent encore aujourd'hui plus que partout ailleurs.

« La situation politique des départements de l'Ouest est plus fâcheuse que lorsque nous avions 120 000 hommes, total des trois armées réunies sous le commandement du général Hoche. L'organisation des chouans est plus régulière. Ils ont des administrations civiles et judiciaires. Ils ont laissé en fonction les municipalités qui n'ont pas fui les communes rurales, excepté les commissaires du Directoire ; ils affectent de ménager les patriotes qui sont restés sur leurs propriétés ; ils font payer la dîme et le produit des domaines nationaux ; ils défendent à tous les propriétaires réfugiés dans les grandes communes de faire enlever leurs grains et leurs vins, et les somment de leur fournir des uniformes sous peine de livrer leurs maisons et leurs propriétés au pillage ; aucun fonctionnaire public n'est épargné. Les hommes qui refusent de marcher à leur réquisition sont fusillés. Ils affectent de ne point gêner les relations commerciales et ne font aucun mal aux voyageurs, qui ne sont pas même pillés quand les chefs paraissent. En tout, ceux-ci ont plus de conduite et d'audace que dans la dernière révolte, et l'envahissement momentané de quelques grandes communes a produit l'effet qu'ils en attendaient : le soulèvement d'un plus grand nombre d'hommes de la campagne [...]. Mme Turpin-Crissé pouvant encore être utile, je n'ai pas hésité à la faire venir ici, quoiqu'en fuite pour se soustraire au mandat d'arrêt lancé contre elle comme otage. Je lui ai donné un passeport pour faire rentrer ses deux filles, l'une âgée de 16 ans et l'autre de 17, à Angers. J'ai fait sortir provisoirement des prisons du château un de ses domestiques qui y était détenu. Ces moyens étaient nécessaires pour lui inspirer de la confiance. Elle est arrivée hier. Je ne l'avais pas encore vue, et j'ai été bientôt confirmé dans l'idée que le général Hoche m'avait donnée de ses moyens et de son influence. Elle gémit, elle pleure sur les malheurs qu'entraîne la rébellion [...]. Elle m'a répété qu'elle croyait pouvoir répondre que la tranquillité serait rétablie avant quinze jours si le Directoire voulait consentir à accorder les demandes suivantes

« 1) Une amnistie générale pour tous les rebelles qui, dans l'espace d'un mois à dater de la publication de l'amnistie, se soumettraient aux lois de la République et remettraient leurs armes, à l'exception d'un petit nombre de fusils qui serait déterminé par commune ;

« 2) La liberté des cultes suivant la Constitution et les lois ;

« 3) La promesse de n'exiger actuellement que les impositions courantes à compter du 1er de l'an VIII, et de ne faire payer celles qui sont arriérées que lorsque la culture et le commerce seront remis en vigueur ;

« 4) La jouissance de leurs propriétés pour ceux qui n'ont pas émigré ;

« 5) Des radiations partielles pour une trentaine d'émigrés, ou au moins de modiques pensions pour assurer leur subsistance en pays étranger ;

« 6) L'assurance que le petit nombre de prêtres déportés qui sont parmi les chouans pourront rentrer tranquillement dans leurs foyers... »

Cette affaire donne une impression de déjà-vu. L'enchaînement des faits qui suit cette ouverture rappelle celui qui a précédé la paix de Mabilais : « La République ne traitera pas ! » clame Hédouville. « Pourquoi ne traiterait-elle pas avec une partie aussi considérable de la nation qui, à elle seule, formerait un peuple important ? » réplique Châtillon.

Puis c'est l'armistice offert par les consuls, la générosité d'Hédouville d'un côté, les traîtrises, mesquineries, grignotages, tergiversations et reculs derrière les ronds de jambe de l'autre. Chez les royalistes, l'intelligente ambiguïté de Bourmont éclate : il s'impose comme l'homme-clé du parti du roi et jouera pendant quelques mois un rôle diabolique qu'il souhaiterait à l'évidence d'ampleur nationale. Il tente même, un temps, de duper le Premier Consul. Pendant la conférence de Pouancé, à la mi-décembre, à laquelle participe Cœur de Lion, il parle d'arrêter les hostilités, mais écrit simultanément à Londres : « Nous allons travailler à gagner du temps et tâcher de porter les négociations à Paris ; nous espérons y parvenir. »

Une fois de plus, les fonctionnaires républicains ne comprennent pas la magnanimité du gouvernement envers les chefs chouans. Alors que s'ouvre la conférence de Pouancé, Lelièvre, le commissaire de Châteaubriant écrit à Nantes : « Croyez-vous de bonne foi que l'armistice ou pacification avec les chouans soit sincère de leur part ?... Je n'en crois rien lorsque j'apprends que tous les hommes qui étaient détenus pour cause de royalisme ou de contre-révolution, et relâchés, ont aussitôt pris parti dans ces brigands pour en grossir et fortifier la masse et en compléter l'organisation ; lorsque je sais qu'un Lemaître, dit Léopard, nommé inspecteur général des Forges [1], va d'une usine à l'autre mettre les directeurs à contribution et prétend exiger d'eux des 20 et 30 000 francs ; que les autres chefs s'occupent à faire des notes de contribution personnelle ; qu'ils lèvent dans les campagnes des dîmes ; qu'ils font payer les jouissances des fermes des domaines nationaux et exigent des acquéreurs de ces sortes de biens des sommes considérables ; qu'ils se tiennent rassemblés après s'être établis en garnison dans les chefs-lieux des communes principales situées sur les grandes routes où ils ne paraissaient jamais qu'en y passant individuellement, mettant à contribution les habitants chez lesquels ils vivent comme de discrétion ; en un mot, que penser de leur conduite lorsqu'on apprendra qu'ils usent de tous les moyens qu'ils peuvent mettre en usage pour recruter et augmenter leur nombre ? Tout me convainc qu'ils ne sont pas de bonne foi... »

Six jours plus tard, le même commissaire de Châteaubriant se demande à propos de la conférence de Pouancé si c'est « un royaume dans la République française. [...] Existe-t-il un congrès de Rastaadt à Pouancé où deux puissances doivent traiter de la paix et de la guerre ? ».

Lelièvre ne comprend décidément plus rien aux événements qui se déroulent à quelques lieues de son canton, voire dans son canton. Et quand on apprend à Jambu,

1. Le Léopard est un adjoint de Terrien (Cœur de Lion), chargé de contrôler – c'est-à-dire de déstabiliser – les forges de Moisdon-la-Rivière.

de Moisdon, qu'un armistice a été signé avec Hédouville, il se refuse à y croire, persuadé que c'est une rumeur pour « nous donner une sécurité dangereuse » : « Les chouans continuent à faire passer beaucoup de grains aux Anglais ; le prix a augmenté de plus d'un quart depuis la récolte [...]. Je vous dirai aussi que tous les jours on voit passer dans nos campagnes grand nombre de déserteurs de nos armées ; il en a passé depuis quinze jours plus de 150 sur mon canton [...], ils ont obtenu des chouans des passeports pour s'en retourner dans leurs foyers... »

Le 26 décembre 1799, d'Andigné et Hyde de Neuville, délégués par les chefs chouans à la conférence de Pouancé, se rendent au Palais du Luxembourg pour conclure une paix définitive à partir d'un mémorandum en 39 articles signé le 23 à Angers avec Hédouville. Ce mémorandum prévoit, dans son article premier, la liberté des cultes, la restitution aux communes des églises non aliénées, l'exemption pour les prêtres de tout serment non exigé des autres citoyens. Les deux royalistes finassent, prétendent n'avoir pas les pouvoirs de signer, suscitant ainsi le courroux de Bonaparte. Le Premier Consul va-t-il relancer la guerre ? Non. Après Hoche qui affirmait « compter au nombre des droits naturels celui d'adorer Dieu comme il convient à chacun », Bonaparte a compris que le secret de la paix avec les départements de l'Ouest réside dans la liberté du culte. Il va aller jusqu'au bout de cette conviction pour pacifier définitivement la région.

Dans une proclamation aux départements de l'Ouest adressée aux hommes de tous les partis et publiée dans

Le Moniteur du 7 nivôse an VIII (28 décembre 1799), les consuls lancent un appel pressant à la concorde et promulguent la liberté religieuse, l'abrogation « des lois injustes et des actes arbitraires qui avaient alarmé la sécurité des citoyens, et la liberté de conscience » : « Les consuls déclarent que la liberté des cultes est garantie par la Constitution, qu'aucun magistrat ne peut y porter atteinte, qu'aucun homme ne peut dire à un autre homme : tu exerceras tel culte, tu ne l'exerceras qu'en tel jour [...]. Les ministres d'un Dieu de paix seront les premiers moteurs de la réconciliation et de la concorde ; qu'ils aillent dans les temples qui se rouvrent offrir, avec leurs concitoyens, le sacrifice qui expiera le crime de la guerre civile et le sang qu'elle a fait verser. » Par un arrêté, les consuls abolissent pour les prêtres le serment politique et le remplacent par une simple déclaration de fidélité.

Bonaparte ne veut pas lâcher d'Andigné. Il lui écrit le 30 décembre : « Il n'a coulé que trop de sang depuis dix ans. Dites donc bien à vos concitoyens que les lois révolutionnaires ne reviendront plus dévaster le beau sol de la France, que la Révolution est finie, que la liberté de conscience sera entière et absolue. » Il ne néglige rien pour afficher un revirement complet de la politique des autorités. Témoin de l'impuissance des révolutionnaires à extirper le catholicisme du sol de France, il a compris, en s'emparant du pouvoir, que la vieille religion romaine constituait une force considérable et qu'il importait au succès de ses ambitions de la faire pencher de son côté[1].

Suite à ces nouvelles dispositions, les prêtres encore

1. Cf. Alfred Lallié, *Le Diocèse de Nantes*, *op. cit.*

détenus sont progressivement libérés, mais, comme les lois frappant les prêtres réfractaires n'ont pas encore été rapportées, Fouché va faire de la résistance encore un certain temps en s'opposant à l'admission à la promesse de fidélité des prêtres qui avaient refusé de prêter serment à la Constitution civile du clergé. Alors que le Premier Consul tente d'apaiser les campagnes de l'Ouest, Fouché, qui voit des conspirations partout, harcèle les préfets pour qu'ils se montrent plus rigoureux à l'encontre des prêtres, des chouans, des nobles. Il est vrai que les chefs chouans, rendus furieux par ce qu'ils estiment être un double jeu de Bonaparte, reprennent les armes, si bien que, dans sa circulaire du 12 janvier 1800, Fouché enjoint aux administrateurs de combattre « l'intolérance et le fanatisme, de surveiller et de tenir en suspicion les prêtres rentrés ».

En même temps qu'il utilise tous les moyens de la conciliation, Bonaparte ne baisse pas la garde. Il exhorte les militaires à la plus grande sévérité envers ceux qui refusent la main tendue. Il demande de « faire fusiller sur-le-champ les chefs rebelles pris les armes à la main », et estime qu'« il serait d'un exemple salutaire de brûler deux ou trois communes parmi les plus compromises ». Le Premier Consul est impatient. Parce qu'il a prorogé l'armistice de quelques jours, il destitue Hédouville et le remplace par le général Brune. Mais il demande simultanément à Hédouville de rester aux côtés de Brune pour poursuivre les efforts en vue d'une pacification totale et définitive.

L'opiniâtreté de Bonaparte entraîne la soumission des chefs chouans à Candé, le 20 janvier 1800. Font encore exception Bourmont et une poignée d'autres. Bourmont est alors attaqué et subit un grave revers à Meslay-du-Maine. Il se rend finalement, le 25 janvier, et signe la paix avec Hédouville, le 4 février, à Angers.

Les chouans des pays d'Ancenis et de Châteaubriant rentrent chez eux. Ainsi, le 19 février, Cœur de Lion rassemble ses hommes à Moisdon, aux côtés de Cœur de Roi, du Léopard, de tous les caporaux des paroisses. Pendant deux jours, la plupart des armes de sa division sont déposées. Quant à son stock de serge grise destiné à l'habillement de sa troupe, Jean Terrien le distribue plutôt que de l'abandonner au gouvernement.

La proclamation de la liberté du culte, les mesures prises à l'égard des prêtres ont radicalement changé l'atmosphère dans la région. Début mars 1800, Bonaparte nomme un homme expérimenté et de toute confiance, ancien président du Directoire, comme préfet du département de Loire-Inférieure pour parachever la pacification. Faisant fi de ses convictions personnelles, le préfet fait tout pour que les campagnes retrouvent leurs prêtres et leurs traditions. Il envoie le 28 mars une circulaire aux sous-préfets : « Ne méprisez pas l'influence de ces ministres. L'expérience a malheureusement démontré combien elle était puissante, et la politique veut qu'on ne néglige aucun moyen de la diriger vers la paix et l'affermissement de la République... » Mais le préfet demande également à être informé des faits et gestes des prêtres et de tous ceux qui, dans les dernières années, troublèrent l'ordre public. Les nouvelles dispositions sont si contraires aux habitudes prises par les agents de l'administration depuis bientôt dix ans qu'on assiste souvent à des frictions, des dysfonctionnements dans leur application. La remise des églises aux catholiques se fait lentement. Les disputes entre prêtres réfractaires et assermentés sont fréquentes. Les paysans réclament que les cloches soient réinstallées dans les clochers, car ils veulent renouer avec la poésie extérieure du culte, la pompe des cérémonies, tout le rituel de la religion de leurs ancêtres...

Bref, la période reste indécise. Il manque encore quelque chose pour consolider la paix retrouvée, donner un cadre au nouvel équilibre entre le clergé et l'État. Le premier obéit en effet à des chefs non reconnus par le second, tout comme celui-ci est ignoré lui-même par celui-là [1]. Bonaparte sait qu'il doit faire la paix avec Rome, reprendre avec la papauté les relations séculaires sans pour autant payer le prix fort. Il va se servir de l'abbé Bernier, ancien chef chouan, ex-commissaire général de l'armée d'Anjou et du Haut-Poitou, qui avait beaucoup aidé le général Hédouville dans ses négociations avec les chefs chouans, pour mener à bien les pourparlers avec le Vatican.

Bonaparte envoie le conseiller d'État Barbé-Marbois inspecter les départements de Bretagne. Le 9 janvier 1801, celui-ci écrit dans son rapport : « De tous les biens, celui qui a le moins coûté au gouvernement est celui qui a répandu le plus de contentement : la liberté du culte ; elle n'est pas entière, mais, après une aussi longue et aussi furieuse persécution, la tolérance est prise pour liberté. »

Après de nombreuses péripéties, le Concordat entre le pape Pie VII et Bonaparte est signé le 26 messidor an IX (15 juillet 1801), mais il ne sera promulgué que l'année

1. Cf. Émile Gabory et Xavier du Boisrouvray, *Les Guerres de Vendée*, *op. cit.*

suivante, le 18 germinal an X (8 avril 1802), après de très nombreuses tractations assorties de menaces de Bonaparte. Au texte officiel de la convention et des annexes, le Premier Consul a joint des articles organiques visant, dans un certain nombre de cas, à subordonner le spirituel au temporel. Le Concordat fixe les nouvelles règles régissant les relations entre l'État et l'Église. La pratique du culte est publique, à condition de se conformer aux règlements de police. Les circonscriptions des diocèses sont réaménagées. Le Premier Consul nomme les évêques qui sont investis par le pape. Les évêques et les ecclésiastiques de second ordre doivent prêter serment de fidélité. Les curés sont nommés par les évêques à la condition d'être agréés par le gouvernement. Un traitement convenable est accordé au clergé. Le pape s'engage « à ne troubler en aucune manière les acquéreurs des biens ecclésiastiques aliénés ».

Le 18 avril 1802, jour de Pâques, en la cathédrale Notre-Dame de Paris, une cérémonie religieuse à laquelle participent Bonaparte, le légat du pape et les représentants des pouvoirs publics scelle solennellement la restauration du culte en France et met fin à la persécution religieuse. Moins d'un mois plus tard, en la cathédrale de Nantes, le 13 mai 1802, l'abbé Souffrant promet « d'être soumis aux lois de la République » alors qu'il avait risqué sa vie pour ne pas prêter serment à la Constitution civile du clergé. Deux cent-dix anciens prêtres réfractaires se tiennent à ses côtés.

Maumusson a rejoint le giron de la République et ses paroissiens peuvent tranquillement se rendre aux offices célébrés en l'église Saint-Pierre...

ÉPILOGUE

Que sont les principaux acteurs devenus ?

S'il est impossible de chiffrer avec exactitude le nombre de morts de Maumusson pendant la guerre civile, un certain nombre de « Bonchamps » ayant été tués en Vendée et pendant la Virée de galerne, on peut affirmer sans risque de se tromper que le bourg a alors perdu plus de paroissiens et de paroissiennes que pendant la guerre de 1914-18 (53 tués).

Si Jean-Baptiste Carrier a été guillotiné depuis longtemps, le général Turreau, l'homme des « colonnes infernales », a poursuivi sa carrière militaire ; Lazare Hoche, général en chef de l'armée de Sambre-et-Meuse, est mort de la tuberculose en septembre 1797, à l'âge de vingt-neuf ans ; son ancien adjoint, Hédouville, deviendra sénateur et comte d'Empire. Quant à Joseph Fouché...

L'abbé Souffrant, le prêtre des chouans ? Le nouvel évêque de Nantes lui a proposé une cure plus importante, mais, sous la pression de ses ouailles – les sieurs Plouzin et Cornuaille ont supplié l'évêque, au nom des paroissiens, de le laisser à Maumusson –, il est resté recteur en sa commune, tout en acceptant la charge de grand vicaire.

L'abbé François Defermon, son ami ? Il a été nommé curé de Moisdon-la-Rivière, puis est devenu chanoine honoraire de la cathédrale de Nantes, mais a refusé la dignité épiscopale que lui proposait Napoléon.

Jean Terrien, dit Cœur de Lion, l'ami des deux précédents ? Il s'est installé marchand de bois à Nantes, mais, toujours nostalgique des Bourbons, a repris les armes en 1814, puis en 1832, derrière la duchesse de Berry. Condamné à mort, il a été gracié quelques années plus tard. Sous la Restauration, il fut adoubé chevalier et obtint une retraite de colonel.

Guillaume Plouzin, dit le Lion, obligé par la police impériale de ne pas résider à Belligné, s'est installé tout près, à Varades, et a, semble-t-il, vécu du revenu de « ses petites propriétés ». Sous la Restauration, il a obtenu une retraite de lieutenant-colonel.

Dupré, dit Tête Carrée, meunier et chef intrépide des chouans de la paroisse de Maumusson, devenu célèbre pour avoir délivré onze détenus de la prison du Bouffay lors de la prise de Nantes du 19 octobre 1799, a été tué quelques mois plus tard, le 2 août 1800. Tombé entre les mains de la gendarmerie qui le poursuivait depuis longtemps, il fut conduit à La Rouxière et, quoique surveillé par deux gendarmes dans une chambre au premier étage, il s'échappa en sautant par une fenêtre ; mais, bientôt repris, il déclara qu'il avait la jambe démise par suite de sa chute et qu'il ne pouvait plus marcher. Un gendarme mit alors pied à terre et, à grand-peine, hissa Tête Carrée sur son cheval. Sitôt en selle, Tête Carrée recouvra ses forces, lança sa monture au galop, franchit un fossé de plus de huit pieds de largeur et s'enfonça dans un bois voisin de la route. Les gendarmes tirèrent sur lui, le touchant à mort[1].

Après la Terreur, le commissaire Jean-Baptiste Savariau, natif de Maumusson, est devenu juge au tribunal civil de Nantes. Lors de l'attaque de cette ville par les chouans, notamment par Tête Carrée, il est tué sur le pont de la Bourse au moment précis où il sortait de chez lui, en armes, et après avoir refusé énergiquement de crier « Vive le roi ! ».

Jacques Defermon a fait une brillante carrière sous Bonaparte, puis sous Napoléon. Il devint conseiller d'État, président de la section des Finances, puis directeur général de la Liquidation. Nommé ministre d'État en 1807, intendant général du Domaine extraordinaire, il est fait comte d'Empire en 1808. Membre du gouvernement des Cent-Jours, il est exilé en Bretagne d'abord, puis en Hollande de 1815 à 1818. Il meurt à Paris en 1831.

Juste après la signature de la paix, le comte de Bourmont s'est vu offrir par Bonaparte le grade de général de division, puis le commandement d'une expédition en Inde contre les Anglais pour y reconquérir les anciennes possessions françaises. Il refuse. Le 21 février 1800, il rencontre une première fois le Premier Consul. Au cours de leur conversation, il est notamment question de Joseph Fouché, un des protagonistes de notre histoire.

1. Cf. Camille Mellinet, *La Commune et la milice de Nantes*, tome XI, *op. cit.*

BONAPARTE : « Eh bien, si vous voulez me servir, je vous ferai entrer dans le gouvernement.

BOURMONT : Ah ! dans le gouvernement ! Vous y avez des hommes à côté desquels je rougirais de me trouver, parce qu'ils ont couvert mon pays d'échafauds et de sang.

BONAPARTE : Mais de qui donc voulez-vous parler ? de Fouché, peut-être ?

BOURMONT : Oui, sûrement d'abord !

BONAPARTE : Pour cela, je ne peux abandonner Fouché : il m'a trop bien servi ; mais je lui ai dit qu'il ne fallait pas recommencer les choses qu'il a faites, et que je blâme comme vous. J'ai lieu de croire que ses idées sont bien changées, et vous trouverez dans mon gouvernement aucune des passions qui ont prévalu en 1793[1]... »

Quelques mois plus tard, Bourmont devient un familier de Fouché, à tel point que ce dernier lui propose de faire alliance, quand il croit que le Premier Consul a perdu à Marengo, pour prendre la tête de l'État : « Si vous vous liez à moi, nous pourrons disposer à notre gré du sort de l'État, puisque nous disposerons des deux partis où se sont établis tous les hommes de courage. Nous aurons pour adversaires ces imbéciles de modérés ; mais vous savez bien que ce sont des poltrons forts peu à craindre[2]. »

À jouer ainsi avec le feu, et après quelques rencontres avec Bonaparte, Bourmont se retrouve pendant trois ans à la citadelle de Besançon, puis en exil au Portugal. Il revient en France, est incarcéré à Nantes, puis, à partir

1. In Général d'Andigné, *Mémoires*, Plon, 1900., 2 vol.
2. Cf. Pierre Péan, *Main basse sur Alger*, Plon, 2004.

d'avril 1810, il intègre l'armée impériale, fait la campagne de Russie, se montre héroïque à Borodino, est fait prisonnier en Prusse, parvient à s'échapper dans une charrette de paysan. Il est nommé général de division en 1814 après avoir défendu vaillamment Nogent-sur-Seine, juste avant la chute de l'Empire. Il met ensuite son épée au service des Bourbons, mais, alors que le « vol de l'Aigle » est en passe de réussir, il rejoint Napoléon. Ce qui ne l'empêche pas de le trahir au matin de la bataille de Waterloo... Devenu ministre de la Guerre en 1829, il conquiert Alger en 1830, rejoint ensuite l'Angleterre, puis l'Italie, où il se met au service de la duchesse de Berry pour rétablir au pouvoir le duc de Bordeaux avec l'aide des vieux chouans... Après ce fiasco, il met encore son épée au service de don Miguel du Portugal, dernier souverain à incarner la cause de la Légitimité. Dernier échec : il meurt à Bourmont, quelques années après avoir été déchu de sa nationalité pour avoir accepté sans autorisation un commandement militaire au Portugal.

Bibliographie

ANDIGNÉ (d'), général, *Mémoires*, 2 vol., Plon, 1900.

ANGOT, abbé Alphonse, *Histoire de la Révolution dans la Mayenne*, 4 tomes, Laval, A. Goupil, 1891.

AUDAINEL, Henri-Alexandre, alias comte d'Entraigues, *Dénonciation aux Français catholiques des moyens employés par l'Assemblée nationale pour détruire en France la Religion catholique*, Londres, 1791.

AULARD, Alphonse, *La Société des Jacobins*, Paris, Cerf, 1889-1897, 6 vol.

BABEUF, Gracchus, *Du système de dépopulation, ou la vie et les crimes de Carrier.*

BAGUENIER-DESORMEAUX, H., *Kléber en Vendée*, (*1793-1794*), Alphonse Picard et fils, Paris, 1907.

BERGOUNIOUX Édouard, *Essai sur la vie de Lazare Hoche*, Julien, Lanier et Cie éditeurs, 1852.

BOIS Paul, *Paysans de l'Ouest*, coll. « Sciences », Flammarion, 1971.

BOURDEAULT, abbé, *Maumusson pendant la Révolution*, Nantes, Imprimerie Dupas et Cie, 1928.

BRÉGUET, Marie, *L'Avant-guerre de Vendée. Les questions religieuses à l'Assemblée législative*, Pierre Téqui éditeur, 2004.

CHASSIN, Charles-Louis, *Études documentaires sur la Révolu-*

tion française, t. 1 : *La préparation de la Guerre de Vendée (1789-1793)*, 1892, 3 vol. ; t. 2 : *La Vendée patriote (1793-1800)*, 1893-1895, 4 vol. ; t. 3 : *Les pacifications de l'Ouest (1794-1801-1815)*, 1896-1899, 3 vol. ; t. 4 : *La Vendée et la chouannerie*, 1 vol. ; table générale alphabétique et analytique des trois séries avec cartes du théâtre de la guerre civile, 1 vol., Joseph Floch, Imprimeur-Éditeur, Mayenne.

CHATELLIER, Armand du, *Histoire de la Révolution en Bretagne*, réimpression par S. A. Morvran, 1978.

CHÉNIER, André, *De la cause des désordres qui troublent la France*, fév. 1792, in *Œuvres en prose*, Paris, Gosselin, 1840.

DANIEL, Didier, *La Bataille du charbon en pays d'Ancenis*, Cheminements, 2002.

DANIEL, Didier et LELU, Jean-Paul, « De la Terreur bleue à la Terreur blanche : l'hiver de l'an II entre Ancenis et Ingrandes », contribution publiée dans Association bretonne, Congrès d'Ancenis Tome CVIII, 1999.

DEFERMON, Jacques, *Mémoires*, Assemblée nationale, Mss 1854.

DESPRÉS, Françoise, *Détails historiques sur les services de Françoise Desprez, employée dans les armées royales de la Vendée depuis 1793 jusqu'en 1815, sur ses missives secrètes*, Paris, Michaud, 1817, réimpression aux éditions Pays et Terroirs, .

DUBOIS-CRANCÉ, Edmond-Louis-Alexis, *Analyse de la Révolution française*, Paléo, 2003.

DUPUY, Roger, *De la Révolution à la chouannerie*, coll. « Nouvelle Bibliothèque Scientifique », Flammarion, 1988 ; *La Chouanerie*, Ouest-France, 1995 ; *Les Chouans*, coll. « La Vie quotidienne », Hachette littérature, 1997.

GABORY, Émile, BOISROUVRAY Xavier du, *Les Guerres de Vendée*, Robert Laffont, coll. « Bouquins », 1989.

GALLET, Jean, *Les Paysans en guerre*, Ouest-France, 1988.

GUÉPIN, Ange, *Histoire de Nantes*, Librairie Prosper Sébire, Nantes, 1839.

GOURLET, Pierre-Michel, *Révolution, Vendée, chouannerie. Mémoires inédits, 1789-1824*, introduction d'Alain Racinieux, Éditions du Choletais, 1989.

GRÉGOIRE, Henri, *Mémoires précédées d'une notice historique sur l'auteur par M.H. Carnot*, Gros, 1837.

KERVILER, René, *La Bretagne pendant la Révolution*, Éditions régionales de l'Ouest, 1989.

LALLIÉ, Alfred, *Le Diocèse de Nantes pendant la Révolution*, B. Cier libraire-éditeur, Nantes, 1893 ; *Les Sociétés populaires à Nantes pendant la Révolution*, Nantes, Librairie ancienne & moderne L. Durance, 1914 ; *J.-B. Carrier*, Éditions Perrin, 1901.

LELU, Jean-Paul, *Anetz à la veille de l'insurrection de mars 1793. L'unanimité rompue*, publiée par l'Association de recherches sur la région d'Ancenis (ARRA), nº 5.

LEQUINIO, *Guerre de la Vendée et des chouans, Mémoires*, représentant du peuple, député du Morbihan, seconde édition, 30 brumaire de l'an III.

MAILLARD, Émilien, *Histoire d'Ancenis et de ses barons*, Nantes, Éditeurs Vincent Forest et Émile Grimaud, 1881.

MARTIN, Jean-Clément, *Vendée-Chouannerie*, Éditions Reflets du passé, 1981 ; *Blancs et Bleus dans la Vendée déchirée*, Découvertes-Gallimard, 1986 ; *la Vendée et la France*, Seuil, 1987.

MELLINET, Camille, *La Commune et la milice de Nantes*,, Imprimerie Camille Mellinet, Nantes, 1840, 12 vol.

MICHELET, Jules, *Histoire de la Révolution française*, Laffont, coll. « Bouquins », 1998.

MOLLEVILLE, Bertrand de, *Mémoires particuliers pour servir à l'histoire de la fin du règne de Louis XVI*, L.G. Michaud, Imprimeur du Roi, Paris, 1816.

PÉAN, Pierre, *Les Chapellières*, Albin Michel, 1987 ; *Main basse sur Alger*, Plon, 2004.

PÉTRÉ-GRENOUILLEAU, Olivier, *L'Argent de la traite*, Aubier,

1998, *Nantes au temps de la traite des Noirs*, Hachette Littératures, coll. « La Vie quotidienne », 1998.

PITRE-CHEVALIER, *Bretagne et Vendée Histoire de la Révolution française dans l'Ouest*, W. Coquebert, 1845.

POCQUET, *Les Origines de la Révolution en Bretagne*, Barthélemy, Librairie académique Didier, Émile Perrin, Libraire-Éditeur, Paris, 1885.

PORT, Célestin, *La Vendée angevine*, Éditions Pays et Terroirs, Cholet, 2001.

QUÉNIART, Jean, *Le Clergé déchiré. Fidèle ou rebelle*, Ouest-France, 1988.

RACINEUX, Alain, *Les Brigands du Roi* ; *épisodes de la chouannerie en Haute-Bretagne*, A.H. Hérault, 1985.

ROUXEAU, Alfred, *Un chef chouan du pays nantais, Palierne*, L. Durance, Nantes, 1927.

SAVARY, général, *Guerres des Vendéens et des chouans contre la République française, par un officier supérieur des armées de la République*, Baudoin frères, libraires-éditeurs, Paris, 1825.

SÉE, Henri et LESORT, André, *Cahiers de doléances de la sénéchaussée de Rennes pour les états généraux de 1789, Rennes*, imprimerie Oberthur, 1909.

TILLY Charles, *La Vendée. Révolution et contre-révolution*, Fayard, 1998.

TRONSON-DUCOUDRAY, *La Loire vengée ou recueil historique des crimes de Carrier*, Paris, Meurant, Lenfant et Houel, an III de la République.

WISMES, Armel de, *Nantes et le temps des négriers*, France-Empire, 1992.

YOUNG, Arthur, *Voyages en France 1787, 1788, 1789*, Armand Colin, 1931.

L'Insurrection de mars 1793 en Loire-Inférieure, Association Nantes-Histoire, 1993.

Le Patrimoine des communes de la Loire-Atlantique, Nantes, Éditions Flohic, 1999.

« Mars 1793 dans le district d'Ancenis : la grande levée des campagnes », groupe de recherche « Loire et Galerne », ARRA, n° 7, 1992.

« La Chouannerie dans le champ d'action de la division Plouzin (1794-1796) », groupe de recherche « Loire et Galerne », ARRA, n° 12, 1997.

Réimpression de *L'Ancien Moniteur*, Plon Frères, 1847.

Vie et prophéties de M. Souffrant, Nantes, Imprimerie Bourgeois, 1872.

Table

Composé par Nord Compo Multimédia
7, rue de Fives, 59650 Villeneuve-d'Ascq

« Pour l'éditeur, le principe est d'utiliser des papiers composés de fibres naturelles, renouvelables, recyclables et fabriquées à partir de bois issus de forêts qui adoptent un système d'aménagement durable.

En outre, l'éditeur attend de ses fournisseurs de papier qu'ils s'inscrivent dans une démarche de certification environnementale reconnue. »

CET OUVRAGE
A ÉTÉ ACHEVÉ D'IMPRIMER
SUR ROTO-PAGE
PAR L'IMPRIMERIE FLOCH
À MAYENNE EN SEPTEMBRE 2008

Imprimé en France
Dépôt légal : octobre 2008.
N° d'imprimeur : 72004
35-57-3811-3/01